我就想做班主任

于洁 ◎ 著

长江出版传媒　长江文艺出版社

图书在版编目（CIP）数据

我就想做班主任 / 于洁著. -- 武汉：长江文艺出版社，2018.8（2024.9 重印）
（大教育书系）
ISBN 978-7-5702-0485-4

Ⅰ．①我… Ⅱ．①于… Ⅲ．①班主任工作－工作经验
Ⅳ．①G451.6

中国版本图书馆 CIP 数据核字（2018）第 136768 号

责任编辑：马　蓓　　　　　　　　　责任校对：毛季慧
装帧设计：壹　诺　　　　　　　　　责任印制：邱　莉　王光兴

出版：长江出版传媒　长江文艺出版社

地址：武汉市雄楚大街 268 号　　　邮编：430070
发行：长江文艺出版社
电话：027—87679360
http://www.cjlap.com
印刷：武汉中科兴业印务有限公司

开本：720 毫米×970 毫米　　　1/16　　印张：18　　插页：1 页
版次：2018 年 8 月第 1 版　　　　2024 年 9 月第 11 次印刷
字数：216 千字

定价：39.80 元

把生命的根深植在教室里

11年前的一个秋天，我在媒体上看到一则新闻，说一个15岁的女孩在车祸夺去父亲后惊愕无措，班主任将她爸爸留在"家校联系簿"上的留言，变成了遗言，变成了爱的纪念，鼓励年幼的学生走出没有父亲的悲伤，走向坚强。从那时起，我开始注意这位老师，她就是本书的作者于洁。

8年前，于洁老师发来自己的书稿《草尖上的露珠》，请我写序。我再一次注意到她。这本书，是她为学生写下的20多万字的书信的选编，我说它的意义堪比《傅雷家书》，所不同的是，它没有父爱的严厉，只有母爱的仁慈，虽然她只是孩子们的班主任，而不是他们的母亲。

这些年来，虽然与于洁老师联系不多，但一直关注着她的成长，知道她获得了"全国模范教师"等许多殊荣。

11年后，于洁老师再一次让我惊喜。长江文艺出版社的秦文苑老师发来了她的新书电子版《我就想做班主任》，希望我再写点文字。虽然知道她的许多故事，但是读了书稿，还是心生许多感慨。

"我就想做班主任"，这是于洁老师做了20多年班主任还要继续做班主任的回答。朴实、诚恳，没有任何矫揉造作。这份态度、这份坚持、这份笃定、这份幸福，具有震撼人心的力量。翻开书稿，动情的细节描写，深刻的教育思考牵出一个班主任老师应该关注的方方面面：教育的初心、班级的管理、教师的修炼、学生的沟通……于洁老师用饱含深情的文字写下自己的教育思考，没有多少华丽的辞藻，淡淡的叙事，是生命自然的流淌。

其实这就是新教育实验倡导的"教育叙事"。新教育所提倡的教师的写作，不以博取外在的名利为目标，也不是为了写作而写作，而是对教育生活的总结、归纳、剖析、反思和提升。而通过这样的写作，教师将会以全新的方式审视并悦纳自己的教育教学生活。于洁老师无疑把握了这一要义，她主动提笔，用心记录，以"生命叙事"的形式，不是文件模板式的八股，而是记录下因材施教的心语。在这样的文字中，能看到她与她的学生们教育生活的润泽，师生关系的谐美。

于洁老师是新教育理念的探路者、实践者。可以说，她的文字，不是用笔书写的，而是用生命记录的。品味这些朴素的文字，你能发现，她不是为写作而写作。

我喜欢这样的文字，不因文字有多美，布局有多巧，立意有多高，而是因为这样行云流水的娓娓道来的教育叙事之中，有爱、有理想、有坚持。

我们强调教师写作，为的是改进教育生活，提升教育品质，追求教育生活的幸福。于洁老师做到了。通过她的文字，我们不仅看到学生生命拔节成长的声音，也看到了她在教育生活中发出的幸福的微笑。在开篇的《我为什么要做班主任》一文中，她说"他们让我深深明白，我的一言一行将会对我的学生的人生产生影响，也许很小，也许很大，也许会改变一个人的一生。"

我曾说，有资格评价老师好坏的人，不仅是学生，还有老师自己。作为一个老师，静下心来，你问自己：和学生在一起，我幸福吗？我们双方都能成长吗？如果你毫不犹豫地由衷地回答"能"，那么，你一定是个好老师，一定是个幸福的好老师。这就是我们期待的幸福而完整的教育生活。和学生一起成长，一起享受成长的幸福。

于洁老师用生命书写的教育生活，是新教育关注学生、呵护学生，促进学生精神成长的又一个案例。于洁老师的这种幸福，只有扎根教室扎根学生心灵的老师才能感受得到。教师最要紧的是能够"沉"下去，沉到课堂里去，沉到学生中去，沉到教育教学的实践中去，进入教室，和孩子们一起，通过教育随笔，通过教育叙事，通过课堂，通过交流与活动，与父母、孩子共同编织有意义的人生。

曾经有人诘问新教育：完全的草根运动是否具有长久的生命力？时至今日，新教育实验走过了 18 个年头，不长也不短。虽然现在下结论为时过早，但我欣喜的是，新教育路上，携手前行的同路人，最多的，已非初始狂热的追随者，而是厚积薄发的一线教育者，像于洁一样，像泰戈尔所说的过了青春期的生命，在美丽而平静的秋天，优雅地成熟，幸福地收获。他们冷静、成熟，适时调整教育教学状态，在实践操作中发现合适的教育教学方法，把手中的班级创设成一个"用教育的理想实践理想的教育"的舞台。

正是于洁这样的老师，成就了新教育实验，成就了中国教育的民间探索。

希望有更多的新教育老师，像于洁这样，把自己的生命之根深深地扎在教室里，扎在教育的泥土之中，在缔造完美教室的实践中，书写生命的传奇。

朱永新

2018 年 6 月 20 日清晨

写于北京滴石斋

目 录

壹

教育很美好
道路很艰难

如果提前了解了你所要面对的教育人生，不仅仅教学生，还有学生背后复杂的家庭，你是否还有勇气做个班主任？我们的教育缺的不是完美的理想的教育理念，也不缺高科技的教学条件，缺的是从心里给出的真心、正义、无畏和同情。

我为什么要做班主任？

似乎越来越多的人不愿意做班主任了，又忙又累又烦不说，现在又增加了个高风险。风一起，能逃离的都逃离了。像我这样有充分的理由可以不做的偏还乐此不疲地在做的，估计不多。

于是人们问我：为什么？

仔细想想，原因真多。

家风的传承

我出身于书香门第之家，历史的原因，大家族完全被毁灭。唯有"做个读书人，保持独立的精神人格"的家训一路传了下来。我亲眼看见过北京大学毕业的父亲白天挑粪晚上看书的样子，那一刻，他全然忘记了白天的苦累，沉浸在宁静平和幸福的精神世界里。

我在很小的时候，读的书就是父亲从图书馆借来的大书，《译林》《啄木鸟》《收获》《钟山》《十月》，很多字句囫囵吞枣，却在日渐长大中慢慢知晓其意。这个阅读的过程贯穿了我整个童年和少年时代。书读得多了，心是安定的，书中人经历的一切苦痛与幸福，当降临到我自己头上的时候，我是不慌张的，世间万事书中早已经说透，一切荣辱得失，只在字里行间随着岁月远走高飞。

我学会了不抱怨，随着年龄的增长，阅历的增加，我更加明白世间得失的平衡，人也变得从容淡定。

我不知道现在还有多少老师是从小到大一直很喜欢看书的，可是我可以肯定地说：那些读了很多书的老师如果做了班主任，应该不会糟糕到哪里去。看过了书中云起云涌，感悟过书中的云卷云舒，心态自然和极少读书的人是不一样的。

而"右派"身份平反后，父亲做了高中数学老师，他原本是力学专业，却把数学教得风生水起，以至于我自己工作很长一段时间后被介绍是"于劭的女儿"，仿佛我没有自己的名字一般。连着两节高三数学课后，他写粉笔的右手瘫软到无力举起，却对我说："教书对我来说是一种享受，你以后要是做了老师也能体会到的。"

他那时也做班主任，因为数学教得好，学生们对他很是爱戴。得悉他被上调到市里教书，几个男生夜里来到我家跪在地上哭泣不已，父亲也摘了眼镜来回擦拭，油灯下的这一幕被年幼的我正好看到，此生永难忘记。

父亲在 20 世纪 80 年代创办了复读学校，我的好多比我年长的同事们都曾经是我父亲的学生。"于劭是我的老师"，他们说起的时候满脸骄傲自豪的样子总是让我胆战心惊，检讨自己是否不够努力辱没了父亲的美名。

记得有一次我去父亲的复读学校玩，看见他的学生们一个个埋头看书，而他竟拿了个扫帚在打扫班级的卫生角，学生们视而不见的样子让我义愤填膺，等父亲离开教室后，我拿了粉笔在黑板上用力写道："下次再让我看到是我父亲在打扫班级卫生，你们就不是人！"写完满脸是泪，对着愕然的学生们狠狠一跺脚我就跑了。

父亲后来一直笑我这件事情，他说："你不懂的，他们就要参加高考了，让他们静静地看会儿书，我这个班主任为他们做一点点事情，让教室里的环境舒心一点，我心里反而是高兴的。"

当我现在写下这段文字的时候，我已经完全理解了父亲当年的心情。今天是我的学生参加中考的第二天，他们静静地复习，我默默地做着陪伴和后勤工作，我是心甘情愿的。

也许，看父亲做老师做班主任，我看到的是笃定、平和与美好，从小到大潜移默化，是可以让我比较深刻地感悟到这个工作的本质与价值的。

集我师之大成

我是幸运的，从幼儿园到高中，做我班主任的都是极为优秀的老师。那一代插队青年、中师生、大学生，真的是知识分子里的脊梁。

他们身上有共性，无论发生什么事情，走进教室的时候他们的心情都是平和的，脸上或端庄或微笑；他们又极具个性，完全没有雷同的教育方式。因为我的父亲是老师是班主任，所以我观察这些老师的时候，会不由自主地对比，在这一点上，也许我和别的学生是有所不同的，除了学习书本知识，我更多会观察他们的一言一行。

记得读幼儿园的时候，老师矮矮的个头，精神却很好，当她拉着我的小手的时候，总能感觉到她的有力的臂膀。我随手在课堂上乱涂乱画的东西，她却当宝贝一样收着。当我毕业时看见她收着的那一堆纸片时，心中的惊讶无异于看到自己刚出生时的一双小鞋或者是一片尿布。

老师热爱生活，坚强乐观。记得她丈夫是个盲人，我们常常看见他们挽扶着慢慢地散步，夕阳下的小路上开满金黄的油菜花，老师轻轻地告诉丈夫自己的所见所闻，他们总是微笑着，平静地生活。

那时，老师的家离学校很近，早来的孩子看见教室的门锁着，就会到老师住的小楼下喊："胡老师……"老师听见了，就从二楼的窗口探出头来，对孩子说："给，钥匙，接着。"这一幕永远留在我的脑海里，原来老师和学生，就像母亲和孩子。

读一年级的时候，班主任徐英老师是一个上海插队知青，说一口标准的普通话，那时总觉得她本领很大，语文教完了，下一堂课走进来还是她，边弹风琴，边教唱歌，甚至还教美术，有时一个上午都是她在教课，却不让人觉得厌烦，她仿佛无所不能。她的镇定自若的气质对我的影响非常大，她的眼睛会说话。

三年级的时候，终于有个男老师做了我的班主任，我们很顽皮，他却体弱多病。我们装模作样去医院看开了刀的他，却没想到他病好后来上班送给我们每人一支钢笔，说是我们能去看他，他很感动，觉得我们还是很懂事的，他的付出是有价值的。我一直记得那一刻班级里很安静，也记得后来班级里似乎一直很安静，我们仿佛一天之内长大了。

四、五年级的班主任是陈凤琳老师。我常想，也许我身上这种宁静淡定的气质是她潜移默化中教给我的。每天中午，我们总是静静地坐在教室里，看她写毛笔字。很多的学生都慢慢开始学习工整写字，那个班级里再也没有人写潦草的字。她又是那样的热心肠，常常把自己的衣服改一改给贫困家庭的孩子穿。她信任学生，有一次放暑假，把心爱的金鱼托给我养，结果全死了。我还了个空空的鱼缸给她，她只是笑笑，还摸摸我的头，宽慰我。

进入初中，我遇到了对我影响最大的一个班主任，钱桂琴老师。她仿佛一个心理学家，透过我的内向的表面，看到了我好强执着的一面，她说："喏，这是教学参考书，这是我的备课笔记，你自己再去钻研钻研，给我们上一堂课吧。"那堂课上，她像个学生一样坐在我的位置上，听得认真极了，有时还举手发言。至今回想起来，我还清晰地记得当时的每一个细节，我没有辜负她的希望，我上了一堂成功的课，当下课铃声响起的时候，我的最后一个字也正好说完。她在我耳边悄悄说：以后做个老师吧。

高中的班主任吴老师年纪很轻，我们全班都吃到了他结婚的喜糖。那时的我迷上了写作和看英语原版书，常常在各种课上干这两件事情，也许是他没有发现，也许是他发现了也装作不知道，总之，我在无人干扰的状态下保留下来了这两大爱好，对于我后来的工作也很有帮助。

而我的少年时代是生活在一个教师大院里的，许多的老师做着班主任，他们或严肃或慈爱，或爽朗或矜持，或勤劳能干或多才多艺，我的象棋等才艺都是他们和我玩耍的时候教我的，他们让我明白班主任是一个有血有肉的充满生活气息的人，而不是古板迂腐道貌岸然的扑克牌脸。他们是我人生道路上的一盏盏明亮的灯，一缕缕温暖的春风，言传与身教，在我的眼里，他们是这样的完美。

他们让我深深明白，我的一言一行将会对我的学生的人生产生影响，也许很小，也许很大，也许会改变一个人的一生。

良好的开端是成功的一半

工作第一年，我来到自己初中的母校昆山市一中，而我的初中班主任钱桂琴老师已经是办公室主任，她对我说："你必须要做班主任，不然你根本不知道做老师的乐趣。"无知无畏的我就这样开始了班主任生涯，而那时，班级里年龄最大的留级生只比我小两三岁而已。

和我一个办公室的老师都是同一年级的班主任，年龄基本接近四五十岁，他们处理学生问题的风格迥异，有的三言两语干脆利落，完了拍拍学生肩膀表示鼓励；有的苦口婆心，连番说教直到学生举手投降；有的冷幽默让人忍俊不禁。在这样的环境里，虽然没有任何人担任我的班主任导师，却让我每天观察到什么是有效的教育方法什么是无用功。我像一块海绵，吸收着各种各样我认为有用的养分。

第一届学生在艰难曲折中终于顺利毕业，成绩也排在年级前列，我还得到了学校设置的给优秀教师的奖励金。

当年浑然不觉，只是每天度日如年般熬过三年，到第二届学生的时候，就渐渐发现原来学生的问题就是上一届的那些，而当你第二次接触那些问题的时候，你的心里比第一次坦然多了，笃定多了。

在带班比较好的情况下，学校要提拔我做个小领导，我父亲的老朋友陈汝德老师在市一中做中层领导，他对我说："我觉得对你最好的培养就是让你做班主任再教两个班级的语文进行教学比照，而不是把你的精力分散到其他杂事上去。"他说话时的诚恳与慈祥，我至今难忘。这对我后来对于功名利禄的态度，起到了极大的影响。

"我对你父亲说，于洁已经超越你了。"他这样微笑着对我说，我以为他是开玩笑，后来父亲把他的话转告给我的时候，父亲的欣慰与怅然让我暗自窃喜很久。

良好的开端是成功的一半，如果一个年轻教师有幸能和一批热爱教育又有不同教育风格的老班主任同行，少接触负能量，多一些正能量的推进，那么成长是很迅速的。

带第一届学生时有过一个小插曲：我有机会离开昆山到异地生活，心里犹豫拿不定主意，一个周末的傍晚，我从那个异地回家，楼底下聚集了我的全班学生，一个个眼泪汪汪地说老师别走。那一刻，仿佛幼年时代油灯下发生在父亲身上的一幕再次出现，我瞬间泪流满面。

这是我人生中很大的一次抉择，也让我深刻体会到了师生之间难以预测的深情。而这个，只有做班主任才能有所体会。

我是在一开始不久就尝到过做班主任的甜蜜的人。就算后来吃过苦有过痛，我也是定心的。一个登过山顶的人，是不会在半山腰打道回府的；一个看过外面世界的人是不会允许自己成为一只井底之蛙的。

因为懂得，所以慈悲

我时常感慨，上天对我的培养真是用心良苦。我经历过一个学生有可能经历的所有苦痛。

小时候，得了软骨病，医生说我先天不足后天难养，个子矮小，很是自卑。走在路上，一群鹅把我团团围住，它们高高的头颈在我的头顶上方一伸一缩，我无法突围，那一刻的绝望让我连哭泣都不敢有声音。

我的身高直到高三才有所突破，深深的自卑也一直伴随到我考上大学。

所以，我特别能理解那些自卑的学生。自卑的理由各种各样，或是身高，或是青春痘，或是一个胎记，或是成绩不好，或肥胖或者瘦弱……甚至有可能是觉得自己的眼睛长得小。

我在虚两岁的时候失母，与父亲和祖母生活。看到别的孩子依偎在母亲怀里撒娇，我总是默默无语。我把祖母当成了自己的母亲一样依恋，甚至和她睡一张床直到我读大学。读高中的时候有一次学校组织看电影，名字是《妈妈再爱我一次》，我没有去看，选择了一个人默默地待在教室里。而每次听《世上只有妈妈好》，我的心中总是五味杂陈，这样的状况一直持续到我自己做了母亲，我才有勇气搂着我的儿子唱《世上只有妈妈好》。

那些因为家庭原因失去母亲或者父亲的学生，他们的心情我全都明白，所以做他们的班主任时，我知道如何闭口不谈又悄悄爱护。我在班级里组织包馄饨的亲子活动，规定一个学生只能带一个家长来，一起包一起吃，完了再包好一些馄饨带回家给没来的爹或妈或者老人吃。我这样的规定，就是不动声色地照顾了班级里的单亲家庭的孩子。甚至连语文书上一篇写一个单亲家庭孩子悲惨遭遇的课文，也被我完全忽略掉，坚决不教。

11岁的时候我有了继母，她和父亲时常吵架打架，后来我又有了与我同父异母的弟弟，我和祖母成了继母的眼中钉。父亲懦弱，除了委屈我和祖母，别无他法，我被继母骂得狗血喷头是常有的事情。

这样的经历让我知道有些家庭无奈的状况，有些学生深受其害，成绩差，行为习惯差，我知道对一些怨妇或者暴父懒父赌父无法指望，我不会以此为借口而对学生不闻不问，我关心他们的吃喝，告诉他们人生是一个人的事情，无人可以阻挡他们前进的脚步。我以一个亲人的身份出现在单亲家庭学生的身边，让他们在我这里能够得到些许宁静与安慰。

我自己在读书的时候曾经文理全优，也曾经偏爱理科，后来又偏爱文科，多次发生因为喜欢一个老师就喜欢这门功课，因为讨厌一个老师就讨厌这门功课的情况，所以我深深明白，在未成年的时候，一切的变化都有可能，有些原因当事人自己也不一定明白。一个孩子的内心世界有时候就像写诗，跳跃性极大。有些原因，外人觉得不可思议，可是自己却觉得理所当然。

所以，我理解那些把头发弄得像鸡窝一样的男孩，理解那些小小年纪就开始谈情说爱的女孩，理解那些片刻不停四处惹祸的学生。一切都不是错，是他们的痛无处表达。

所以，当我做班主任的时候，对待这样的学生，我保持了耐心与沉默，我知道这不是人品问题，这是一种无处宣泄的表达。我静静地等待着时机的出现。

而这样的理解与慈悲，从小到大家庭和睦温暖长大起来的一些班主任，是很难明白的。他们很容易地就消磨了耐心，认定了这是一个个品质恶劣的学生。

19岁的时候，我失去了最爱我的祖母，在很长的一段时间里，我像个游魂飘来荡去，无所依托。

我理解那些失去亲人的学生，定会有一段时间，精神上四处寻找停歇的港湾，也许是网络，也许是恋人，也许是某个陌生人，也许对世界充满了恐慌与不确定。

每当这个时候，我都会第一时间站出来，给他们一个不大坚实的肩膀去依靠一下。

我的继母50多岁时因病离开人世，去世的那天，和我说了很多话，愧悔自己这些年来对我的所作所为，她说："我对你的祖母不好，现在她来索我的命了。"

人之将死，其言也善，她咽气以后是我为她擦身更衣，那一天，我原谅了她对我所作的种种恶行。

经历了这么多，我已经比同龄人具备了更宽阔的胸襟，这样一个伤害了我20多年的人我尚且能够原谅，何况对那些未成年人？

"天将降大任于斯人也，必先苦其心志，劳其筋骨，饿其体肤，空乏其身，行拂乱其所为，所以动心忍性，曾益其所不能。"

我所经历的种种，都让我对世界和人性有了更深的体味，也让我能够站到学生的立场去感受他们内心的酸楚。

共情，是一个班主任的最大智慧。而我，上天让我在走上工作岗位前已经具备。这也是我做班主任比较轻松也不容易动怒的很重要的原因。

记得一个年轻班主任对我说："真是不可思议，做数学难题是多么有趣的事情啊，我有时候一个题目怎么也做不出来，半夜突然有灵感，爬起来就写，那种兴奋哦，恨不得高呼万岁。可是我的学生们为什么连做简单的题目都有气没力？"我默默无语，我知道，一个从小到大的尖子生，是无法理解那些所谓的差生的。

有一种心态叫豁然开朗

我当然也有愁眉苦脸的时候的，尤其是带第一届学生做班主任的时候，拼尽全力，问题依然层出不穷。

稀里糊涂被派去听一个讲座。讲课的是一个苏州市名优班主任，我羡慕而崇拜地看着头发灰白的这个女子。

突然发现她讲的都是自己班级的问题学生，这个逃学到北京，那个争风吃醋把恋爱搞得全校轰动；这个对着老师怒吼，那个成绩都是个位数……

我目瞪口呆地看着她微笑的脸，她平静地叙述着她和学生之间的智斗，时而自己忍不住笑出声来。我突然发现原来优秀的班主任带的班级不一定是平安无事的，甚至还是大浪滔天的，而他们的优秀，是用心用情去耐心等待一朵朵花开。情如此深，他们还是孩子，我们是大人；心如此平静，他们总会长大，我们总会老去。

那一刻，我豁然开朗。无论是痛苦还是幸福，最后都会成为回忆，与学生相处的过程，应该是发现美好创造美好的过程。

有一种教育方法叫坚持

我很幸运，几乎每七八年就能换一所学校工作，换一批生源研究，这让我更深刻地体会到了坚持的强大力量。

17 年坚持做家校联系单。

1999 年我在一个民办寄宿制学校工作，创建了半月刊家校联系手册——《桥》。那时候我教着三个班级的语文，做着一个班的班主任，兼着学校的教科室主任。桌子上散放着《桥》的初稿的每一个版面，利用课间时间每天充实一部分内容，每隔 10 天送去印刷厂，到第 11 天的时候校对清样，第 12 天成品拿到手，在《班主任寄语》一栏一次次写下对每个学生的半月评价，这样的日子持续了整整 7 年；后来换到公办民营的寄宿制学校，没有了《桥》，学生一周回家一次，为了密切家校联系，给家长提供了解孩子的平台，我只能每个学生一个练习本，用 4 天的时间在上面写下一周的评价，周五带回家，周一返回给我；再后来有了电脑，打字快了，就改版成为家校联系单，又是整整 7 年；现在在葛江中学 3 年，家校联系单坚持到了今天。

一件坚持了 17 年的事情，自然已经成为我教育生活的一个重要部分，更何况，从手写到打字，从一个本子到一张纸，是一个由繁到简的过程，17 年的积累，经验自然是多的，也就没什么觉得可怕的了。最难的当然是 1999 年刚开始的时候，那一年熬过来了，也就没什么大不了的了。

10 年的教育博客记录更新。

2006 年，教育博客如同雨后春笋，10 年过去了，还有多少博客坚持着更新？有的转移了阵地，从博客到 QQ 空间到微信，从长文到短文到照片；有的疏于打理，彻底荒芜。

确实有点难，要在日常教育教学的繁忙生活中抽空记录、慢慢整理，拍照的工具从普通照相机到数码照相机到手机，从随身带着数据线到无线传送，从 1 分钟打字 20 多个到 100 多个，一路摸索着各种技巧到熟练掌握打理博客的各项技术，整整 10 年，一届一届学生流水而过，却留下深深脚印。而我博客日志的分类也渐渐从单一的记录学生日常生活，到开设各种专栏，从自言自语式的记录到与学生、家长、同行的交流，这 10 年，1800 多篇博文日志，10000 多张照片，将近 500 万的点击量不是一蹴而就的，撰写博客已经成为我生命的一部分，它记录的何止是教育，更是我美好的青春年华与中年时光，是我一路攀登人生高山的层层台阶。

制作印刷 7 本学生成长纪念册。

因为有过 7 年编辑家校联系册《桥》的经验，后来又年年为苏州网上家长学校昆山分校制作年刊，与印刷厂时时打交道，我积累了封面设计、排版设计、插图设计的经验，以至于乡镇印刷小厂的老板都会来求我帮忙设计封面。所以，我要制作学生的成长纪念册，自然驾轻就熟。《红了樱桃》《绿了芭蕉》《一年似锦》《光影札记》《轻舞盛夏》《栀子花开》《缘分天空》，用一两年的时间积累素材分类保存，用一个星期的时间编辑排版，用一个星期的时间与印刷厂你来我往网上沟通修改，7 本学生成长纪念册，《荷风》《莲韵》2 本工作室刊物，轻轻松松诞生。

坚持给学生写书信四十多万字。

这届学生马上就要毕业了，在他们参加中考前，我给每个学生写了一封六七百字的书信，全班 50 多个人，手写 4 万多字，手指起泡磨破又起茧子，咬着牙坚持下来了。一届届学生陆陆续续收到我的书信，近 10 年我写了 40 多万字，我看到学生收到信时的激动万分，看到他们之后的默默变化，由此看到文字强大的力量。我的教育方法不是只有口头说教或是给家长打电话，我还有书信这一招看家本领。

坚持在学校里完成所有的分内工作。

我要让任课老师能够在中午得到充分的休息，保证充沛的体力，所以，我包揽了每天中午的自习课看班。在这段无人打扰的时间里，我可以坐在教室门口发呆，也可以备课和批改作文，还可以找学生谈心。我静静地思考着自己的工作，整理着下一步的头绪。我规定自己在学校里完成所有的分内工作，包括博客的撰写。忙碌的时间关闭 QQ 和网络，手机调成静音；空闲的时候和同事聊天绕操场散步；居然练出来了一边说话一边打字写文章的本事。每天回家后，吃完晚饭先睡上一个半小时，再起来做做家务活写些散文随笔看看电视剧，吃吃喝喝玩玩，到十一点之前就睡觉，充沛的体力也就保持下来了。

时间是海绵里的水，挤挤总有的。我不愿意做苦行僧，也不愿意做蜡烛，我愿做有电源的灯，唯有生命有质量，教育的路才可能走得长久。

这些别人也许很难做到的事情，我一路坚持下来了，自然而然，不是刻意，也不做作，旁人以为我苦，其实我很幸福。

因为，它们成为我生命的一部分，就像鼻子和眼睛。我呼吸到了更多新鲜的空气，看到了更多美好的风景。

梁启超说："凡职业都是有趣味的，只要你肯继续做下去，趣味自然会发生。"为什么呢？"第一，因为凡一份职业，总有许多层累、曲折，倘能身入其中，看它变化、进展的状态，最为亲切有味。第二，因为每一职业之成就，离不了奋斗；一步一步地奋斗前去，从刻苦中将快乐的分量加增。第三，职业性质，常常要和同业的人比较骈进，好像赛球一般，因竞胜而得快感。第四，专心做一职业时，把许多游思、妄想杜绝了，省却无限闲烦闷。"

我对于他的这段话，深有同感。

孔子说："知之者不如好之者，好之者不如乐之者。"人生能从自己职业中领略出趣味，生活才有价值。而要领略出趣味，非要长期坚持做下去，浅尝辄止，感受到的也许只是艰辛与苦痛，因为万事开头难，你只做了个开头，哪里能够体会到后来的无限风光在险峰？

与志同道合者同行

整整三年，每周三晚上一个班主任主题沙龙。一开始是何等艰难！以为人多就好，谁知道七嘴八舌简直乱了套；以为话题越多越好，结果一个还没说透彻另一个已经开始了，简直是乱七八糟；以为讨论完了就好，哪里知道整理起来一地鸡毛。如今回想刚开始的半年，一把辛酸泪。教训多了就是经验，经验多了就有技巧。如今的沙龙层层深入，条理分明，受到各大杂志、微信公众号的欢迎。沙龙成员们也已经养成了每周二等待话题，每周三热烈讨论并且抢着撰写整理稿的习惯。沙龙的成员以江苏地区为主，重点研究江苏地区的班主任工作，也有江西、湖北、广西等地班主任参与，大量的是一线班主任和分管学校德育的德育主任和副校长，也有师范大学教授与教育主管部门分管德育的领导。

讨论的都是班主任工作，所有的疑难杂症到了这里都不是事了，群策群力，心态辅导，方法建议，你再不是一个举步维艰的独行侠，你的身后是一个力量强大的团队。

在群里你可以哭可以笑，还可以稍微发发牢骚，完了以后你就会信心百倍。一群人，可以走得很远。一群人可以抱团取暖。一群人可以借助同伴翅膀扇动的气流飞得轻松看得宽广。

兴趣广泛做了个杂家

我什么都喜欢，称得上雅俗共赏。看的杂书实在太多，看似无用，却总能在关键时刻派上用场。在一曲《春到湘江》里我成了一个怎么也搞不定的学生的知音，在一个学生上课连连打嗝时我拍了他的穴位嗝声立止，我和学生能下象棋，也能在下雨的体育课上播放动漫。

我把课堂变成了娱乐节目现场：《一飞冲天》《一站到底》《江南美食》《非你莫属》《跟着于老师走天下》《今天我要表扬谁》《今天我是演员》《班

级好声音》《最美四班人》……

带着学生去踏青，联系商家搞亲子活动包馄饨，寒假作业是买菜炒菜……

<u>生活的杂家是对生活的无比热爱，潜移默化中传染给学生。</u>

这样做班主任，工作是不枯燥的，课堂是生动的。我站在所谓的应试教育与素质教育中间，找到了一个平衡点。工作不只是苟且，还有诗和远方。

学生对我的爱是汪洋大海

我想班主任和学生的关系应该是一个水循环。班主任是源头活水，涓涓细流，细水长流，渐渐在学生心里汇聚成江河湖海。

25 年的班主任生涯，我不得不说，学生对我的爱是汪洋大海，良好的水循环使我心头永远充满一泓清泉。

"你，还好吗？心中的百转千回，万语千言到落笔时竟只化为一句寻常问候，怪我笔拙，一时间都不知道写些什么好。其实，我只是想和你说：我想念你了。想念那个长发及腰的你，想念那个笑靥如花的你，想念那个如水温柔的你，想念那个说要去洛阳看牡丹的你，想念那个坚定地告诉我们要自信的你……"短暂的离别在他们笔下变得如此伤悲。

当已经毕业的学生在博客上得知我接手了"赫赫有名"的差班时，这些学长学姐写来了长达 4 页的书信给我的学生，殷殷叮嘱。"陌生的初二（4）班，遇到她是福气，是运气。替我们对她好，多让她笑，不可以让她的眼泪掉到地上。她的身体比较弱，上课如果坐在了凳子上就是一个信号。她累了容易上火，嘴角起泡泡，替我们为她准备好绿豆汤。她喜欢有气质的人，你们要学做有气质的人……其实她就是个孩子，需要我们一起来照顾她，关心她，爱她。"

刚毕业了几天的他们用书信这样表达想念之情："这些天，我一直都在回味你教我的初三这一年，最美的这一年。我也一直想念起你代课的那一个月，最美的那一个月。这一年一月的好时光。还有你的笑，你掌心的温度，你的裙子。最美的那一天，给了这一年一月一个艳红色的结尾。"

高中里的他们写周记起名，为我起名"天使教师"："她说话总是轻轻柔柔的，在我的记忆里，她从未生过气，更没有面红耳赤，无论碰到多么棘手的事，写一封信总会解决。写信是她的爱好，她会写信给每一位同学，诉说她的期望。我第一次收到她的信时，激动万分。第一次有老师在信中表扬我欣赏我。她是我接触的主课老师中唯一一个不布置课后笔头作业的老师。她的教学方式很独特，上课总让我们跟着她说，渐渐的知识已经刻入了脑中。她总是让我们尽量多花时间给别的科目，从而成就了我们班级的好成绩。现在，唯一能看到她的方式就是关注她的博客，看到了她的新学生们。我们在一起只有短短的九个月，而我们却如此相爱。"

看他们在各种各样的卡片里、作文里表达对我这个班主任的深刻理解：

"她是真的把教育当成自己的终身事业，不仅教书，而且育人，把学生当成自己的小孩，悉心呵护。她也像天边那片云，淡泊、宁静，用人格魅力感化了轻狂的少年，不经意间，桃李天下。"

"您常常为我们写信，来鼓励某个人，让他知道他的进步您看到了。同时您的生活作息、习惯也深深地影响着我们，您热爱大自然、热爱摄影，常常会去外面走走，亲近大自然，感受自然的魅力，用相机来记下那一刻的美丽风光。有时在中午自习的时候，您会与我们一起分享您记录下的美好，您用您的一言一行来改变我们，让我们在学习之余也能拥有轻松快乐的心情。"

"你是个用心的人。每周的家校联系单，你都细细地一项项罗列出每一个孩子一周的情况。有时还将教学感受也附带其中，那字里行间渗着的都是你的关爱，一字一句，都是对我们的鼓励与期待。似乎每一个孩子在你心中都是一颗奇迹的种子，你等的只是时机，只要时机到来，我们便自然会迸发出惊人的力量，昂首挺胸，大步踏向前。"

"你是个细心的人，似乎任何一个细节你都不肯放过，你便把它们整理成一篇篇随笔，记在本上。应该是本太小，而你的心又太大了吧，本记不下了。于是你开通了博客，叫'三年的缘'。在那儿，每周一篇，一直都没有变过，一直可以找到很久很久以前。你长发旁的学生换了又换，而你，仍旧用心在为我们记录着点滴。"

"难怪妈妈们都成了你的粉丝，原来那里记录的都是真挚与温情。"

"你教给我们的，不仅仅是语文，您更像是人生的导师，在未来那条迷茫曲折的人生路上，您先给我们亮起一盏明灯，我们也便不怕了。您教给我们女孩最重要的是气质，男孩要挺拔、有担当、有责任，我们都会记得！"

读了高中的他们还像幼儿园的孩子一般对我深深依恋：

"早上来到班级，以为会见到你；午睡醒来，以为会见到你；晚上放学，习惯性地想和你说再见。看窗外的树，随四季的变化，那是光阴的翅膀，带走了我们许许多多的美好，乘着风，四散飘零。我想你了，请你听首歌《真的爱你》。岁月静好，一天又一天，一年又一年，愿你能在忙碌的间隙偶尔想想我。"

前两天收到已经读高二的一个学生来信：

"有太多的话想说，却不知从何说起。你是懂的，我们是心意相通的母女，就让我这个女儿为你、为（4）班做一点事，尽一点小小的心意。"

　　她竟然根据我博客里描述出来的我每个学生的情况，给我现在的即将毕业的学生们每人写了一张励志卡片。

　　"你给我的初中阶段的温暖细节，很好地保护和滋润了我的心灵，使我能在即使苦恼的生活里依然不麻木，可以有勇气与魄力，拼搏与担当，怀念与憧憬。"已经高三的这个女孩子像个专家教授一般提炼出来了我对她的深刻影响不在于一时，而是一生。

　　我想，我做班主任是幸福的。记得俞敏洪说过："那些对生活的意义有着明确答案和坚定信念的人，是幸福的。但对于大部分人来说，想要找到一个毋庸置疑和自始至终的答案，十分困难。很多时候，答案只是临时性的：我们得到答案的同时，就又失去了答案。"

　　而我，是已经找到永久答案的人，所以：

　　"随时撒种，随时开花，将这一径长途点缀得花香弥漫，使得穿花拂叶的行人，踏着荆棘，不觉痛苦，有泪可挥，不觉悲凉。"

　　这就是对我为什么已经做了 25 年班主任却还要继续做班主任的最好回答。

像老郭种树一样做教育

老郭是柳宗元的《种树郭橐驼传》里的人物，因为背驼得像骆驼，所以被人叫"橐驼"，老郭丝毫不生气，反而就让别人叫他这个绰号了。老郭是个善良大气的人啊，很丑很温柔，一心只想着种好自己的树，别的不去多想啦。

老郭的树种得好，长得粗壮，结的果子很多。老郭总结原因时说："其本欲舒，其培欲平，其土欲故，其筑欲密。"（让它的树根舒展，培土要平匀，它根下的土用原来培育树苗的土，捣土要结实。）

老郭要是做老师，采用这些方法，教出来的学生一定很优秀。树木、树人，相通的。

1

让树根舒展，让孩子们在大空间里生长。

现在很多学校规模很大，动辄占地上百亩，操场、艺体馆、实验室一应俱全，却鲜少看到学生每日的活动。学生们基本逼仄在教室里，看一个个老师轮流登场。

我记得从前幼儿园吃好饭后，孩子们排着队，由老师带着在马路上走一圈再回到幼儿园，饭后散步，有助于消化；走走路晒晒太阳看看热闹的街景，是最大化地贴近生活。现在因为安全的缘故，已经取消，只是在幼儿园的小空间里兜兜圈子。

我记得从前小学、初中一下课校园里就像炸开了锅，跳橡皮筋、踢毽子、掷沙包、提脚嬷嬷（单腿斗鸡）……成绩差的学生在课间找回了自己的尊严与荣耀。现在的校园有点太安静了。学生的运动技能在渐渐消失，"宅"学生越来越多。课间缩在教室座位上发呆，节假日缩在家里玩手机游戏。"双差"（成绩差、运动能力差）的学生增多了。

一条鱼在小鱼缸里翻个身都困难，它自然就选择了不动；若它到了大鱼缸里，自然就能撒欢。

一棵树的树根能够伸展，就能汲取更多的养分，枝干就能粗壮。

一个人的生存空间自由自如、丰富多样，人就有舒适感、幸福感并且充满创意。

学校，要在根本上下功夫，提供足够的时间和空间，提供丰富的学习和实践场所。陶行知先生的"生活即教育"以及他的"生生农场"，是极好的范例，无论是过去还是现在，都是教育的最高境界。有什么能比自由舒适更好的呢？

拘着它、束着它，你就会感受到无穷无尽的反抗力。若是学时学、玩时玩，课堂上全神贯注、课后生龙活虎，那才是最好的动静相宜、张弛有度。

2

培土要平匀，不能过紧或者太松。

给树培土相当于给人立规矩，应当松紧适宜。若是太松，根基不稳，容易长得歪斜，也经不起风雨；若是太紧，压得透不过气来，就会对生长不利同时引发抵触与反抗。

教育学生也要注意这个问题。没有规矩不成方圆；规矩太多，手足无措。

原则性问题要坚持，其他问题可以有弹性。表扬和批评，奖励和惩罚，缺一不可。停止争论到底是要挫折教育还是要快乐教育，这样的关于常识性的争论对于一线的教师而言是一种折磨。人生本来就是快乐和挫折齐头并进的路程，该有的都要有。

3

树根下的土要用原来培育树苗的土。

最初看老郭种树，感觉重点当然落在教师培养学生要像老郭种树一样顺应自然规律，警惕自己不要打着爱学生的旗号而扰学生甚至伤学生。后来才发现，"其土欲故"是一直被我们所忽略的事情。

忽然想起游子离开家乡时会带走一包家乡的泥土，那些远行的人若是在异国他乡水土不服，把家乡的土在水里冲泡了服下，就好了。

什么是我们的学生根下原来的土呢？

是家，是家人，是家风，是亲情。是日日桌上一餐热腾腾的饭，是夜夜身下一张柔软软的床。是靠在老人身边听他们唠叨，是挽着父母的手走在热闹的大街上。

家庭才是孩子扎根的土壤，唯有根深才能叶茂。

有多少孩子在幼年时代或是少年时代，去了寄宿制学校？父母爱孩子，想要孩子接受最高质量的教育，想要孩子从小培养独立自理的能力。

是啊，我们看过太多励志鸡汤了。

"当小鹰长大一些的时候，老鹰会把小鹰的翅膀折断，老鹰把它们带到一片悬崖上，未等小鹰站稳便一下子把它们推下去。小鹰为了生存，只好拼命地扇动翅膀，可是小鹰总是飞出不远，就跌到山涧里，老鹰便把它们抓上来，重新进行练习，就这样，小鹰在吃尽苦头后，终于学会了自由自在地飞翔。做父母要像老鹰，就该把小鹰推下悬崖，放手也是爱。"

有多少人误解了这些文字，这些文字里是在写老鹰把小鹰推下悬崖，逼迫小鹰自己飞翔，但是绝对不是老鹰把小鹰推下悬崖让别人教小鹰飞翔，老鹰一直是陪伴在小鹰的身边的，直到它独立飞翔，这是放手的爱，可也是全程陪伴的爱，有多少家长只看到了放手，却没有看到陪伴？

你若上网搜索如何培养孩子的独立能力，一定会看到这样的句子："培养孩子的独立性，开始得越早越好，学龄前和小学阶段始终是最为关键的时期……"家长们没有看完全文，已经做出了快速的概括性解读：送孩子去寄宿制学校，这是培养孩子独立性的最好方法。

唉，于是我教到过一个幼儿园就寄宿在贵族学校的学生，到了初中时，已经成为一个"装在套子里的人"，只有这样，他才觉得自己有了安全感。

培养孩子的自理独立和家长的温暖陪伴从来不是矛盾的。傅雷的儿子傅聪 20 岁出国深造，傅雷及夫人 1954～1966 年间写给孩子的信成为著名的《傅雷家书》，傅雷在给傅聪的信里这样说："长篇累牍地给你写信，不是空唠叨，第一……第二……第三……第四，我想时时刻刻，随处给你做个警钟，做面'忠实的镜子'，不论在做人方面，在生活细节方面，在艺术修养方面，在演奏姿态方面。"

就算傅聪身在异国他乡，他扎根的土依然是家，是父母，是亲情。

与之相反的是现在很多父母把孩子送到寄宿制学校后，就让孩子彻底长在了新的土壤上。经历了最初一两个月的不适应之后，孩子似乎能习惯宿舍生活了，于是父母松了一口气，放心地把孩子交给了学校，交给了老师。周末孩子放学回家，父母问问"学习怎么样啊？考了几分呀？吃得怎么样？睡得怎么样？同学关系怎么样？"时间长了以后，父母发现孩子似乎和自己话越来越少，和同学关系越来越亲时，父母从小小的失落变成了大大的欣慰，嗯，不错，独立能力终于培养起来了。

唉，有个女生说："他们多省力啊，上班一张报纸一杯茶，又不用给我做饭做菜，二人世界溜得很，每天晚上打麻将，每个星期三傍晚来看我一次，其实就是借着吃了晚饭散步顺便来一下。我感恩他们什么呢？好吧，这里要交很贵的学费。谢谢他们了。"

其实，不寄宿在学校里每天回家的孩子有很多也好不到哪里去。父母忙于生计，一日三餐太过匆忙；孩子忙于功课，周六周日都是在各种补习班里度过的。

草长莺飞的春天里，天空没有父母和孩子放飞风筝的欢声笑语；枫叶荻花的秋风里，水边山间没有父母和孩子走进大自然的惬意；炎热的夏天，寒冷的冬天，窝在空调房里，一人一个手机。

世界上最遥远的距离，是我就在你面前，而你却在玩手机。

每年搞感恩父母的活动时，孩子和父母一起蒙上眼睛，听演讲者声情并茂讲述父母恩情时，我发现哭泣的父母很多，哭泣的孩子很多，但是真正采访孩子的时候，得到的回答却是很冷静的一句话："演讲者把我讲哭了。""大家都在哭，我受感染了。"

如果父母对孩子的恩情是要借助于别人的煽情才能潸然泪下，而不是自己由内而外感悟到的，那真是令人感慨了。

作文中，孩子写父母对自己的关爱，已经只剩下下雨送伞、生病送医院了。而父亲的形象，只存在于教自行车，或者教教游泳。

我在孩子们的眼睛里、文字里、言语里，努力地寻找着父亲母亲们的身影，寻找着家的存在。那是孩子们的根生长的地方，是给予孩子们终身安全感的土壤，是人这一辈子未来发展的基础。

有时在网上看到某个学生又跳楼了，真是心惊。难道世界上一点点值得留恋的东西都没有了吗？在高楼的边沿，一丝一毫都没有想起自己的父母吗？是什么样的痛苦能够把自己这棵树轻而易举地连根拔起？树根与土壤就那么浅浅的一点点覆盖与牵绊吗？

郭橐驼种树成功，顺应的自然规律中很重要的一条是用了"旧土"。我们要树人，要顺应人身心发展的自然规律，很重要的一条是让孩子们有家有家人有家风有亲情的陪伴，那是他们成长的土壤，是他们要深深扎根的地方。

扎根的土壤越深厚，这世界才越值得留恋。

由此，推广到更深远的层面，我们这一代中国人，根要深深扎入更大的家——国家，我们赖以生存和受滋养的中国传统文化，是我们扎根的土壤。这是一棵树茁壮成长的基础，是一个人三观正确不歪的基础。

4

捣土要结实，用脚踏实。

人的根基一定要稳。什么是人的根基？世界观、价值观、人生观。

在培养学生的时候，不能仅仅立足于学科教学传授学科知识。三观的树立，很重要的一个途径是通过文学。莫言说："文学和科学相比，的确没什么用处，但文学最大的用处，也许就是它没有用处。"教育也如此，所谓的分数、学历，甚至知识都不是教育的本质。教育的本质是：一棵树摇动另一棵树，一朵云推动另一朵云，一个灵魂唤醒另一个灵魂。

最能唤醒灵魂的是什么？我想，是文学。

我们用什么捣土使其结实？是阅读充满正能量的作品以及教师本人三观正确的言传身教。

老郭说：其他人给树根换生土，培土不是过紧就是太松。关爱太深，担忧过多，早晨去看，晚上又去摸，甚至抓破它的树皮来检验它是死是活，摇动它的树根看土是松是紧。表面看是喜爱它，实际上是害了它。

于教育而言，老郭是在提醒我们给孩子们一片宁静自然的生长环境，给学校一个宁静自然的教育环境，少干扰，少浮躁，少喧嚣。

"其本欲舒，其培欲平，其土欲故，其筑欲密"，四个"欲"字，是树木的本性，也是种树的要领。郭橐驼正是在掌握事物内部发展规律下的积极适应自然，从而保护了树的生机，因而收到"天者全而其性得"的理想效果。

像老郭一样做个善良的人，工作的时候全身心地投入，顺乎学生天性。

每一个教师、每一个家长都要熟知《种树郭橐驼传》，家长们必须明确：家才是人生最重要的根基，尤其是一个人的童年经历，对一个人的未来发展起着至关重要的作用。

根深才能叶茂，立德才能树人。顺乎自然才能一切而然。

这是老郭种树告诉我们的道理。

班主任工作是度人度己

永远记得工作的第一年（1991 年）做班主任，从 9 月 1 日开始就煎熬着度过每一天。我是个不大愿意把心里苦恼表露出来的人，可是面对班级的纪律问题、学生在校外和社会小流氓混在一起的问题以及班级里各种鸡零狗碎的问题（比如东西被偷、考试作弊），我的心里时常处于一种焦虑与无力交织的绝望情绪中。

第一个寒假到来，缓解了我绷了几个月的神经，快要开学前，我决定一切重新开始。于是带着一种兴奋与期待，在学生报到的前一天，我虽然因为骑车摔断了右手手腕，还是进了教室，想亲自打扫好卫生，用一种崭新的面貌来迎接我的学生们。

站在教室的门口，我目瞪口呆。天知道他们是怎么做到的，所有的课桌椅都被集中到了教室中央，一直堆叠到天花板上。如果我今天不来教室看一下，明天学生来报到时是怎样的情形？我无法想象。

比较好玩的是，因为如此出乎意料，我现在依然清晰地记得我当时的心情竟然是好奇多于愤怒。他们是怎么堆叠起来的？我小心翼翼地绕着这一大堆的桌子凳子走了一圈，依然无解。内心深处有一种强烈的念头升腾而起：臭东西们，不就是想明天看我的笑话吗？哼！看我的。

我站在教室门口，选择了一个最佳角度，快速地奔到教室中央，冲着一张桌子的腿狠狠地踹了一脚，然后以最快的速度逃离到教室门外。只听得教室里面轰隆隆一阵响，等声音安静下来，我走进去，用左手把所有桌椅一一排列整齐，又在黑板上写好"欢迎回家，一切重新开始"。

至今还记得写字的时候，心情很平静，写完退到教室最后一排，看着整齐的桌椅、欢迎的标语，这一刻，我首先感动了我自己。

"他们还是孩子，我才不跟他们计较呢。"我对自己说，"明天哪几个结了伴大清早来报到的，就是叠桌椅的人，我要看看他们失望的样子。"这么想着，忽然觉得一切都变得有趣起来了。

第二天很轻松地就知道了是哪几个调皮蛋，当他们悄悄聚在教室后门那里惊讶地小声议论着是怎么回事时，我喊了他们一声："过来！"

终究是孩子，被我吓得够呛。

"我手断了，你们是男孩子，要照顾好女生的。记住，男的不要给女的添麻烦，不然就不是男子汉！从今天开始，我不干活了，都是你们干了，自己去分工，我不管了。男子汉，少说废话，多干实事。"我笑眯眯地说。

他们脸上的表情真是一言难尽，最后变成了认真干活的样子。

这一件事情，在我的班主任工作中至关重要。我放过了他们，更放过了我自己。如果我通过各种途径绞尽脑汁查找到了叠桌椅的肇事者，然后大光其火，把学生家长找来，或者让他们"吃"个处分，那么从此班级里多了一群永远的对立者，我自己呢，除了发泄怒气之外，得到了什么？

山穷处，云起；水尽头，风来。班主任工作是什么？有时候就是先平静了自己的内心，再平和地教育学生。平静平和，才能跳出愤怒与焦虑，看到教育的一点点有趣与诗意。

也清晰地记得那个小龙，我的第一届学生，个子虽小能量却大，产生种种劣迹后学校政教处通知我要处分他，我转告了他和他的父亲。那个夜晚，他老实巴交的父亲和垂头丧气的他一起给我送来了一袋新米，我很坚定地回绝了他们。白天的时候政教处领导已经很严肃地告诉我处分决定不可更改，学校管理需要杀鸡儆猴。那个夜晚，看着父子两个黯淡的背影，我的心中千般滋味涌起，"你从此改了吧，再不要像从前那样。"我心里默默地说。

更清晰地记得处分布告下来后，办公室一位即将退休的老班主任随口说了一声："这小孩以后不能当兵了。"这淡淡轻微的一声，于我却如晴天霹雳。什么？年轻的我涉世未深的我稀里糊涂的我，被惊得目瞪口呆。20世纪90年代初期，学校处分学生是司空见惯的事情，处分了要记入学生档案也是铁板钉钉的事情，新兵入伍要从初中阶段开始政审却是我完全没有概念的事情。

一年后，班级里一个男生小松因为偷窃放在教师办公室里的奖品（软面抄笔记本）再次被学校政教处通知要处分，我用最快的速度通知了孩子的父亲让他想办法赶快转学去别的学校（那时候从市里转学到农村学校还是比较容易的），转学了就不会再处分了，更不会记入档案了，我这个刚工作不久的新教师是无法让学校改变处分决定的，只能让他转学离开。这样做，只因为我在他的作文中看到过一句话：我将来想要当兵。

他后来果然当兵了，在部队里给我寄过一张教师节的贺卡，写的是"春风化雨，润物无声"，因为没有他部队的地址，我没有回信，心中却是百感交集，这八个字，那时候的我是无论如何配不上的。

很多年后，我遇到小龙的表姐，她告诉我小龙因为初中"吃"过处分而政审不合格无法当兵，我心里很难过。如果当年的我能够多懂一些常识，能够替他转圜争取一下不处分，多好啊！

从前我自己读书的时候是个好学生，总觉得"差生"犯错后被处分是咎由自取，自己种的苦果就该自己尝。但是经历过小龙和小松的事情后，原本稚气未脱的我（刚工作时我只比班级里的几个多次留级的学生大三四岁）变得有些成熟起来，最大的改变是心胸和气度变大了，不再因为学生的犯错而耿耿于怀，有一种越来越清晰的意识呈现在脑海中：他们都还是孩子，还有长长的人生路要走，一切都还在可塑造阶段，不要急着一棍子打死，不要急着太早就判断他们未来的人生，更不要用无可逆转的惩罚来对待还在变化中的学生们。

吃一堑，长一智。班主任工作是什么？是在和学生相处的过程中，慢慢让自己拥有一颗柔软慈善悲悯大气的心，"不是锤的打击，而是水的载歌载舞，才使鹅卵石臻于完美"。水载歌载舞的过程中，一次次被尖锐石头划得遍体鳞伤，你却看不出它的痛苦与伤痕，只看到它坚定地执着地耐心地包围着冲刷着石头，直到圆润呈现。这是石头变化的过程，又何尝不是水修炼自身的过程？

从山顶气势豪迈地飞流而下自然好，但是仅凭蛮力却无法削去尖石的棱棱角角，莫如变为细水长流，持之以恒中完成流水与石头共舞的美好。

在我的工作生涯中，有一件事情是令我终生难忘的。那一年，我跨年级到初二的一个班级去代课一个月，与学生建立了很好的感情。临走那天，他们关了教室门哭泣着唱起了"可惜不是你，陪我到最后"，令我鼻酸落泪匆匆逃离，之后他们在门缝里塞进来的信上写着"一月似锦：早晨晨跑的时候，我们突然沮丧地发现，你所关注的全部都在初三（4）班身上。你所给予我们的，仅仅只是一个背影。队伍里有不甘心的人在小声说：'什么呀，于老师心里只有他们初三（4）班！'这句话一说，大家都沉默了。每个人都有点落寞。当我们的队伍都快要跑过你身边的时候，当大家都不再抱有希望的时候，你出人意料的，回了头！充满笑意的眸子在清晨新鲜阳光下格外明亮，动人心扉。大家忙不迭地说着'于老师好''于老师好'，你一一点头，那双温润的眼睛里映出了我们的模样。那一眼，给了我们太多的惊喜和感动。你从不曾嫌弃我们倒数第一的成绩，你从不曾在意别的老师对我们（3）班不好的评价。从那一眼里，我们体会到了我们被爱着。"

因为文字篇幅有限的缘故，我只能压缩了原文，当初看到信时内心的激荡至今记忆犹新，一种强烈的幸福感潮水般冲刷了工作带来的疲累，而另一种蓦然震惊也让我重新反思自己：原来学生是这样地在乎着老师对他们的评价，哪怕这个评价只是一个不经意的眼神。而越差的班级就像越差的学生一样，更加地敏感，更加地在意，如沙漠里长期缺水的草根，长期缺爱的他们如此渴望着老师真诚善意信任的滋润。

初三时我接手了这个班级，再次收到学生们的书信："好像一切都没有变，你的音容你的笑，一如初见。当时哭哭啼啼唱歌的我们，再见你时，会意一笑相对。'春和景明'，这几天背的古文里的一句，翻译是'春风和煦，阳光明媚'，这样温暖的事物让我们一下子想到你带给我们的感觉，亦是如此。那种感染力，能让人着迷，令人沉醉。你是唯一给我们 100% 信任的老师，希望以后的日子里，与你在一起，我们能共同进步。曾经的一月似锦，未来的一年如歌，谢谢你可以陪我们到最后。"

这封信带给我极大的震动，一个老师的微笑与信任带给学生的春天般的感觉，竟然如此之美，而学生在信中提到的"共同进步"这四个字也带给我很多的思考，当我们老师渴望着带领学生进步的时候，学生已经超前意识到师生是应该共同进步的，从这个角度看，真是不能小看了学生，他们只是不说，其实他们什么都懂。对于教育，他们看似是被教育者，而换一个角度看，他们何尝又不是我们这些做老师的人的教育者呢？

众里寻他千百度，蓦然回首，那人却在，灯火阑珊处。班主任工作是什么？我曾经冥思苦想久久，却没有想到答案来自于我的学生们，是信任学生，温暖学生，与学生共同进步。是寻找一种师生间的真情实感，心灵默契，会意一笑。

原来，在我们一直追求的"立功、立言、立德"的所谓成功背后，还有更高层次最美好的"立情"。

当我为一个每天迟到饿肚子的女孩买了整整两年早饭却依然无法改变

她懒散的学习状态，是我已经毕业了的学生在高中里给这个女孩写来了一张卡片："于老师真的很爱你，为你买了两年早饭，这些都是我没有感受过的，以后除了父母，没有人会像她一样对你好，所以，请别让她失望。"看到卡片时，我哭泣很久，我内心深处无法言说的委屈一泻千里、一散而空，原来，我的期待、我的无奈、我的委屈，都被他们深深懂得。

当我为一个上课整天睡觉不做作业回家又和父母闹矛盾赌气不肯来上学的男孩子冒着严寒去家访，而他躲进卫生间反锁了门不肯出来面对我，我的一句"我冷，你出来给我倒杯热茶吧"让他开了门出来烧水泡茶，刚坐在我身边又跳起来寻找着小毯子给我披在身上。"你的儿子真好。"我对他的母亲笑道。看着他们母子重归于好地握手拥抱，那一刻，心中的温暖与欣慰驱散了全身的寒冷。原来，不要空洞地说教，就是人与人真诚平等的相处，不要居高临下地教育，就是捧着一颗真心与你面对，就好。

当我每天中午为学生们递饭盒、添饭，当我每天傍晚和每天的值日班长一起扫地拖地，当我每天放学时站在教室门边，微笑挥手与学生们一一道别，当我站在操场队伍后面跟着学生们一起做操，当我利用节假日和学生一起踏青看油菜花，当我借了馄饨店的场地搞亲子活动包馄饨……

当我叹着气说："你啊，我拿你怎么办哦？"当我给学生整理着衣领子说："你快点进步哦，我有点等不及了。"当我挽着学生的胳膊一起在操场边说边走的时候，当我把课堂搬到了春暖花开的操场……

拆开已经毕业的学生的信，掉出来了树叶做成的书签，那是当年我们教室楼下盛放的小蜡花的叶子，那些已经走远的岁月，忽然就近在眼前了。

站在走廊里晒一下太阳，舒活一下连上了三节课后的疲乏身体，有个男孩子喊我："于老师，你快去上一下厕所吧。"让听到的人都愕然又憋不住笑得身子乱颤，而他后面那句话却是："那里的玉兰花开了，很美，是你喜欢的。"那一瞬，笑在脸上，泪在眼眶打转；

那个曾经让人抓狂的男孩子做了我两年的儿子，在高中里做了班长，在我生日的时候发来手机短信说："我有一个极其幼稚的想法：吃一颗返童药丸，变成插班生，帮您做事，分担压力。有点可笑吧，可是这是我内心的真实想法，原谅我不能在您以后的教学生涯帮您做事了。学弟学妹们，请求你们好好照顾她，两年，师生，母子，一生"。

……

为伊消得人憔悴，衣带渐宽终不悔；才下眉头，却上心头。这些恋人之间真挚的情感，同样发生在师生之间。班主任工作是什么？有时候也许是一场单相思的苦恋。费力耕耘却颗粒无收，焦虑过，绝望过，也因为已经尽力而为而在时间的流逝中不再耿耿于怀；有时候是美妙的心有灵犀，看一眼，就彼此懂得。在很多年后下着小雨的午后，在淡淡茶香里想起，嘴角笑意盈盈，那是一辈子的美好记忆；有时候平淡如水，却在细水长流中收获心灵的宁静与恬淡。

"早上来到班级，以为会见到你；午睡醒来，以为会见到你；晚上放学，习惯性地想和你说再见。看窗外的树，随四季的变化，那是光阴的翅膀，带走了我们许许多多的美好，乘着风，四散飘零。我想你了，请你听首歌《真的爱你》。岁月静好，一天又一天，一年又一年，愿你能在忙碌的间隙偶尔想想我。"这是已经毕业的学生写给我的书信，珍藏在我的脑海里字字有痕。在踏着荆棘的日子里，在紫荆花开的日子里，每当想起，备感幸福。

班主任工作是什么？我想，没有比"亦师亦友、度人度己"更恰当的表达了。

教育很美好，道路很艰难

如果提前了解了你所要面对的教育人生，你是否还有勇气前来？

——题记

他的头发茂盛杂乱，上课时不停地打瞌睡，喊醒了一会儿又睡着了。

进入初一就是班级倒数第一名，初二学物理，期望他能够在同一起跑线上学好这门功课，谁知道第一堂物理课他就睡着了。

为了他上课睡觉的事情，我找过家长。家里住得远，每天五点多起来上学，自然容易犯困，而家长都是菜贩子，晚上基本不在家，他处于无人管理状态。晚上在做什么，无人知道。起得早睡得晚，自然瞌睡连连。

"他瞌睡到不想干坏事。"老师们都这么叹着气说。

有时候，觉得他很可怜，每天放学时他会跑到班级垃圾桶那里看一下，然后把垃圾带走。这是他很主动为班级做的事情，每次我看到都会对他说谢谢。有时担心他早饭来不及吃，我也会往他手里塞一个煮熟的鸡蛋。

其他学生都知道我的心思，为他烦恼呢！于是评选感动班级人物时他也获得提名奖。可是这样的激励，依然没有办法抗衡他的瞌睡。

我们的师生关系很好，可是，却实在没有办法让他不瞌睡，让他多考几分。初二了，除了语文还能勉强及格，其他几门功课分数加起来也不满

100 分。也许他就要这样睡到初三毕业吧！

20 年后，他会是个什么模样？我想不出来。

我安慰自己他还是很会劳动的，也许将来就接过他父母的菜摊子过完自己的一生，这样的人生也不错。

可是心里又叹息说：既然这样，不如现在就去学一门手艺或者直接去跟着父母做生意，也好过每天在教室里睡觉啊。

最美好的少年时代，是在瞌睡里度过的，真是让人叹气啊。

虽然教书 27 年了，可是，依然有这样让我产生无力感的学生存在在班级里，基础差加上家长不管再加上学习难度增加了，积木搭到一定的高度，就再也搭不上去了甚至全面垮塌了。

我唯一能做的就是让自己多想想他好的方面，不厌弃他，也心怀期待，希望在未来的日子里能够有某个契机出现，能让他有所改变。

而现在，我能做的就是在他的几乎都是 20 多分的成绩里找到一门功课让他能够学进去一点点，至少还有那么一门功课让他想考个及格，至少有那么一点点信心还存在着。

我能做的就是依然真心地善待他，一个鸡蛋，一声谢谢，一次个别辅导，一个微笑，一次善意地提醒。

如果他的一颗心全部冷了，那么也许有一天他就不想来读书了。

而这样的学生，哪个班级哪个老师手里没有那么一两个三四个呢？可能有老师还会说"我手里至少十几个呢"。

如果当年高考，能够提前了解未来所要面对的教育人生，你是否还会那么执着地要填写师范大学选择做一个老师呢？

我问群里的老师们，你现在做教育时遇到哪些艰难的事情，有老师立刻打出了三行字：

　　"高知"家长在面对自己孩子并不那么出众时，产生焦虑、虚荣、苛求等情绪，让孩子背负极大的精神压力；

　　"土豪"家长唯钱论，溺爱自己的孩子，对学习的态度是顺其自然、不作要求，会写名字就好；

　　"外来务工"家长，每日挣扎着生活在城市边缘，自顾不暇，没时间也没能力教养自己的孩子。

　　是啊，老师面对的不仅仅是学生，更是学生背后的一个个各种各样的家庭。我们能做的是慢慢引导这些家长。

　　昆山张浦二小的徐振兴老师说：

　　成立一个父母沙龙吧，让他们交流互动。

　　高知家长会对土豪家长及外来务工家长苦口婆心表达"知识改变命运""富不过三代""只有用功读书才能出人头地"这类知识分子才能说出的教育观念；

　　土豪家长会对高知家长及外来务工家长说"孩子平平安安，开心就好""钱乃身外之物"这类心灵鸡汤；

　　外来务工家长会对他们说"孩子学习好不好，全靠自己自觉""命运掌握在自己手里""人要自个成全自个"这类自强不息的言语。

　　这些家长聚在一起，聊聊天，谈谈心，心胸自然就开阔了。

　　家家都有本难念的经，我们常常会羡慕别人，然而一交流才发现其实大家都不容易，所以，抱怨少了，心灵也获得了慰藉，也能取长补短，为己所用。

　　当然这是最好的状态，如果效果不明显，或者家长不配合，那也没关系，因为我们无法叫醒一个装睡的人。

　　秉持一个原则：但行好事，莫问前程。能力有限，顺其自然。

多好的回答。

理解家长，也提供改变他们的方法，剩下的是教师自己的心态。

如果提前了解了你所要面对的教育人生，不仅仅教学生，还有学生背后复杂的家庭，你是否还有勇气做个班主任？

我想我是幸运的，少年时代生活在一个教师大院里。我清晰地看到了教育与生活的平衡。

住在我家斜对面的那个老师教我物理，上课时看到有学生睡觉就扔个粉笔头过去，真是百发百中，大家笑，被扔中的醒来了也一起笑，老师也笑。笑过了大家都精神一振，于是继续上课。

生活中的他，在井台边和老婆一起刷床单拧干了晾晒，或是在家里大声地呵斥自己的孩子。也曾见过有个老师大儿子乖巧小儿子顽皮，在一个夏日把小儿子绑在我家门前的水杉树上一个下午。

我清晰地看到了他们在讲台上兢兢业业的样子，也看到他们生活中的质朴与烦恼。

我们自己读书的时候上课也曾经欺负过那个老实憨厚的数学老师，也曾经在自习课上玩得不亦乐乎，一回头看到班主任的鼻子贴在玻璃上看我们。

我自己做语文课代表的时候到老师那里背书，短短的四句诗疙疙瘩瘩背得乱七八糟的，也曾看到班级倒数第一的男孩子握着女班长的手。

刚工作的时候，隔壁班上有个男孩子成绩差还闹事还发癫痫，他的班主任烦透了，我看见他的母亲瘸着腿一次次来办公室处理儿子的事情，定睛一看，她竟是当年我还是小孩子的时候那个杂货店里凶巴巴的售货员。

这就是最真实的生活。

不要说"高知"了，自己做老师的面对自己孩子并不那么出众时，也会产生焦虑、虚荣、苛求的情绪，让孩子背负极大的精神压力；

不要说"土豪"了，当孩子生病时，半夜送孩子去医院时，哪个父母不想着只要孩子身体好就行了，其他都是次要的；

不要说"外来务工"家长了，好多高中老师每日陪伴学生的时间长达十几个小时，基本没有双休日，若是夫妻两个都是高中老师，哪有时间教养自己的孩子。

有个学生父母离了婚，父亲就此不再出现；母亲也对孩子不闻不问。这个学生连个早餐都无人关心，更不用说读书的事情了，自然就成了"差生"。

这样的情况已经成为事实，做老师的我根本无法去改变这样的家庭。我唯一能做的就是给她买了两年的早饭。

《无问西东》里说："这个时代缺的不是完美的人，缺的是从心里给出的真心、正义、无畏和同情。"我想这样的话用来诠释现在的教育也是可以的。

我们的教育缺的不是完美的理想的教育理念，也不缺高科技的教学条件，缺的是从心里给出的真心、正义、无畏和同情。

当我们指责家长们不配合老师管教孩子时，我们心里也腹诽着自己孩子的老师怎么布置了那么多手工作业，这些作业孩子几乎无法独立完成，基本都是家长帮着完成的；

当我们愤怒着学生上课不好好听课，木愣愣地反应迟钝，却很少意识到他们从早上 7 点多到傍晚 5 点多除了上课就是在做作业，连上厕所都是匆匆忙忙的，年复一年日复一日，他们的生活两点一线何其枯燥单调，厚重的眼镜片后没有了少年人的灵气光芒；

我们在要快乐教育还是要挫折教育的争论里无所适从；我们甚至在教育自己的孩子时也有些不知所措，希望孩子有快乐的童年又怕不提前学点儿啥会输在起跑线上，我们的孩子考试分数高了低了都会牵动我们的神经，影响我们的睡眠和心情；不做作业时不考试时都是母慈子孝的，一陪伴孩子做作业一考试就鸡飞狗跳的，心脏不好了；

……

如果我问你：你到底希望自己的孩子怎么样？

你说：身体好，学习好，品德好，人勤快……

你说到后来都有点不自信了，老天哪能那么厚待你，那么完美。

所以，你面前的学生，必定是各种各样的，总有缺陷的，完美的孩子少而又少，就别抱怨了；你面对的家庭，必定是各种各样的，总有问题的，幸福的家庭少而又少。

也许正是因为这样，才显出你这个老师的珍贵。

当你面对着各种各样的孩子，当你面对着各种各样的家长，不迷茫，你坚信着自己能够有所作为，哪怕一个学期只改变了一个学生，只改变了一个家长；

哪怕一个学期只改变了一个学生的一点点，只改变了一个家长的一点点，也好啊，也是你的价值所在。

爱你所爱，行你所行，听从你心，无问西东。

说的就是这样的你吧。

你看那些花儿，风把种子撒在荒郊野外，或是高山沙漠，或是峡谷角落，风霜雨雪烈日焦灼，如果提前了解了所要面对的人生，它们是否还有勇气绽放？

可是它们不管多么艰难，不管是否有人欣赏，它们只问盛放，只问深情，只问初心，只问勇敢，不问西东。

野百合也绽放着自己的春天，小小的草儿也结着自己的籽儿。

也许老师也是如此，如果提前了解了你所要面对的教育人生，你是否还有勇气前来？

那么多那么多的老师，不管能力有大小，水平有高低，生源有差异，只问盛放，只问深情，只问初心，只问勇敢，不问西东。

唯有如此，才会有一种从心灵深处漫溢出来的不懊悔不羞耻的平和与喜悦。

我不想迷惑年轻的老师们

经常有老师问我："于老师，你怎么写得出那么多文章的？"我有点随意地回答："因为有很多事情可以写啊，每天真实地发生在课堂里，记录下来就可以啦。"

"可是这些事情也发生在我的课堂里，为什么我就写不出来呢？"

我有点答不上来了。因为我发现，我只了解我自己，我不了解别人。我虽是旁观者，却不一定能看清别人写不出东西来的原因。也许他根本就没有意识到自己课堂里发生的这些事情；也许看见了也就是看见了，没有要写下来的意识；也许想写却不知道从何说起。

这么说也许还有点讲不清道理，那么我举个跑步的例子，你也许一听就明白了。

他还站在起跑线上犹豫着要不要跑步，我已经跑了十多年了，我如果对他说："跑呀，一点也不累的，跑步的好处可多了。"他开始跑了，一两圈后累得气喘吁吁，也许再也不跑了。只有咬牙坚持到和我一样不跑会难过的时候，他才会真正明白跑步带来的愉悦感。

当我一年一本地印出来了漂亮的学生成长纪念册，当我一年一本地出版我的教育叙事，当我一天一篇地在博客上写着班级故事，当我做着班主任教着两个初三班级的语文，主持着一个工作室和每周一次沙龙还全国各地培训教师，当我忙里偷闲享受美食还发表着散文和小说……你说："于老师，我也想像你一样。"

我不想欺骗你，不想迷惑你，我想直白地告诉你：没有 20 多年的积累，你不可能像我一样。不要羡慕我现时的明艳，它的背后浸透了奋斗的血泪。

走到今天，我只相信这几个字：长期坚持，熟能生巧。

工作第一年做班主任的时候，两眼一抹黑，凭着直觉，跟着感觉，加上看着老教师的做法，很快就迷失了方向。我想像 A 老师一样每天对学生笑眯眯地，却发现她的学生安安静静地，我的学生却要把教室吵翻天；我想像 B 老师一样严肃着一张脸，却发现他的学生和他很亲，我的学生对我很疏远。每次走进教室我都矛盾纠结，到底该换一张怎样的脸面对我的学生。这样的我，是不是和年轻的你一样？

除非天才，名师们有谁没有过这样的经历？记得有个做了 20 多年班主任的名师对我说起当年的经历，真是生动形象如在眼前："我看自习课，有个家长找我，我在走廊里和家长说话，教室里开始叽里呱啦，我一脚门里一脚门外，一边和家长说话，一边用眼睛狠狠地盯着教室里。"我听了想笑，却又笑不出来。不是每个名师都那么实诚。站在山顶的时候，心情很好，风光无限，一路艰难坎坷埋怨牢骚和曾经试图的放弃之心，已经抛诸脑后。身轻如燕笑容满面，让人以为登山如此轻而易举。

光光是班级的纪律问题就经历过很多次的尝试和波折。抓、放、再抓、再放，终于明白一开始要培养好习惯，再慢慢逐步放手，再慢慢明白他们终究是孩子，不可能完全那么自觉，不可能人人那么自觉。

管理一个班级，没有绝对的民主，也不能绝对地集中，虚虚实实中终于慢慢掌握了一个管理的度。

短则五六年，长则十多年，若你坚持二十多年，一定不会慌里慌张，必定游刃有余了。教育是一种慢的艺术，这句话用在学生身上对，用在老师身上也对。只要你一直在坚持着，一直在琢磨着努力着，渐渐就会找到事物本质和物外之趣。

记得看电影武术片，讲一个小孩成长为一个功夫大师，电影里几秒钟的功夫，孩子在春夏秋冬四季风景练功的镜头快速闪过，最后定格为一个强健的武功高手。

电影终究是电影，无法放映十多年寒来暑往的分分秒秒，无法再现岁月里流淌的汗水与泪水。

还记得庖丁解牛吗？若是放电影，该是刀唰唰唰地飞闪，转眼皮是皮、肉是肉，一副完整的牛骨架。游刃有余是因为熟能生巧，熟能生巧是因为无数次的失败与失败后的再练习。

你看大江流淌汪洋宽阔，仿佛自然而然天生这般模样，可知百川汇海连小溪也不放过；你看高树参天枝繁叶茂，仿佛轻而易举年轮圈数，可知盘根错节连水滴也如数吸收。你还要知道，成了江海，成了高树，所以更加有能力吸收，于是有了波涛汹涌的磅礴气势，有了绿阴如盖的皇皇风姿。

我这么说，是我想更直白地告诉你：成功从来没有捷径，量的积累才有质的飞跃。

20多年前我和你一样，以为名师的班级里永远风平浪静一片祥和，后来才知道也是波涛汹涌此起彼伏，原来他只是比我多了一份淡定。他经历得多了，自然知道出了问题走什么程序，然后怎么往好的方向转变。

20多年前我和你一样，以为学生和家长会很容易地就知道老师的良苦用心，结果《农夫与蛇》的剧情一再上演，吃了亏以后才知道名师与家长学生和谐沟通不止有言语，还有家访与书信。

20多年前我和你一样，以为可以安安静静教书，后来才知道各种琐事令人分身乏术，手脚并用也不够，名师的做法是不发牢骚、想尽办法、统筹时间、尽力而为。

20 多年前我和你一样，每天忙得像头被蒙住了眼睛拉磨的驴，一天天过去又像飞过天空没有留下痕迹的鸟。茫然中才知道文字是沙滩上的脚印，走过了回头就能看到。

我不想迷惑年轻的老师们，当你听了讲座感觉醍醐灌顶，心潮澎湃感觉浑身充满力量，准备回到班级大干一场，我很想给你泼一盆冷水；当你学了招式感觉脚步轻盈，与学生过招却被学生见招拆招，我很想给你安慰。

遭遇过教育的失败，才会感受到教育的美好；跋山涉水才能看到路两边的风景；吃过苦头才终于尝到了甜头。

孔子说："吾十有五志于学，三十而立，四十而不惑，五十知天命，六十而耳顺，七十而从心所欲不逾矩。"人生的每一个阶段都有一种新的感觉，只要好好活下去，就能看到从前没有的风景，感受从前没有的心情。教书也是这样啊，每一个十年都是一段历练，春天耕种，秋日收获，不能催熟，不能越季。当你看到别人随心所欲无招胜有招，捡个树叶就成了飞刀，你也该想到你还站在起跑线上，他已经历千山万水。

我不想迷惑年轻的老师们，饭要一口一口吃，路要一步一步走。你觉得累，是因为你在走上坡的路，持之以恒地走下去，就会离目标越来越近；第一次被嶙峋的山石割伤，第一次被湍急的水流滑倒，不要害怕，次数多了，就会熟能生巧，知道如何避开如何稳住脚步如何保持平衡。

那时，你才会真正看到名师们描绘的教育的美景。会当凌绝顶，一览众山小。你长叹一声："原来他们没有骗我，真的很美。"那时，你周身疲惫烟消云散，身轻如燕想要飞翔。

可是，你不要对着山下还在苦苦攀爬的人们说：我爬上来很轻松的，一点也不累。

成功必定浸透着奋斗的血泪。

我们都不要迷惑年轻的老师们。

亲爱的老师，愿您永远芳华！

守的是一寸心，一寸地

清晨时分，乌米饭还在锅里蒸着，饭香四溢，店里还是几年前的模样，两三张桌子而已，并没有因为上了《舌尖上的中国》，成了非物质文化遗产而张扬些许。店主人江先生说，一小碗乌米饭始终没打算涨价，还是5元，也没想过开分店连锁店，怕砸了牌子。想让自己的孩子继承下去，又不确定孩子将来是否愿意。上山采南烛叶、捣烂绞汁、浸泡米粒、上锅蒸煮，终究是枯燥的生活，而外面的世界精彩中充满诱惑。他说："我只想守住一家店"。

我听了感慨。"守"的最初样子是房屋下一只紧紧攥拳的手，后来渐渐变成一个"寸"字，意思是"法度"。而我更愿意用自己的一厢情愿去会意这个"守"字，守的是一寸心，一寸地。狠狠坚持，又不贪得无厌。屋外也许是春光秋蘭，也许风雨琳琅，却都动摇不了寂寞屋中这小小的一寸。

成全我们人生的，正是让我们日日忧喜的学生们

27年来，芳花芳草春自融。在我人生最美好的时光里，守着一群日日拔节的孩子，守着三尺讲台一亩三分地，守着为人师者期待花开之心。清

代龚自珍说"弹指芳华如电"。美好的年华短暂易逝，我却在与学生的日日相守中从他们身上延续了自己的青春。

自然常有委屈之心：掏心掏肺却不被学生领情，你渴望他书海行船刻苦为桨，去实现人生价值，他却手握万金心不在焉；劳心劳力却得不到家长支持，你渴望他家校合力营造书香家园，陪伴孩子成长，他却只想着丰富物质创造更好的生活……

其实也很正常，教育本就是人与人的沟通，人的先天遗传各异，成长环境各异，所历人生各异，人心自然各异。若是仅靠一厢情愿就想感动对方让他爱自己，世上爱情故事就会单一无趣很多很多。教育之美宛如恋爱之美，美在爱恨交织，美在百转千回，美在快乐与伤感、幸福与隐痛。

为了得到别人的爱，我们必须是自己先成为一个值得爱的人。所以做老师从某种程度上来说，会比一般人更快地印证自我、实现自我，从而是塑造一个理想自我。成全我们的人生的，正是让我们日日忧喜的学生们。

教育，说到底，是审美

在这样一个"短平快"的年代，就连绘画也出来了"流水线"（这是我在一个乡镇的农民艺术家基地发现的），还有多少人能静下心来守着寸心寸地？踏上飞驰的高铁，窗外风景很美，只是转瞬即逝，看不到一叶草上隔夜的露珠，嗅不到一朵花上隐约的芬芳。教育之美宛如山川之美，美在瞬间又永恒，美在变化又无常，美在云开雾散、自然而然。做一个老师，就该有陶渊明的采菊悠然，哪怕粗布淡茶；该有苏东坡的豁达乐观，哪怕芒鞋竹杖，一蓑烟雨。

教育，说到底，我想是审美。发现学生之美，发现自身之美，发现师生情谊之美，发现人生与世界之美，是教师带领学生，最终师生一起探索人文与科学之美。探索之路注定艰难坎坷，与唐僧师徒西天取经相比有过之而无不及。每一个走上教师岗位的人，都要对教育之艰之美有充分的认识，一叶障目或是盲目乐观，都会埋下隐患，在一定的时间后，引发职业的倦怠感。

爱教育的人，是要有承受委屈痛苦茫然无助的勇气的。简而言之，是心态，而我更愿意用"接纳"这个词语来表达。天地山川，并不因为你的喜与恶而有任何改变，它就这样在那里，唯有接纳、发现、享受，才能相看两不厌。对教师自己，对学生，亦如此。

教育是人生修炼，是度人度己

心态，不必非要乐观积极，平静是更大的力量。蝉鸣中懂得它四年地下、一日枝头的欣喜；枯枝间怜惜它秋风摧残、枝叶分离的忧伤。唯有平静，才可理解。

27年来，我眼见他金榜题名喜上眉梢，眼见他名落孙山黯然泪下，眼见他心怀感恩年年来谢……哪一个老师的心情不曾春夏秋冬又归于恬淡？表面上看，是教师在教书育人，根本上却是教师关照自己的内心世界、不断发现自己、反思自己、悦纳自己再去悦纳学生的一场人生修炼，度人度己。

平静之后，是对这个职业充满感恩。

退休老教师离开教室的时候，亲吻了讲台，千言万语都浓缩在俯身这一刻。感谢教育让我保持着持久爱人的能力，感谢教育让我体味到人性的复杂与美好，让我在千头万绪中找到简单的快乐，找到人生的意义，生命的价值。

年轻时做老师，翻看教育书籍，像个书虫一样妄图在字里行间角角落落里寻到一两招技巧，恨不能一日练成降龙十八掌，耐心消失时，李逵三板斧也行。以为教育是一种雕刻，千凿万锤弄出一个自己喜欢的人儿，却不知因势象形而为，唯有各具情态才美。感谢一届一届的学生包容了我们的无知狂妄与不完美。

正是学生，给了我莫大的幸福

教育的路充满坎坷，有时候遇到的学生问题是前所未有的，我永远不会忘记我半路接班时与小胖的艰难磨合，直到我真心地把他当成了我的儿子，"一个始终不被善待的人，最能识得善良，也最能珍惜善良。"这一段话在小胖身上得到了充分的印证，一段"母子"真情将在往后的岁月中永生难忘。

小胖毕业时写给我的信："今年中考作文，我写的就是我们'娘俩'的事情，我是流着泪完成初中阶段最后一次作文的，格子全部写满……"

我生日时小胖在高中里发来手机短信："……我多想回到以前，下课帮您做些事情；上课领读等着您的到来……原谅我不能在您以后的教学生涯帮您做事了。同时也希望我的'接班人'能像我一样被您感化吧。学弟学妹们，请求你们好好照顾她……您要照顾好自己的身体，嗓子要注意，天凉了注意保暖……两年，师生，母子，一生。您的儿子——俞××。"

小胖的接班人是小学里那个赫赫有名的四大金刚的首领小 L，一个老师教育学生的十八般武艺他都领教过了，我能拿他如何？我只能拿出一颗真心一片真情，善待他，期待他，可我知道，要改变一个积习已久的人是多么艰难的事，每天的期待都是零起点，每天下班时都清零，每个学期一结束就清零，每天都当作是我第一次见到他。人生仿若初相见，保留这样的美好，不抱任何的希望，如此，有一点点收获都能让人欣喜。

"有美一人，清扬婉兮，如你。虽然假期里早有小道消息在传你可能会是我们的语文老师，可我的一颗心还是忐忑得不行。当你又带着笑意，携着语文书出现在我们面前的时候，我舒了口气。从初二（3）班到初三（3）班，再见你时，恍如隔世。"

"无论碰到多么棘手的事，她写一封信总会解决。写信是她的爱好，她会写信给每一位同学，诉说她的期望。我第一次收到她的信时，激动万分。第一次有老师在信中表扬我欣赏我。现在，唯一能看到她的方式就是关注她的博客，看到了她的新学生们。我们在一起只有短短的九个月，而我们却如此相爱。"

"一位作家说，一件事情的结束意味着另一件事情的开启。而我总在不经意的罅隙中想起你。亲爱的于老师，你最近的身体还好吗？弟弟妹妹们还听话吗？你的手不能提重物，所以请一定记得有困难就找别人帮忙，不然我们会心疼。你有低血糖，所以请一定记得多吃补血益气的东西，实在支持不住了就坐下来好好歇一歇。你容易在换季的时候感冒发烧，请一定记得要看天气预报，一定记得多喝热水。你要过得好，要过得健康，这是我心底最清浅的念想。冬天快到了，记得多穿衣服。两年长情，三生有幸，一辈子的缘。弟弟妹妹们，记得对她好，要多让她笑，好好珍惜现在的时光。"

正是我的学生们，给了我教育的莫大幸福。每当小 L 课间来到我的身边微笑着问我有什么要帮忙的吗，我的心头都会涌起甜蜜。正是我的学生们让我深深地明白，教育，必须没有一丝一毫的功利心，才会变得简单、快乐、幸福、诗意；教育，是亦师亦友，是度人度己。"美好而没有希望，是最干净的美好。"我深悟其意。

随时撒种，随时开花，人生长途花香弥漫

"无情刚恨通宵雨，断送芳华又一年。"教育原本艰难，时常遭遇挫折，风吹雨打里，不再纠结于"道"与"术"，不再焦躁于"付出"与"收获"。森林之美，在于种类纷繁，高高低低俯仰生姿，春夏秋冬枯荣交替；教育之美，在于学生各个不同，花也绚烂，草也萋然。

一花一世界，一叶一菩提。方寸之间，心大如宇宙浩瀚，瞬间之时，恢复平常。

一个教师的芳华如何度过？想起了乌米饭的传承人说的"守"字，守住一颗躁动不安的心，陪伴一群来了又去了的人。

想起了一首歌里唱的词："你拿起酒杯对自己说/一杯敬朝阳/一杯敬月光。不怕心头有雨眼底有霜/守着我的善良催着我成长。"

是啊，人，总要慢慢成长。

学生这样，老师也这样。宽恕一切平凡、沮丧和迷茫。一个教师的芳华是一颗颗饱满的种子，蕴藏永不消逝的教育情怀，随时撒种，随时开花，将人生长途点缀得花香弥漫。冰心说："踏着荆棘，不觉痛苦，有泪可挥，不觉悲凉。"

芳华岁月里，我披蓑戴笠，辛勤耕耘，我的一亩三分地里种什么？种桃，种李，种春风。

席慕蓉说："就因为每一朵花只能开一次，所以，它们是那样慎重和认真地迎接着唯一的春天。""不是所有的人都知道时光的含义，不是所有的人都懂得珍惜，这世间并没有分离与衰老的命运，只有肯爱与不肯去爱的心。"

那么，我只管去爱我的教育，用最干净的美好去做艰难又美好的教育，一个教师的芳华永远不会老去。

红玫瑰与白米饭

我时常听到年轻教师说：这样年复一年日复一日地和学生们斗智斗勇，工作没几年就觉得筋疲力尽，职业倦怠感如影随形。

忽然想起祖母当年每日炒菜做饭洗衣，一日辛苦还被吃者挑剔咸淡，她却总是淡淡笑着。做饭的时候她会小心地剥下锅盖上的一层饭衣给我吃，切水果的时候还会摆成一只萌猪的头像，她洗的衣服总带着好闻的清香。她把院子里的一块空地种得五颜六色一年四季都不单调，春夏秋冬热闹非凡。日子其实很苦，可她发丝不乱，她做的玫瑰花瓣蜜饯的滋味让我终生难忘。

教育就是生活，你对待教育的态度，其实就是你对待生活的态度。积极与消极，大相径庭。

尝试着把学校要我做的事变成我自己想做的事

当我们完成着各种教学计划、完成着学校德育处布置的各种班级管理工作，我们只是完成了一些共性的工作，而我相信每个人都是独一无二的，每一个人做教育必然会带上自己的个性色彩。

完成学校布置的事情，人的内心深处总觉得是被动的，事情多了烦了就有些不情愿，想要发牢骚，但是一旦把这件事情转化为是我自己想做的事情，那么感觉就完全不一样了。

比如临近期末，学校布置要开始写品德评语了，很多老师觉得痛苦，一方面是因为觉得工作量比较大，另一方面是感觉笔端枯涩，尤其是连续带了几年的，真不知道再写点什么了。而有的老师，却能写出各种各样的品德评语。有的采用书信或者诗歌的形式，更有的丰子恺一般的图文并茂。这样的老师用自己最擅长的一种才能，来做着个性化的教育，因为擅长，所以不累；更因为用的是自己喜欢的一种方式，所以心态变得积极主动起来。

比如带班，如果不幸教到一个比较难带的班级，生源不是很好。有的老师就会牢骚满腹，觉得很倒霉，不开心。其实唉声叹气并不能解决问题，除了自己心情不好，也容易把这样的情绪带给学生和家人，负能量就像流感一样传染；如果换个心态，把生源变成自己的资源，去研究学生，研究教育，一路摸着石头过河，那么无论是失败还是成功，都是一种很好的积累。

我们经常对学生说要把"要你学"变成"我要学"，教师又何尝不是这样？前者痛苦被动，后者快乐主动，事情还是一样的事情，但是因为心态的改变，阴雨绵绵转眼晴天丽日起来。

当我们黔驴技穷的时候，我们还有一张王牌——一颗真诚坦荡的心

似乎的确现在的学生越来越难教了，现在的家长也开始左挑右剔了。反反复复地谈话，恳切地提出希望，请家长到学校一起来做思想工作，一次次地家访，十八般武艺都用尽，最后哀叹一声："油盐不进"。在一次次的拉锯战中，老师们的挫败感油然而生，渐渐地职业倦怠感像雾霾一样压抑在心头眉间。

小胖曾经带给我的无力感我记忆犹新，直到我黔驴技穷决定死心时，反而笃定起来了。也就那样了，还能糟糕成什么样？如果他是我的儿子，我也只能认命。那就真的把他当成我的儿子，让他下课时帮我做做事，预备铃响后上台领读，寻找机会为他搭建展示自己的平台，我有好吃的东西喊他一起来分享一下。我还能怎样呢？我只能这样真心待他。我不再纠结

于能否感化他，能否改造他。我不再板着脸企图用言语来点石成金，更不再期待自己有什么本事可以触动他的内心。我不知道他的冰层有多厚，我只是明白了我用锤子使劲击打或是开水猛烫也是无用的。于是不再使用蛮力，把一颗真诚坦荡的心化作一颗暖阳，日升日落周而复始，不知不觉间融化了坚冰，看到了春天。

当你板着脸企图去教训一个学生的时候，他早已经武装好了自己，全身戒备。世界上最遥远的距离就是我一心为了你好，可是你却以为我要伤害你。师生之间的关系说到底是人与人之间的关系，所以尊重和真诚要放在第一位。

也许在与学生相处时我们费尽心血终究颗粒无收，但是只要真心待他，若干年后他回忆起你时，定然没有怨恨，只有暖意。

所有的成功，必定都来自于长期的热爱与坚持

我相信每一个年轻教师在走上三尺讲台前都是踌躇满志的，他们在师范大学读书的时候，心里想着：等我做了老师，一定善待学生，一定不对他们大吼大叫，一定和风细雨，一定做他们的朋友。

等要走上讲台时，他们开始纠结是微笑着还是严肃着，他们开始考虑如何建立自己的威信，如何镇住学生，如何不让学生爬到自己的头上去。

渐渐地，在匆匆时光里消磨了耐心，理想的师生关系仿佛红玫瑰，久而久之，拍成了墙上的一抹蚊子血，梦想的师生情感仿佛白玫瑰，渐变成衣服上沾的一粒饭。当时热血满怀，豪情万丈，如今眉头紧皱，初心已忘。工作三五年后的年轻教师们，已经有了职业倦怠感。

没有办法消除职业倦怠感，它像杂草，兀自生长。唯有长期的热爱与坚持中产生的成就感幸福感，像庄稼一样茁壮成长，杂草才没有立足之地。

厌倦了一板一眼的期末品德评语，突发奇想要给每个学生写一封信，写到十几封的时候，真是恨不得杀了自己，怎么会这样傻到作茧自缚，可

是真要半途而废，看看已经写好的十几封，又不甘心，只能咬牙坚持。当五十多封信完成的时候，强烈的成就感完全淹没了手指的疼痛。而学生们和家长们看到信时的惊异与欢喜，以及学生发生的一些口头教育达不到的改变，更让我有了幸福感。我仿佛一个长久学不好某门功课的孩子突然有一次考了个九十多分，尝到了耕耘后收获的甜头，精神面貌焕然一新。

坚持着用书信与青春期的孩子们沟通，渐渐成为一种教育的常态，而在长期的坚持中，又熟能生巧，掌握了书信沟通的要领。这样的常态又成为一种独特的个性。

在长期的坚持中，量的积累达到了质的飞跃，书信的撰写过程中，需要我不断地观察学生研究学生，巧妇难为无米之炊，唯有对学生深入了解，真心期待，才能笔底有情，字字入心。

年轻的教师，有创新精神，有工作的热情，也富有个性，万不可暮年沉气，了无生机。在工作中了解学生，了解自己；在工作中成就学生，也是成就自己。

在很小的切入口找到研究的要点，长期地坚持下去，就像小野二郎一辈子专心只做寿司，就会成为某一领域的行家里手。别人看他累，他却浑然不觉，微笑着，快乐着。

热爱与坚持，专注与快乐，日积月累，就会成为一种品牌，一种情怀。

理想很丰满，现实很骨感，但其实是可以平衡的。

"于洁沙龙"每周三晚上两个小时的讨论，坚持至今已有四年，有个沙龙成员对我说："一天一天做着教育教学的事情，单调的，繁琐的，还有很多烦恼。可是每个周三的晚上，我在沙龙里和一群志同道合的人讨论着一个个现实中的问题，我很开心，我发现我还是个有理想的人。"

年轻教师因为工作时间短，教育中遇到的问题见得不多，认识不深、不广，很容易产生困惑无助感，如果能够进入一个伙伴团队，就会发现，让你苦恼的一些问题别人也在苦思冥想，让你有深深挫败感的事情别人也曾经历过，那一刻，你会豁然开朗，原本以为全世界自己最倒霉，此刻才发现身边人都一样。一个优秀的教师管理的班级，也不可能永远风平浪静。学生永远是一群活跃的小鱼儿，跃出水面，沉入水底，钻入缝隙，你永远无法让他们排好队伍一动不动。

一个有理想的人，不是超凡脱俗不食人间烟火，而是在每日繁杂的琐事中，能够抬头看看天上的流云，感受一下风在脸上停留的某一瞬间；一个有理想的人，是在每日单调的一碗白米饭边放上一枝红玫瑰；一个有理想的人，自觉地避开负能量，找到频道相同的人，一路前行。

云中谁寄锦书来？

也许童年的记忆是深入骨髓的吧。幼年时，我见过祖母写信，竖着写，一笔一画，写完了，看一遍，再添补几句话。她做这件事情的时候，是一种安静到成为剪影的美丽。

少年时代，我因为转学到另一个学校，出人意料地收到原来的初中班主任的手写长信，除了温情的回忆和温暖的鼓励，还有盛情的邀请，希望我放假后能和原来的初中同桌一起去班主任的家里包馄饨吃馄饨。因为我和老同桌感情很好，因为我的老同桌的学习需要我的鼓励。信的开头称呼我为"洁洁"，信的结尾署名：愚师钱桂琴。

我虽是她的课代表，却从来没有像收到信的时候那样感觉到她的平等与亲切。那一刻，她不是老师，是一个温暖的人，是一个微笑着在对我说话的朋友。

工作后收到过家里老太太（比我祖母辈分高的我们称为老太太，男太太和女太太是夫妻两个）寄给我的长信，除了家庭琐事的关照，还有亲昵的称呼和殷殷叮嘱。男太太执笔写了很多，女太太在他的下面补充了五六行小字。

写信和收信是一件多么美好的事情啊。世界上最美妙的就是文字了吧，竟然能够远隔千里万里用薄薄的纸承载那么深厚的感情。

李清照说：云中谁寄锦书来，雁字回时，月满西楼。花自飘零水自流。

一种相思，两处闲愁。此情无计可消除，才下眉头，却上心头。

我为你千般思与想，我寄你千般感与情。只因为，我在乎你。

"尺牍书疏，千里面目"，"虽则不面，其若面焉"。

你若见过写信与收信的美好，你便能理解我写信给学生的做法。

初中的孩子正值叛逆期，苍白的说教起不了多大的作用，疾风暴雨的责骂更会引起他们的反感，何况，现在的学生学业负担很重，做班主任的想要找半个小时或者一个小时和学生聊一聊，还挺难的呢。时间、地点、语气、内容，都要左思右想。有些老师和学生聊着聊着还聊出了火气来，结果适得其反。有些老师和学生聊天基本属于一言堂，学生默不作声或者点头敷衍，心里盼望着快点结束谈话。其实啊，关于做人和学习的话题，一届届老师谁没有说过呀，老调重弹罢了，学生这个耳朵进那个耳朵出而已。

书信和字条就不一样了。在这个高科技发达的年代，谁寄锦书来？那真是瞬间穿越到古代的感觉了，以古取新，给学生带来意想不到的感觉。行行字密密缝，最能走心。写信的时候因为是一字一句，所以速度快不起来，那么心情是平和宁静的。因为带着期待之心而写，信中的内容和情感先感动了教师自己，字斟句酌中营造了美好的氛围。

书信是可以保留的，是可以反复阅读的，今时今日，他时他日。今时今地，他时他地，这是属于一个老师和学生的一对一的心灵交流，怎么会不美好呢？

其实，一封书信，一张字条，传递了一个最明确的信息：我很在乎你。

若没有爱，怎么会想到给学生写信呢？

写信是最需要真心真情的，不然写出来自己就觉得寡淡无味，更不用说走进学生内心了。写信是需要日积月累的观察和了解后才能下笔千言的，不然只能浮光掠影和矫情。写信是需要梳理头绪重新审视对方和自己的，不然只能干巴说教和指手画脚。写信是需要最平静的心情和最热切的期待的，不然只会盛气凌人字字伤人。

27万字的书信，与学生心灵交流，汇编成一本《草尖上的露珠》，朱永新教授称赞这些是"傅雷家书式的文字"，点点滴滴，没有苦心孤诣，没有斧凿的痕迹，纯净水一样，淡淡的，是生命自然的流淌。

大概美好的东西会生根发芽吧，大概美好就是一朵云推动另一朵云、一颗心唤醒另一颗心吧，在我写信给学生的过程中，我时常收到学生们的回信，这些平日里被称呼为"冷漠的一代"的九零后、零零后的孩子，给了我无边的温暖。原来，他们不是冷漠，只是没有很好地表达过，而书信和字条，是最好的载体。

我的语文书、讲台、门缝、作文本成为他们写给我的字条和书信的最好渠道。

"您不在乎布置课后笔头作业，因为您认为课堂更为重要。您常常花一整堂课的时间来为我们培养课外阅读的能力，您帮我们分小组，让我们可以更好地在一起讨论一起思考。您的用心我们一直看在眼里，也记在心里。"

"在比赛后我们赢了，但是您更看重的是我们从中学到了什么，您让我们一个小组一个小组的说自己的感受，我相信我们也没让您失望，我们更深刻地记住了古文的翻译，懂得了团结的重要性，您通过您自己的方式来让我们更努力地学习。"

"你送的那颗红豆我还留着，季ＸＸ和我高中在一个班，他也留着的。红豆终于实现了它相思豆的意义了。"

"你是一个值得尊敬的老师，因为你总是为学生的未来着想。"

与一个有作家梦想却又成绩不理想的学生书信交流整整一个学期，连缀成 25000 字的《致青春》，在中考的前一天她害怕颓废的时候，我用一身红裙子，再次激发了她的信心和勇气，终于让她梦想达成，考出最好成绩。女孩子在高中里给我寄来长信《一年一月好时光的艳红色结尾》。

这些文字，若你收到一两次，职业的倦怠感一定会少很多了吧。我有个抽屉，教书 27 年来，装了一抽屉，一抽屉的职业幸福感。

银河清浅，却阻隔了牛郎织女，好在有鹊桥飞架；师生本是一场缘分，却偏偏常因沟通不畅闹出许多的矛盾，好在还有锦书传递。

总有一条路，走进学生心。

相隔千里之外的同行，发给我一封封求助信，若不是对着身边人有口难言，若不是内心焦虑万分，怎么可能向我这个千里万里之外的人求助呢？那是一份诚挚的信任。

而我，又如何在那些简短含糊的字里行间找出蛛丝马迹来一路寻根究底找到解决的方法呢？他们毕竟不是我的学生，更何况就算是我自己的学生，我也不是神医人人能治的。

我唯一能做的最好的方式，是通过书信安抚求助者焦躁的内心，用一个知心姐姐的姿态对他们表达理解，然后调解他们的心态，告诉他们有哪些方法可以尝试，最重要的是在字里行间传递一种教育的理念：竭尽全力直到你无能为力，就算没有改变也是问心无愧的。

所以我在答复的时候，尽量是手写在纸上，拍成照片发给求助者，或者同时再打成电子稿发给对方方便他们阅读。我这样做，貌似有点辛苦，但在每次的答复时，在一个字一个字地书写中，仿佛临水照花，看到从前那个一路走来的艰难又坚定的自己。与其说是我在答复对方，不如说是我在研究自己。

"发现你自己"，这句刻在神庙上的话，是世间最深刻的哲理。对求助者，我没有感觉烦累，相反是深深的感谢。

你要相信，做每件事情都有它独特的意义。

在一次次写给学生的书信中，我检视着自己的教育理念，搜寻着自己的教育方法，审问着自己的教育初心。

在一次次写给同行的书信中，我回首着与他们相似的往日的自己，整理着自己教育管理的思绪，也拷问着自己的教育能力。

这不是书信，是镜子。

这不是书信，是在闷闷的老屋开一扇天窗，天晴时望星月，落雨时听流光。

是对岁月的记录，筛去沙砾，留下美好。

缺失的餐桌亲情

什么时候开始，学校有了越来越不堪重负的责任？什么时候父母和孩子之间的沟通越来越艰难？

20世纪八九十年代，学校的一日作息是这样的：

早晨上学，中学大概在7：30左右开始早读，中午回家吃饭，傍晚放学后回家。

21世纪开始，中学大概7：00之后开始早读，大量的学校从小学开始学生中午在学校吃饭，傍晚放学回家。有些学校学生在学校吃好晚饭，上好晚自习后再回家，到家时间估计在晚上10点左右。

暂不管傍晚放学后的情况，只看中午时间发生的变化。

从前11：30时间一到，学生各自回家，父母也匆忙回家，若是父母是在单位忙，家里也必定有老人等着，若是连老人也没有的，一定有父母的字条等着：饭菜在锅里，自己热热再吃。

父母在的，一顿午饭热热乎乎地吃着，餐桌上说说笑笑，或者父母边吃边教育孩子，就算默默吃饭彼此不言语，但是饭菜的温度在那里，家庭的亲情在那里，温暖氤氲着小小的屋子。

吃完了呢，父母迅速地抹桌子洗碗筷洗衣服，趁着太阳晒被子，大呼小叫地喊孩子帮忙，那种阳光下父母与孩子的交流真是有声有色，与学习无关，与生活有关。孩子无形中承担了家庭的一部分家务活，承担了一部分小小的责任，而父母操持家庭的辛苦，一举一动尽在孩子眼中。

所以我们发现，那个年代学生写出来的文章还是有血有肉的，尤其是在感恩父母这一类题材上，有真实的细节，有真实的情感。因为学生看到了父母辛苦工作与操持家务两个内容。

午饭之后，是孩子们的伙伴时分。家家户户出来的孩子，或在院子里玩耍一会儿，或是相约一起走路上学。院子里掷沙包、跳长绳、跳皮筋，玩得不亦乐乎；路上行走的伙伴之间说说笑笑打打闹闹，路人见到一群孩子呼啸而过，转眼欢笑的声音还在风里，人影已经消失在远处。

我时常在想，中午回家吃饭，到底意味着什么？

一张一弛，文武之道。当一上午的学习结束以后，走回家和父母一起吃饭，稍做劳动，再和伙伴交流，再一起上学。这样的张弛有度，无论对于青少年的身还是心，都是极为有利的。

饭桌上的交流，你一句我一句，父母给孩子夹菜，或和蔼可亲或态度严肃，营造了很好的家庭教育氛围。有的家庭是和老人一起吃饭的，老人的唠叨声也是孩子们耳边不可缺少的一道风景。

围桌而坐，家的概念深入人心，父母的责任不言而喻。有一个叮当作响的厨房，有一顿色香味美的粗茶淡饭，在一个孩子的青少年时期，是多么重要的一件事情。

相视而笑，伙伴的概念美好温馨，再内向的孩子，心也是不孤独的，成绩再不好的孩子，也是自信的，因为他有可能就是掷沙包的能手，跳长绳的高手，跳皮筋的超人。

有家有伙伴，生活是完整的，教育是完整的，完整的才会是美好的。

不知从什么时候开始，有一个小学或者中学的老师们和学生们被规定在学校里吃饭了，速度很快地吃好了饭，离下午第一堂课还有很长一段时间，放任学生们在校园里东奔西跑打打闹闹吗？安全大于天，学校突然觉得肩头的责任沉重起来，为了便于统一管理，于是设立了中自习，老师们不休息，轮流看班。看班很吃力，学生们没事干就会吵闹，于是布置课堂作业，学生们开始埋头做作业，课堂总算是太平了。可是做了作业就要批改啊，老师们埋头在作业堆里，苦恼又劳累。

从前的作业叫回家作业，自从学生在学校吃饭后，作业有了两个名字，一个叫课堂作业，一个叫回家作业。学生和老师都跳入了题海里，开始了游泳训练。

训练的结果是出成绩了，校长们惊喜地发现，中自习效果杠杠的，他们找到了提高学生成绩的好方法：增加学习时间。老师们也觉得这是个好办法，虽然劳累，可是敬业的老师还是选择了利用中自习讲题目或者个别辅导学生。

这就是剧场效应第一个站起来看戏的人。当他站起来的时候，原本坐着的人都被挡住了，只好也选择站起来看戏，不站起来的人就看不到戏了，于是所有人都选择了站起来看戏。

当一个学校开始让学生不回家吃饭，在学校里吃饭，让学生上中自习能够提高学习成绩，这个"好办法"很快引起了各校效仿，有的学校甚至开始不让学生回家吃晚饭，在学校里吃好晚饭后上好晚自习再回家。哇，这个效果更好，本来学生在家里做作业可能马马虎虎的，可能不会做没有人可以商量请教的，现在在学校里完成"回家作业"，有老师盯着，有老师教着，成绩怎么可能不好呢？

而家长们，顿时也觉得这是个好主意，孩子不回家吃午饭了，自己可以省力了，不用像冲锋打仗一样从单位里飞奔回家摆弄锅碗瓢盆了，孩子不回家吃饭，那就马马虎虎把自己的午饭将就一下就好了。有些家长想：要是孩子在学校吃完饭上晚自习才好呢，让老师一直盯着管着，多好呀。家长只要到晚自习结束去接一下孩子就好了。如果有住宿条件的，很多家长很愿意让孩子寄宿在学校的，这样，父母只要趁着每天傍晚散步的时候顺便去学校看看孩子就好了，终于又可以有二人世界的美好生活了。于是，很多小学二、三年级的孩子就早早地寄宿在学校里了。家长们美其名曰提高孩子的生活自理能力。

　　家长们似乎没有想到过，在孩子18岁之前，陪伴在孩子成长过程中是多么重要的事情。一粥一饭，当思来之不易；半丝半缕，恒念物力维艰。这句话虽是告诫人们要珍惜粮食，珍惜别人的劳动果实，但放在家庭中，又何尝不是在提醒孩子们要看到每一餐饭每一件衣服都是父母辛苦劳动的结果。不陪伴，不长期生活在一起，一日三餐不一起吃，孩子们如何知道父母的辛劳？如果孩子对父母冷漠，没有感恩之情，真的是孩子们的问题吗？

　　而外卖的出现，更是让原本只有一顿晚餐可以同吃的状况雪上加霜。家里冷锅冷灶，孩子回到家里父母都不在家，让孩子随便叫个外卖打发一顿晚餐的情况也慢慢开始多起来了。

　　早餐也是让孩子随便买点东西打发一下就好了，这样的情况不是也很多吗？上学的时间越来越早了，大量的孩子早晨六点多钟就挤在公交车上了，他们的早餐真的是家长也一起早起然后做的各种品种的早餐吗？

　　缺少了一日三餐的餐桌交流，生活变得非常单调起来，父母与孩子之间互不了解，互不理解的情况越发凸显，到最后变成了最简单的对话：

　　"作业做好了吗?""还没有。"

　　"最近考试了吗?""没考。"

　　"上课认真听，不懂就问。""嗯。"

　　剩下的是长长的沉默。

　　最有感觉的是语文老师吧，作文里写亲情的时候，文字间是何等的干巴枯涩的情感。孩子与父母在一起的事例，除了下雨送伞、生病送医院，只剩下父亲教学自行车了。

　　而窗户外面的世界，渐渐地远离了孩子们。春天的草、夏天的树、秋天的霜、冬天的雪，都来不及看见。因为，早晨六点多就上学了，傍晚五点多甚至晚上 10 点多才放学了，除了堆积的作业，孩子们的眼中真的很难看见别的了，除了想倒头就睡，孩子们没有别的心情了。

那么，是什么开始代替我们的父母陪伴了我们的孩子？

不是书，不是伙伴，是手机，是电脑，是游戏，是一个完全虚拟的世界。

温水煮青蛙一样不知不觉的，到发现危险时，已经无力脱身，悲惨死去。家庭的亲情因为缺少了三餐饭的陪伴，渐渐地淡漠起来，到最后无话可说或者针锋相对。

中华民族不是一个最注重家庭观念的民族吗？

可是，正如剧场效应一样，大家都站起来了，如果谁坐下来，那么就是傻瓜了，会什么也看不到，只能站着，踮着脚尖站着。

现在，学生都在学校里吃午饭了，都上中自习了，家长们都习惯了不管孩子午饭了，习惯了这样轻松的生活了。回不去了，一切都回不去了。

餐桌上的温馨说笑，饭香，菜香，家香。

学校觉得肩头沉甸甸的，食堂里忙得不亦乐乎，怕食品卫生出问题，于是统一采购，万一出了问题，可以减轻一些责任；

还有学生的人身安全问题，几千号人在一个小小的学校里，如果自由地走来奔去，太不安全了，只有全部关在教室里才是安全的。然而，这么多人，一不小心就这个磕掉了半颗牙齿，那个摔破头了，于是家长找上门来，责怪学校管理不得力，闹个不亦乐乎，学校又担责任又不讨好，心里觉得冤枉死了。家长们，理直气壮，孩子在学校里出的事，就该学校担全责。我只能说学校活该，谁让你把应该家长管理的时间自作多情地揽在自己身上呢？

而学校呢，开始责怪家长没有做好家庭教育，管不住自己的孩子，对孩子的学习不闻不问，责怪家长和学校配合不默契。殊不知家长和孩子待在一起的时间少而又少，他们对孩子实在是因为不了解而无计可施。

其实，80 后的家长们，自己就是独生子女，80 后的家长很多人生了孩子就丢给老人养育，他们从孩子的幼年时代就长时间地缺失了对孩子的陪伴。

学校莫名其妙地自告奋勇地承担了很多本该是家长承担的责任；

家长莫名其妙地被剥夺了自己该承担的责任，被剥夺的时候是很开心的，交给学校我放心，我省心。但是一旦出了点什么问题，我就很不开心。

因为没有一日三餐的陪伴，家长不了解孩子了；

因为没有承担应有的责任，家长渐渐变得没有责任心了；

因为承担了不该承担的责任，学校变得越来越不堪重荷了……

都说习惯成自然，似乎病人送到医生那里就该被医好的，要是死了就是医生害死的；似乎学生送到学校就该归学校管的，要是出了事，就是学校的责任。这样的思维习惯一旦成了自然，真是让医生和学校有口难言了。

而家长们，在孩子青少年时期缺失的陪伴，会在今后很长时间内呈现出各种各样的问题，其中包括孩子对父母的不了解、不理解，对亲人的冷漠，老之将至，没有了子女的陪伴，那是多么孤寂冰冷的老年时代？

是孩子的错吗？

救救我们的家庭一日三餐，救救我们的孩子，救救我们越发淡漠的亲情。

从"被当老师"到"爱当老师"
——探索钱桂琴老师的教育情怀

钱桂琴老师，1947 年 9 月出生，高中毕业后在 1968 年 8 月下乡插队做农民。1969 年 9 月"被当老师"多年，以代课教师身份辗转于昆山地区几所学校教书。

1977 年恢复高考后，考入江苏师范苏州地区师资专科班，两年后正式走上教师岗位，成为一名正式教师。1980 年起先后在昆山城南中学、昆山市第一中学任教语文学科，1989 年担任昆山市第一中学校长办公室主任。当了 22 年班主任，2002 年退休。

于 洁：钱老师，我和您有一段特别的缘分，您 1983 年到昆山市第一中学教书，我是您在市一中的第一届学生，并且担任您的语文课代表，您还是我的班主任。1991 年我大学毕业，又和您成为市一中的同事。我们之间的情分，既是师生，又是母女，更是朋友。您是对我的一生产生重大影响的一个老师。今天，我又以采访者的身份来听您讲过去的一些事情，内心非常感慨。

钱桂琴：是的，知道你要来采访我，我好几个晚上睡不着，一直在理头绪，一直在回想过去的那些事情。我在手机上列了一些简单的提纲，你只管问，我一定尽力而为讲给你听。

难忘的事

于　洁：钱老师，我特别想知道您是怎么当上老师的。

钱桂琴：我一开始是"被当老师"的。我是 1966 届高中生，1968 年 8 月 18 日，我高中毕业后响应毛主席号召，知识青年到农村去，接受贫下中农再教育，来到昆山张浦岳浦大队第 1 生产队插队。那个地方是张浦最偏僻的地方。我当时人很瘦小，又戴着眼镜，当地农民都觉得我这样的人是干不了农活吃不了苦的，一定会想办法逃离农村的。

但是，我从小的性格就特别要强，这和我小时候吃过苦有关系。我拼命看别人是怎么干活的，自己努力学着做农活，很快地就掌握了农民干活的各种技术，就算累得筋疲力尽，我也是不吭声。干农活的时候一点也不输于当地农民，农民们对我很是惊讶。我以为我可能就这样要在农村待一辈子、做一辈子农民了。也没有多想，在那个年代，我们的心都很简单，而我更是觉得做什么事情都要努力做好，做个农民了，我就要做个好农民。

没多久，生产队长找我，要我到大队里去一下。我步行了半个小时来到大队里，接到通知说要我去教书，当时就愣住了：我不会教书呀。

原来，我所在的生产队地处偏僻，队里的小孩子要走很远的路才能到大队里的学校上课，很不方便。大队里就决定，在 2 队开设一个班级，把 1、2、4、7 这四个小队的要读小学一、二年级的孩子集中在一起，让我去教他们，等他们读三年级的时候，人已经比较大了，步行比较远的路程没有问题了，就到大队里的学校上课。

虽然心里打着鼓完全没有底气，对怎么教书两眼一抹黑，但是这是上级的命令，我也就毫不犹豫地答应了。于是，我就这样"被当老师"了。

一共十来个孩子，就我这一个老师，我在这个复式班里教语文、数学、音乐、体育、美术。课表完全按照大队里的学校的课表严格执行。我不会弹琴，就教唱歌；不会教体育，就带着学生们踢毽子、跳绳、跳方格。因为有要强的性格、认真的态度，我这个没有师范专业技术的高中生像模像样地教着书，教得还很不错，后来又被安排到周巷中学教初中。

因为要照顾我婆婆的缘故，我回到昆山，又先后在昆山市第一中心小学、司徒街小学、昆山中学教书。在这些学校，我就专职教语文。那时候，我的身份始终是个代课教师。

在那些年的代课过程中，我很努力地教书，内心对专业知识的渴望越发强烈，想做一名真正的好老师的愿望，一直萦绕我心。

直到 1977 年恢复高考，我毫不犹豫地报考了师范学校，毕业后真真正正成了一名语文老师。

这个"被当老师"到自己"想当老师"的过程，我终生难忘。

命运的大手，把我推到这样的一个职业，恰好应对了我认真好强的性格，我感觉我是适合做老师的，我愿意尽力做好一件事情，我愿意把我认真对待每一件事情的精神传递给我的学生，我也愿意真心付出我的真情，这些正好是教师这个职业最需要的精神。因为适合，所以我越来越热爱这个职业。

幸福的事

于　洁：钱老师，您教书这么多年，我知道您幸福的事情一定很多很多，假如只让您说一个，您会选择说哪一个呢？您不会是说有我这样的学生让您幸福吧？哈哈。

钱桂琴：那肯定要说到你，不过不仅仅是你这样的读书成绩好的学生，还有那些当时成绩不好的学生，很多年后他们也让我感到职业的幸福。得到学生和家长的认可，是我觉得最幸福的事情。

你是我来到昆山市第一中学教书的第一届学生，1983 年。开学后我用了一个月的时间考察我的学生们，我发现你虽然不爱说话，但是做事情认认真真，写的字谈不上漂亮却一个个非常端正，做事情很有条理，成绩也很好。我觉得你特别像我，认真、要强。我就让你做了我的语文课代表。这个工作岗位比较繁琐，需要做事有条理又认真的人来做才能做好，我觉得你特别合适。你就这样做了我两年的语文课代表，一直到你初三搬家转学。

你虽是我的学生，但是又是个我很心疼的小孩。记得那时候你的生母来学校找你，你死活不肯出去见她，后来你告诉了我你家里的真实情况，我了解到你两岁开始随着你祖母生活，后来继母又对你非常不好，我就特别心疼你。你把你的情况那样信任地告诉了我，我肯定要像对待自己的女儿一样对待你。就从那次开始，你有什么心里话都和我说。我们的关系既是师生，又是母女。

你初三转学后，也是经常和我沟通你在新学校的一些事情，我们有书信沟通，那个时候，我们的关系又成了平等的朋友关系。周末休息的时候你还和你以前的老同桌一起来我家包馄饨吃。

于　洁：是的，我后来一直在想，我现在和学生采用书信式沟通，我基本每届学生都在教学的缝隙里想方设法搞包馄饨活动，会不会是因为我和您曾经有过这样的一种师生互动，潜意识里我觉得你我这样的师生关系是幸福的，所以我也想把这样的师生情分延续到我和我的学生身上去。

您最让我想不到的是让我走上讲台为同学们上课。我永远不会忘记上的是说明文《春蚕到死丝方尽》。那是 1985 年，在那个年代，教师上课基本采用满堂灌的方式，而您竟然能够大胆放手让学生给学生上课，而且是完整的一堂课，从现在来看都是很超前的教育理念。

钱桂琴：是啊，做老师的就是要善于发现学生，为学生搭建舞台，你虽然是个内向的女孩，但是你因为内心的要强性格和我一模一样，所以你走上讲台完全没有怯场，你是想要上好那一堂课的。记得那次你讲完了所有的内容，下课的铃声正好响起来，我心里就想你真是一个教书的好料子啊。

于　洁：是的，我就是从那一天开始发誓要做个初中的语文老师。少年时代立下志向，就很难再改变了，一直走到了今天。

钱桂琴：后来高考填志愿，你的父亲和你意见不同，非要你报考英语专业，你们闹得很僵的时候，你也是第一时间来征求我的意见，在这个事情上我真的无法替你出主意，因为你的父亲肯定有他的想法，那时候外贸英语多吃香啊。你后来还是坚持了自己的想法，读了中文系。应该还是因为少年时代找到了做一个初中语文老师的感觉。

于　洁：记得第一年工作和您同事，我问您第一年要不要做班主任，您毫不犹豫地说："肯定要做的，一个老师不做班主任是不完整的。"于是我就做到了现在，都做了26年班主任了。

钱桂琴：现在看着你一路走来，走到今天这样，我真是特别幸福。我那么多学生，做初中语文老师的就只有你一个，可以说你真的是继承了我了。

这些年来，我们一直保持着这样的师生、同事、母女、朋友关系，记得那时候，你到延安去，千里迢迢给我快递来当地的各种粗粮，我激动又感动。你给我买的几条围巾，你们同学聚会的时候我戴着，今天你来我又戴着，你转赠给我的"最美人民教师"奖章，我拍下了照片经常拿出来看。我为有你这样的学生而骄傲，看到你这样认真做教育我由衷地幸福。还有韩晓燕、张芳芳、陈新刚、周宏、戴虹他们也一直来看我，我也是很幸福。

但是你不要认为我只因为有你们这样的尖子生而幸福。我教过的学生中，很多成绩不好的学生，很多年后都来看我。有个学生对我说："长大后感觉钱老师当时真的是把我当自己小孩对待的。记得那时候钱老师一直劝我好好读书，一定要拿到初中毕业证书，这样能找个工作不要荡在社会上。临毕业的时候，您开会回来，对我们说我们班级所有同学都毕业的，都有毕业证书，我当时真的高兴得要跳起来了，我那时候真是担心自己无法毕业的。隔壁班级就有学生没有拿到毕业证书的。没有钱老师当时那样盯着我，我怎么可能毕业呢？"

我听到这些话的时候，心里真是幸福。他们读书的时候，很调皮，成绩很差，在管教他们的时候，有些学生我还在周日把他们带回家给他们补课，分文不收。我总是说："若干年后你们会感到钱老师是真心待你们的。"现在很多年过去了，他们真的感受到了我当时的真心，看到他们结伴来看我，每个人都有自己的比较好的生活，我心里真是开心。

家长那一头，我也很有感触。记得那时候因为我教书好，很多人都托关系把孩子放进我班级。当时班级里有个女孩子喜欢打扮，心思都放在不停地换衣服上，我找她谈过很多次，要她把精力放在学习上，不听。后来她的母亲来找我，说女孩子打扮很正常，觉得我管得太宽了，还去我们副校长那里告状，说我一直针对她的女儿。当时副校长很支持我，说我做法没错，应该这样正确引导学生的，但是既然家长不乐意，那就不要再去多管这个女生。我当时有些郁闷的。可是没想到这个女孩毕业后，这个母亲又把自己的二女儿放进了我的班级里，说我带班级好，信得过我。当时的心情真是各种滋味都有，但是家长对我这样的信任还是让我非常幸福。

耿耿于怀的事

于　洁：钱老师，您说的对，很多一线教师能够有职业的幸福感，绝大部分都来自于学生和家长对自己的认可，这比获得一种荣誉、得到任何一种奖励都要有成就感。

钱桂琴：所以，我最耿耿于怀的事情就在这里。我后来被学校提拔为校长办公室主任，我不做班主任了。我是一个党员，我必须服从学校的安排。

这是一个事情特别多、特别繁琐的岗位，我的精力有限，主要精力就放在这个工作上，牵涉学校人事工作尤其是职称评定，一点也不能马虎。

当时的语文教研员陆老师说："你做了校长办公室主任，我们昆山就失去了一个出色的语文教师。"

我做了整整 12 年。如果我当时不做这个工作，我会收获很多知心的朋友。但是因为在这个岗位上工作，我必须不徇私情，必须铁板钉钉，当时职称评定，名额那么少，想要评的人那么多，我一板一眼依章办事，大家感觉我太一本正经，势必得罪人，就这样失去了很多朋友。

离开了一线我最擅长的工作，又失去朋友，这是我最耿耿于怀的事情。

我看到你辞去了中层工作，我打心眼里替你高兴。我们的性格都是做事很认真的人，很有原则，容易得罪人，我们适合在一线教书育人和学生打交道。我了解你，我真是怕你走我从前的路，吃我从前吃过的苦。

于　洁：这么多年来，您一直是最了解我、支持我的人。我记得当时我告诉您我辞去了中层职务的时候，您是粲然一笑，拍着手说"好啊"。钱老师，您有什么想对年轻教师说的吗？您看，我今天把我的徒弟也带来了，您对您的徒孙有啥要嘱咐的呢？

钱桂琴：一个人要有教育情怀，就要热爱教师这个工作，要认真对待工作，要坚持下去才会有职业的幸福感。我感觉最大的工作技巧就是人心换人心。

年轻教师一路往前走，肯定会遇到很多问题，好学上进的时候，认真工作的时候，肯定也会被人背后嚼舌头，那就要定下心来，谁人背后无人说，皇帝背后都会被人说。要沉得住气，走好自己的路。

现在的年轻人很幸福，不用像我们从前一样吃很多苦，但是压力也很大，竞争也很激烈，要保持一颗干净的心。

于　洁：钱老师，是您一路引导我走上教师岗位，也一路陪伴我成长，您是我生命中特别重要的一个人。虽然您退休了，但是您一直通过微信和我保持着联系，一直关注着我做教育，您永远是我生命中的老师、亲人、朋友。谢谢您！祝您永远健康快乐！

心有宏观大格局，脚踏实地做教育

——探索程宏衍老师的教育情怀

　　程宏衍老师，1942 年农历 12 月出生，1961 年昆山师范毕业后，先后在江苏省昆山正仪中心小学、正仪南星浃五七学校、正仪中学任教小学、初中、高中，其中 1970 年 3 月至 1972 年 7 月全家落户正仪明星大队第一生产队下放劳动。

　　1982 年 9 月后在昆山市教育局教研室担任小学语文教研员 8 年，在教育局基教科工作 12 年。43 年教龄。2003 年退休，退休后受聘担任昆山市柏庐实验小学教育顾问。毕生与教育打交道。

苦不苦

于　洁：程老师，20 世纪六七十年代，您在一线教书 20 年，做班主任，觉得苦吗？

程老师：20 世纪六七十年代，我的工资是 35.5 元一个月，"十只黄猫九只雄，十个教师九个穷"。小学男教师都找不到对象的，好多男教师找了农村妇女做老婆。不过我是例外，我爱人是大专毕业，也是老师，工资比我高一点。

兄弟姐妹五人，我老大。我小学四年级就寄宿在学校里，所以有较强的独立生活能力。

如果从工资待遇来看，那时候做老师很苦很穷，但是我对钱看得不是很重，我更在乎的是我的学生和家长的口碑。口碑很好，我就不觉得苦，因为能够看到自己的价值。

难忘的事

于　洁：教书这么多年，和学生打交道，您有什么特别难忘的事情吗？

程老师：1968 年初，我到正仪新泾村工作，一间牛棚改建的教室里，只有两张八仙桌，一个校长，一个我；9 个学生，4 个年级。我在教室里上课，校长在外面砍柴。主要是要普及教育，送教上门，扫除文盲。各种科目都要教。

4 个年级要同时上课，难度太大了。为了更好地教学，我想出了一个办法：上午去一户人家，相对住得近的学生就集中到这个人家的堂屋里上课，另一些学生先在家里做我布置的作业，下午我就再去另一个人家把他们集中起来上课。因为方便了学生和家长，受到农民的欢迎，有些不读书的孩子也被农民送来听课。实现了真正的送教上门、循环上学。用现在的话来说，是办人民群众满意的教育。一年后我调入正仪中学。

为什么这件事情让我难忘？因为当时真的很艰难，那时我很年轻，一个人这样教书遇到这么大的困难，只能面对，只能想办法。办法想出来了，效果很好，我和学生以及家长都很满意，就觉得特别开心。

其实，每个年代教书都有每个年代的困难。我们那个年代教书有那个年代的困难，工资待遇低，教学条件差，尤其是在农村教书，家长基本都是农民，谈不上重视孩子的教育，很多孩子读读就辍学了。

现在的年代教书有现在这个年代的困难：升学压力大，教学要求高，竞争激烈。

所以，不同年代的人要互相理解。老辈人不要摆老资格，动不动就说我们当年怎样怎样；年轻人不要看不起老辈人，觉得老辈人已经被时代淘汰了。

第二件难忘的事情是我在初中教书的时候发生的。

当时，我教初三语文并担任班主任。和我搭班的化学老师是个年轻的男教师，教学思路清晰，课上得特别好。但是我发现他有个很大的问题，就是只管教书，不管学生。教书和育人两张皮。我当时提醒他这样不管学生，等到你想管的时候会管不了，这样下去会出事情。他当时没有听进去，后来就出事情了。

有一天，他上化学课，有个女生在他的课堂上做数学作业，他就示意那个女生不要做，把作业放好。结果十几分钟后这个女生又偷偷拿出来做数学作业。他发现后极其恼火，就在讲课的时候走向这个女生，用力一把抓住了女生正在做作业的手腕。谁知道这个女生也不是一盏省油的灯，立即在课堂上大喊"流氓"。男教师怒火中烧，扇了女生一个耳光，打得很用力，女生脸上指印清晰可见。

这个女生冲到讲台前，拿走了老师的教案，冲出了教室，一边喊"老师打我耳光"，一边跑回家。

家长非常愤怒，要到学校打老师，校长束手无策，来和我商量，要我以班主任身份去协调这件事情。

我上门替这个老师道歉，对家长说："我是班主任，我没有做好工作，你要打要骂都冲我来吧。"我的低姿态和真诚缓解了家长的愤怒情绪，事情终于得到解决。年轻教师延缓一年转正。

这件事情对我触动非常大，我感觉做老师不能做个"粗"人，不能粗心、粗糙、粗暴、粗鲁。

想要用简单粗暴来解决问题，最终只会使事情更加复杂难处理。

幸福的事

于　洁：程老师说得太好了！不做"四粗"人，才能有职业的幸福感。程老师说说教书生涯里幸福的事情吧。

程老师：幸福的事情很多。我首先是意识到了我自身的优势、明白了自身的价值。一个人了解了自己以后是很幸福的，一个教师了解到自己的教育价值后是幸福的。

一个教师最大的幸福是得到学生和家长的认可。有一句话说"走自己的路，让别人说去吧"，当然很有个性，也无可厚非。但是如果在做教育的过程中，也说我走自己的路，管他学生和家长说什么，这就万万不行了。教师的服务对象是学生，以及学生背后的家长，你对自己的服务对象必须在乎他们是否认可你。他们如果不认可你，你自己就会觉得痛苦，他们也会觉得很不舒服。

教书 20 年中，我最自豪的是三点：

1. 工作期间，我从来没有歧视过任何一个学生；

2. 对待家长从来都是平等的，从无训斥；

3. 我舍得在教育教学上花时间、精力、智慧。

当一个工作一个任务让你去做的时候，不能当成任务去敷衍完成，而是要问问自己做成了做好了没有。要把任务当成问题去研究，这样才能有乐趣。

正因为我有这样的一种做事理念，所以教书生涯里幸福多多。

2015 年，我 50 年前的学生聚会，要请我们夫妻俩参加，我爱人因病缺席，聚会后学生专门把录像送到我家里，令我们非常感动。

聚会时，学生们回忆了 50 年前的往事，很多事情我已经不记得了，但是学生们印象深刻，历历在目。

有个男学生当年调皮得不行，给我惹过很多事，添过很多麻烦，但是毕竟是小孩，我也是真心待他。长大后事业有成，聚会的时候见到我连连说抱歉，说当年不懂事给您添了那么多麻烦。你看，学生总有一天会懂事的。

有个贫困生当年看到别人买饼吃，馋得很，但又没有钱，只能站在那里盯着饼看，我就站在后面问他想不想吃，他说想，我就自己掏钱给他买了两个饼吃，他当时还是小孩，也不懂得说感谢的话。但是50年过去了，他却没有忘记当年我给他买过两个饼。你看，这就是孩子，你对他的好，当时他不一定有感觉，但是长大后一定会有一天想起你的好。

有个女学生，见了我对我说当年下雨的时候您驮过我走路，我已经不记得了，她却一直记得。你对学生的真心，学生是会记得的。

还有个男学生见了我就说程老师我很怕您。为什么呢？当年他是农村学生，寄宿在学校里，每个月要从家里拿米给食堂蒸饭吃。家长反映他不知道为什么一直偷偷从家里拿米，以为他在学校吃不饱饭。我调查后了解到其实这个学生是偷偷拿了家里的米去换别的油条之类的小吃。但是我没有戳穿他，而是在课堂上说农村里是不是老鼠猖獗，不然米怎么一直会少呢？别的学生听得莫名其妙，他是听明白了，所以停止了从家里偷米。但是一个月后他又开始从家里偷米，我就在大清早守在教室门口等他进教室，他远远走过来手里正拿着油条吃呢，看见我站在教室门口，只能把没有吃完的油条扔掉再进教室，之后就没有再发生偷拿家里米的事情。这件事情我从头到尾都没有说他一句话，但是确实就这样淡淡地不动声色地教育了学生。教育有的时候不该是疾言厉色、暴风骤雨，有时候不说话反而效果更好。

有个女学生现在也做老师了，很实诚地告诉我当年他们高中读书的时候，知道我只是中师毕业，隔壁班级的语文老师是本科毕业，但是他们发现那个老师教学态度散漫，我认真备课钻研，虽不是大学毕业，但是教课不错，成绩不差，很得学生心。她对我当年批改的作业印象深刻，批她作文时我写的一个眉批她至今还记得。她写"染"字多了一个点，我就写了"染坊里不卖药丸"，让她永远记住了如何正确写好这个字。教书育人时要采用各种办法，努力做到让学生印象深刻。

还有很多幸福的事情，当时不一定有感觉，但是 50 年后，听见当年的学生们一一回忆这些细节的时候，心里真是又感动又幸福的。

就算当年再怎么不懂事，怎么难教，学生一定会有懂事的那一天。这是一个老师必须坚定的信念。所以在教的时候，可以笃定一些，不要焦躁。

受伤的事

于　洁：程老师，教书生涯里有很受伤的事情吗？

程老师：当然也有内心受伤的事情。受伤、遗憾、内疚，是教书生涯里难免的。因此教师要正确地认识教育，更要正确认识自己。你不是神，不可能彻底改变每一个有问题的学生。要认识自己、悦纳自己、控制自己。在我看来，学生遭遇到不幸会让我伤心，这是外伤。比如我有个学生毕业后在煤矿工作，做工时一条手臂被机器卷入后搅烂，悲惨死去。我听到后伤心很久。

而学生变坏是最让我受伤的，属于内伤。

当年有个学生初中时劣迹斑斑，要升到高一了，没有老师愿意接收他，就放在了我班上。有一天，他把一个学生钢笔的金笔头悄悄换成了自己的铱金笔笔头。我调查发现后，他承认了自己偷换笔头的事情。我找了他家长，但是家长一味包庇，觉得不是什么大事，把笔头换回来不就行了吗？半年后，这个学生因为拦路抢劫被判刑，尽管我前去说情，希望看在他还是个学生的份上从轻处理，但是依然被判了三年。这件事情每当想起，就很难过，看到学生变坏，是一个老师内心最受伤的事情。

但是遇到这样的事情，老师也要学会释然。我当年为了这个学生平时做了很多工作，每次都做好了笔记记录，自己已经尽心尽力了，也就问心无愧了。

我非常建议老师们要把自己的工作做好文字记录，这不仅仅是万一将来出了什么事情是对自己的一个保护，更是一个教师应尽的本职。政府机关里工作人员都要写工作日志的，一个老师每天做了些什么事情，不也应该有所记录吗？将来退休了，也是一个很好的回忆。要做一个有痕迹的老师。

政府机关反对"懒政"，教师队伍要反对"懒教"。那些空洞的苍白的没用的说教，就是"懒教"。

教师生涯里，我的前20年主要是和学生、家长打交道，后20年主要和教师打交道，我发现有的老师自我感觉良好，说自己对学生怎么怎么好，但是他的学生却并不觉得他好。我认为只有让学生感觉到的好才是真正的好。而当你去向这样的老师指出时，他们却不以为然，甚至觉得你对他们吹毛求疵，这是让我这个喜欢实话实说的人比较受伤的地方。

在和校长们打交道的过程中，我时常提醒他们做领导不能只布置任务，你还要去引领、指导、评价老师们的工作。做领导不能只埋头苦干，死做不抬头是不行的，不讲方向不讲格局怎么可以呢？而有的校长满嘴先进的理念却不脚踏实地做事情，夸夸其谈，拼命做宣传，这是万万不行的。学校和宣传是不一样的，不能"做宣传"，要"做了再宣传"。

对一户人家来说，孩子如果被剥夺学习的权利是最让人无望的。学习是可以改变一个人的，我们要充分认识到教育的功能作用。

对成年人来说，最受伤的是被剥夺工作的权利。两年半下放的时间，是我最受伤的时候。剥夺了我教书的权利，让我非常痛苦。所以后来再走上教育岗位，我无比珍惜。

情怀何来

于　洁：这么多年来，虽然您已经退休十几年了，但是我发现您从来没有离开过教育，为何这么多年您还是如此有教育情怀？年轻教师如何才能像您一样拥有教育情怀？

程老师：我是一个中师生，无高学历，但我有丰富的经历。从教小学到教初中、高中；从单班到复合班我都教过；除了一线教师，我还有教研室和基教科工作的经历。我自己能够清晰地意识到这样的经历让我对教育的认识有一定的广度、宽度、深度、高度。

我们一直说"中国梦"，那么作为教师要认识到昆山人的梦想和愿望是什么。我归纳起来是"书香门第""小康人家"。这是一辈辈昆山人的梦想。

有梦想，就要有行动，要让教师增值，让学生增值，教育不能贬值，要让每个家庭幸福。

要认识教育的本质。首先是唤醒，解放无知，转向爱和善、健康、智慧。

每个教师都要明确自己的角色定位，教师职业是一个专业性、智慧性的服务行业。

早期专业性不被社会所认识，原因是教师本身未达到专业化的程度，现代教师要充分体现出自身的专业性。

要做一个健全完整的教师，必须既能做专任教师又能做班主任。教书育人必须完整统一。有些大学生师范毕业时觉得自己样样都会，觉得教育很简单，但是走上岗位后发现自己样样都不会了，让他做班主任就说我不会做，这怎么行呢？教书和育人不能两张皮。

并非每个人都适合做老师。这是我一贯的观点。我觉得我非常适合做老师，因为教师是吃开口饭的，是与人打交道的。而我善于与人交往，喜爱孩子，容易相处，只有意识到自己适合做教师，才会有教育情怀。你不喜爱孩子，不爱教书，不会与孩子打交道，你怎么可能有教育情怀呢？

教育情怀还来自见贤思齐。我的教育情怀，包含着三代教育人对我的感染和熏陶。我把于洁老师视为现代教育的窗口，我把于洁老师当作现代教师的楷模。在昆山这片教育热土上，我拂面教育春风，不断汲取教育的情愫和智慧。

退休后，我自己意识到我不能边缘化、沙漠化，我依然走在校园里，心是充实的，我和年轻人打交道，心是年轻的。

我的老伴因病去世了，很多人劝我再找个对象，我笑说我找老伴的条件可高了：身体状况相似，经济条件相仿，精神世界相当。哈哈。

人啊，要好好活着，热爱生活。要有情怀，要有自己的精神世界，教师更要如此。

还有一句话

于　洁：真是听君一席话，胜读十年书，您还有什么要对年轻教师提醒的吗？

程老师：年轻教师交友很重要。和什么样的人在一起，决定了你成为什么样的人。年轻教师要和好学上进、充满正能量的人一起研究教育，否则很容易在遇到教育的艰难挫折后颓废萎靡。

于　洁：这些年来，您一直很关注我如何做教育，每天阅读我的教育博客，经常和我手机短信交流教育问题，有您这样的"忘年交"是我的幸福。谢谢程老师！祝您健康，永葆青春！

是什么让班主任

不淡定？

我们这些做班主任的，情绪是很容易起伏的，在单位上班的时候，一根神经的欢喜与忧愁完全被学生的一举一动牵着，如果我们没有一种镇定修复自己情绪的能力，那么很容易产生恶性循环。

是什么让班主任不淡定？

于老师：

　　我今年教初三，这个班是初二接手的，班里有个女生，爸爸坐牢，跟随母亲，父母关系不好。这个女生很有个性，初一的时候就早恋，初二一年除了穿着倒是安静了一年，这学期一开学就发现她厌学，今天彻底爆发了，什么作业都不做，上课也不听讲。我找她谈了一节课，她的特点就是不说话，以前谈话也这样，整整两节课，软硬都用上了，就是软硬不吃。后来她干脆甩门走了，我很生气，把她拉了回来，两个人就拉扯了一下。她说要回家，我就联系了她妈妈，结果她妈妈到学校以后就指责我，说我打她，但事实上没有，她妈妈完全不配合。虽然后来经过女孩阿姨（是我们学校同事）的劝说，她妈妈语气缓和了，叫我不要放弃她。可是女孩的态度一点都没有变。我不知道该怎么办，找不到突破口！之后几天，我想先冷处理一下，可是如果她真的一点不学，我该怎么办？对班级其他同学的影响也会很大，初三好多学生都处于厌学的状态，只是在忍耐，您说我该怎么办？

　　我当了6年班主任了，不能说很优秀，但带的班级各方面一直很好，也是真心爱学生，这样的学生我第一次遇到，真不知道该怎么突破。

范老师

说来也巧，在接到这个求助案例的时候，我正好经历完了一次内心的起伏。

昨天进行了英语的一次综合练习，成绩批改出来后，英语老师就向我告状了："大失所望，前两次你们班级都比另一个班级好，可是这次却高分少了好多，低分多了很多；两个课代表一个考了七十几分，一个八十几分。一定是这次国庆放假在家里没有认真复习。"

话音刚落，数学老师接过了话头："今天做的计算题作业，你们班级做得没有我们班级好。"

"上课思维很活跃的，但是做作业和考试不静心，不细心。"两个老师开始你一言我一句。

历史老师拿着默写纸进来："12个人重默，我中午来重默一下。"

我的脑子里嗡嗡的，被围着告状的感觉真不好。

偏巧另一个班级的班主任在我座位边上批评学生，说着说着就来气了，愤怒的情绪弥散开来。她的情绪影响到了我，我的心里也开始毛躁起来了。

正好闺蜜来找我，于是一起在校园里走了几圈。

正是金秋时节，校园里飘逸着浓郁的桂花香气，风吹在发际，抬头蓝天白云，一种轻爽的感觉让心宁静下来。

回到办公室，开始静静地批改作文。中午趁着午自习时间，找几个没考好的学生聊了一下，进行了鼓励。

今天上午，英语老师对我说："今天你们班级的默写特别好，只有个别人重默，昨天没考好，他们今天都乖的，认真的。那个谁谁谁也默写进步了，默了95分呢，我要去表扬表扬他，你也帮我去表扬一下。今天另一个班级默得很差。"

我微微一笑："好的。"

范老师，我这样不厌其烦地叙说了我的心路历程，是想告诉你我们这些做班主任的，情绪是很容易起伏的，在单位上班的时候，一根神经的欢喜与忧愁完全被学生的一举一动牵着，如果我们没有一种镇定修复自己情绪的能力，那么很容易产生恶性循环。

比如，昨天如果我听了任课老师的告状心里很恼火，冲到班级里把学生骂一通，骂得他们灰头土脸，也许短时期内也会有效果，但是下一次再出现这样的情况呢，我再骂？几次反复后，学生就会无动于衷了，并且师生关系也将产生隔离，成绩差的学生会选择自暴自弃。认真努力的学生会觉得老师很不讲理，每次都是在全班大骂一通，不看人头，棍子乱打一气。

这样的做法，班主任本人也许觉得发泄了怒气，但是这样的做法却没有持久的好效果。

所以，每当我们这些做班主任的情绪产生起伏的时候，尤其是出现比较恼火甚至是愤怒的时候，我们需要暂时离开我们的座位，选择一个合适的地方，去修复我们的心情。

那么，范老师，让我们一起来整理一下头绪，看看是什么影响了你的情绪。

我今年教初三，这个班是初二接的，班里有个女生，爸爸坐牢，跟随母亲，父母关系不好。

半路接班，一般不太会接到好的班级，这样容易产生畏难和急躁两种情绪。而接班做的第一件事，就是打听这个班级有哪些问题学生，随后开始时刻警惕。有一种游戏名字叫作"打地鼠"，老鼠只要一探头，立即就被狠狠一锤敲上去打死。范老师班上这个女生，就是被范老师时刻警惕的"老鼠"。带着这样的一种警惕情绪，开始和这个女孩相处，那么，这个女孩的一举一动都会牵动范老师敏感的神经。

这个女生很有个性，初一的时候就早恋，初二一年除了穿着倒是安静了一年。

这样的女孩当然会有个性，没有才怪呢，而且她的个性一定是被人看不顺眼的。女孩的父亲坐牢了，父爱戛然缺失，父母关系不好，原本就不是一个温暖有爱的家庭，估计也谈不上什么父爱母爱。这样的女孩子，正值青春发育期，对一个温暖的怀抱的渴望，高于其他一切需求。所以她的早恋完全正常，唯有在异性欣赏的目光中，她才能获得自我价值的某种被肯定，才会感受到生活中的一点美好。而这样的女孩子，相对其他乖乖孩、小公主，会显得更加成熟一些，在穿着打扮上会比较趋于成人化，但是因为审美价值观没有到达一定的高度和稳定度，所以往往自以为好看新潮吸引人，而成年人看起来却觉得难看，不像个花季少女。

范老师原本就时刻警惕着，怕她做出出格的事情，结果发现她安静了一年，颇有点出乎意料又暗自欣喜。其实，这一年，这个女孩的生活和内心世界究竟如何，范老师因为女孩呈现出来的平静而没有更多关注。这一年的平静，本可以有所作为，也正因为平静，而让范老师错失了走进这个女孩内心世界的良机。

我在网络上看到一句话，觉得放在这里以女孩的口吻对范老师说出特别合适：请你不要贸然评价我，你只知道我的名字，却不知道我的故事；你只是听闻我做了什么，却不知道我经历过什么。

我们的教育强调"儿童立场"，也就是要站在孩子的角度去思考问题，在这一点上，可恨之人必有可怜之处。如果换了范老师，在少女时代生活在这个女生的家庭环境中，估计要么懂事得要命，要么叛逆得要命，而后者的情况居多。

这学期一开学就发现她厌学，今天彻底爆发了，什么作业都不做，上课也不听。

沉默啊沉默，不在沉默中灭亡，就在沉默中爆发。爆发的时间在这个学期的一开学，表现是厌学，不做作业，不听课。这个暑假，这个女孩的生活状况是怎样的，初二一年学习下来，成绩上估计也是极吃力的，再遇上初三开学，更是综合征爆发。所以很正常，不奇怪。

这个女孩子，还能留在学校里，没有离家出走，没有和社会上的混混或者网友搞出更糟糕的事情来，已经算是值得庆幸的事情了。至少，在她的内心深处，还没有突破最后的底线，家庭和学校还有值得她留恋的最后一丝温暖。这个女孩喜欢什么，在乎什么，留恋什么，范老师值得好好研究，这也许是一个突破口。

我找她谈了一节课，她的特点就是不说话，以前谈话也这样，整整两节课，软硬都用上了，就是软硬不吃。

她不说话，而范老师找她谈了一节课，这样的谈话就是范老师的一人独角戏，没有任何的互动，这是无法走进学生的内心的，是无效的谈话。整整两节课，软硬都用上了，我想范老师说的软硬应该是好话坏话吧，是好声好气地说话和凶声凶气地说话吧。而这些话，这个女孩子都已经听得耳朵生茧子了吧。

她是沉默的，她的内心世界究竟在想些什么，范老师全然不知道。正是这样的沉默，让范老师越说越生气，也许到后面的话就很不好听了吧。

> 后来她干脆摔门走了，我很生气，把她拉了回来，两个人就拉扯了一下。

两节课的话语轰炸，女孩已经不耐烦至极，所以选择了摔门而走。我想她的这一个举动，一定激怒了范老师，所以有了双方的拉扯，尽管范老师没有打她，但是拉扯中范老师的神态和力度都会让这个女孩感觉自己被老师厌恶至极。

这两节课的谈话，范老师坐着，女孩站着吗？估计应该是的。我们发现，只要双方是坐着促膝而谈的，甚至是老师握着学生的手交谈的，那么事情绝不会糟糕到女孩要摔门而走。换位思考，要是范老师连站两节课，被一个人坐在那里不停地唠叨，估计也会不耐烦至极选择离开吧。

而师生之间的拉拉扯扯，在双方都怒气冲冲时，力度是失控的。这就很容易造成后面的家长指责老师打孩子，这一点，班主任特别要注意，一定要避免在生气状态下和学生发生肢体接触。

> 她说要回家，我就联系了她妈妈，结果她妈妈到学校以后就指责我，说我打她，但事实上没有，她妈妈完全不配合。

范老师此刻愤怒达到最高点。一个女孩厌学已经让他很愤怒了，何况还被女孩的母亲指责打孩子。从这件事情上，我们也能侧面了解到女孩母亲对自己女儿的宠溺，是因为父亲坐牢，母亲和女儿相依为命，所以才这样庇护女儿吗？这些都需要范老师和孩子的母亲更多交流。

当学生和班主任发生矛盾的时候，家长毕竟和孩子是亲人关系，就算孩子做得不好，但是如果家长看到班主任一脸愤怒、满脸厌弃孩子、把学生说得一无是处的时候，哪怕家长当着老师的面帮着老师教育孩子，家长的内心总会偏向自己的孩子的。这也是人之常情。

虽然后来经过女孩阿姨（是我们学校同事）的劝说，她妈妈语气缓和了，叫我不要放弃她。

为何女孩母亲会有一个错觉，觉得范老师要放弃自己的孩子了呢？是范老师在和女孩的沟通中或是和这个母亲的沟通中表达出来了这样的意思吗？

在这个母亲心中，只要孩子还留在学校里读书，就是有希望的，也许对于孩子的成绩，这个母亲已经不做任何指望，只要孩子不学坏就好。

可是女孩的态度一点都没有变。

女孩的态度当然不会变，和老师闹得这么僵，多尴尬，这样的年龄，正是死要面子活受罪的时候，女孩是不可能主动找到范老师认错或者沟通的。在这一点上，只能是范老师放下老师的架子，不能和一个孩子斤斤计较。

我不知道该怎么办，找不到突破口！之后几天，我想先冷处理一下，可是如果她真的一点不学，我该怎么办？

范老师急于要找的突破口是什么，从后面一句话上可以看出来，无非就是要想办法让这个孩子学习，要做作业，要能够好好听课。范老师的眼中依然只有学习成绩。当一个学生无心学习的时候，教师直白地去向她要成绩，这是自讨没趣，哪怕你心里千万句地喊"我是为了你好"，人家根本不会领情。这个学生，目前最重要的不是让她提高成绩，而是让她感受到教师的一片善意。

"对班级其他同学的影响也会很大，初三好多学生都处于厌学的状态，只是在忍耐，您说我该怎么办？"

这是范老师烦躁不安的很重要的原因，怕她带坏别人。如果条件允许退学，这个学生从此不来上学，范老师会不会松了一大口气？如果是这样，那么范老师就不是真的爱学生。

"我当了 6 年班主任了，不能说很优秀，但带的班级各方面一直很好，也是真心爱学生，这样的学生我第一次遇到，真不知道该怎么突破。"

读到这句话，我更加清晰地了解了范老师烦躁不安的原因。一直顺风顺水，这样的问题学生第一次遇到，很多老师都会羡慕你呢，他们在为更加难弄的问题学生头痛呢。

爱"好学生"不稀奇，难的是你能够真正地去爱有问题的学生，爱每一个学生。考验范老师的时候到了。

写完上述心理分析，我们已经找到了范老师遇到这个女孩子不淡定的原因：

1. 早早地贴了标签，认定了这是个问题学生。
2. 眼中只有学习成绩，看不到这个女孩子其他的方面。
3. 和学生交流的方式单一，除了言语教育没有其他。
4. 误认为软硬兼施就是说好话和说狠话。
5. 家校无法形成合力，甚至家长给孩子帮腔。
6. 认定一个问题学生会带坏一批学生。

那么解决方案就针对我们找到的原因制订如下：

范老师学习换个心态看待这个学生。

她虽然遭遇家庭变故，却还没有糟糕到流落社会变成小混混退学的地步，至少还能每天来上学，至少老师不去主动激怒她，她还不会主动攻击老师。她目前只是不做作业不好好听课，至少还没有做出其他出格的事情。那么，范老师就先不要给她贴标签，先看到她上述优点，然后再去观察发现其他优点。

范老师不要只盯着学习成绩。

和这个女孩说话的时候，说点学习以外的东西。比如，难得有一天女孩穿得比较得体好看，范老师就真诚地赞美一句："你今天这样穿真好看！"用这样的一种方式，一方面让孩子看到你对她的善意，愉悦她的心情，另一方面也是侧面引导这个女孩子如何正确穿着打扮自己。比如看到这个女孩子上课某几秒钟在听课，就可以一边讲课一边走到她的身边，范老师（女）可以轻轻抚摸孩子的肩头或者头发，让孩子感觉到老师对自己的关注和善意，然后继续一边讲课一边走开。比如可以在下课后喊女孩到自己身边，帮忙拿点东西到办公室，然后真诚地说一声"谢谢"。所有的做法，都是给女孩一个感觉：老师是喜欢我的，老师不会因为我学习不好就嫌弃我，老师对我很友善，很真诚。这样就可以慢慢打开这个女孩的心门。

范老师要学习多种交流方式。

可以改变交流的地点、交流的时间，也可以改变单一的口头语言交流方式。比如，当你和女孩交流的时候，可以不要选择人多嘈杂的办公室。在一个大庭广众之下去教育一个女孩子，会使她颜面尽失，物极必反。为了保护自己的面子，青春叛逆期的孩子会选择三种做法：一言不发、顶撞老师、夺门而走。所以，可否换个地方，某个安静的空间，或是绕着操场走走，或是在操场上席地而坐。总之，选择安静的能够让彼此心平气和的地方，更适合打开彼此心扉、真诚交流。在时间的选择上，不要选择在课堂众目睽睽之下的时间，选择课后比较合适；选择老师自己已经心情平静并且做好谈话准备的时候。而说话的方式，一定不要选择老师坐着学生站着，最好是两个人一起促膝而谈，如果是同性，老师的手可以放在学生膝盖上或是握着对方的手，让对方感受到自己和她交流的诚意。

除了语言的交流，还可以用小纸条、书信或者在学生作业本上试卷上留言等方式，这样的书面方式，一方面教师在措辞上会字斟句酌，心情也是出于平静真诚的状态，另一方面言简意赅，让学生感觉耳目一新不啰嗦。

软硬兼施不仅仅是语言上的。

"软"是让学生感受到老师的真诚，"硬"是让学生感受到老师的原则性和坚定性。平时可以帮学生翻个领子，理理头发，拍拍肩膀，微微一笑。告诉学生看到你这样的状态我很心痛，我真诚地希望你如何，我很想帮助你等等；而"硬"则可以这样表现：与其花两节课时间说一箩筐没用的话，还不如花两节课时间让她坐在你身边，给她把上课的题目再讲解一遍，然后让她做些题目，一一过关。这门功课弄好，再送到任课老师那里弄另一门功课，给学生一个实际行动的暗示：我是一定要你听懂这些题目的，我是一定会抓你学习的，你上课不听，我就课后单独讲给你听，直到你听懂为止。

真正地爱学生，一定不是口头上的说教，一定是采取实际行动帮助学生解决实际困难，一定是让学生明确地感觉到老师没有放弃我，老师一直在努力地帮助我。

范老师要形成家校合力。

范老师同样可以约女孩的母亲在操场走一走，更多了解这个家庭，也听听母亲口中的女儿，了解孩子的喜怒哀乐与兴趣爱好，当女孩的母亲感觉到范老师真诚的善意后，就可以和范老师齐心协力了。

如果上述这些范老师在努力地做着，那么就不用担心这个女孩会带坏其他学生。

因为其他学生会看到范老师一直在努力地寻找这个女孩的闪光点，在努力地采取实际行动帮助这个女孩提高成绩。

网络上有句话说：人生就是这样充满了大起大落，你永远不会知道下一刻会发生什么，也不会明白命运为何这样待你。只有你在经历了人生的种种变故之后，你才会褪尽最初的浮华。

孟子说：天将降大任于斯人也，必先苦其心志。

幸福不会遗漏任何人，迟早有一天它会找到你。人生说到底是一个人的事情，没有任何借口。

你注定辗转，但终究不死。你要进步，无人能够阻挡你。你不要进步，也无人能够阻挡你。我不怕全世界阻挡，我只怕我自己举手投降。

这样的话可以写在纸条上，激励这个女孩，也给范老师自己带来力量。

　　把教育学生变成研究学生，把单一枯燥的口头教育变成采取有效的实际行动，最重要的是用一颗平静的真诚的善良的心去真正地接纳一个学生、爱一个学生，这是我们每个班主任老师走进学生内心的必由之路。

不要羡慕别人家的班级

似乎总会听到有的班主任一边处理着班级里冒出来的事情，比如考试偷看啦，班级失窃啦，自习课闹腾啦，作业收不齐啦，学生打架啦，任课老师来告状啦……一边心里咬牙切齿地想着"等会儿就去找校长，这个班主任坚决不当了"。一边羡慕着坐在自己边上的那个同事："她的运气真好，她的班级一直很太平的，我花了比她多的力气，结果却比她糟糕，真是不公平啊。学校分班一定有问题。"

于是，越想越觉得整个人都不好了。为人直接的就对着班级学生撒气，不直接的就开始自己抑郁。

其实，你眼睛看到的只是面上的。若是你有一双透视眼，你会看到：

A 老师趁着眼保健操时间和学生在走廊谈心。

B 老师周五晚上在和搭班老师吃晚饭，一边吃一边闲聊班级里的事情。

C 老师在向老公哭诉学生的不听话，然后被老公安慰得笑起来了。

D 老师在和学校德育副校长沟通，请教如何处理班级一个学生在校外打群架的事件。

E 老师在一个相对隐蔽的小会议室里和家长沟通……

你的眼睛只看到了别人的悠闲笃定，没有看到别人在你背后付出的努力。

朱德庸有个漫画叫"跳"。有个女孩觉得生活太不如意了，几番挣扎后还是觉得自己是世界上最倒霉的人，于是从高楼上跳了下来。

当她从楼上跳下，她发现 10 楼恩爱的阿呆夫妇正打得不可开交，9 楼非常坚强的 Peter 在偷偷哭泣，7 楼青春洋溢的丹丹姑娘在吃抗抑郁的药……

在她跳下来之前她一直以为自己是最不幸的那个，跳下来才知道原来别人也有很多的不为人知的痛苦。

你一定觉得朱德庸真是一画道破天机，你佩服他的有才。可你知道吗，朱德庸是个"怪人"。

直到 53 岁，朱德庸才知道自己患有亚斯伯格症（自闭的一种）。"我小时候非常非常不快乐。世界不是我的，但我又跑不掉。世界上没有一个地方、一个人欢迎我。大人对我没有一丁点信心。我对外面的世界没办法、没能力，只能回到我的世界。只有在虫子面前，我最自在，因为它们对我没有威胁感，也不会不接纳我。我不用在它们面前自卑，我和虫子是平等的。我不喜欢人，很难参与人，人一多，我就不是我自己。晚自习别人做题，我就一个人出去校园里走，因为我一道题也不会。我会画漫画，因为小时候受到的歧视，让我看清楚世界的假象。"（朱德庸语）

现在，你还羡慕他吗？

"人人有本难念的经""家家有本难念的经""班班有本难念的经"，你没有看到，只是因为别人不像你那样遇到一点点事情就长声哀叹，就牢骚满腹，就恨不得嚷嚷得全世界都听到你的痛苦。

你这样做，无非是想减轻自己心里的负担，给自己一个借口，告诉全世界不是你的错，都是学生的错，都是你的运气不好。

可是你知道吗，就算你嚷嚷得全世界都知道了，这苦恼还是你的，不会有半点分量压到别人的肩上，事情最后还是要靠你自己去解决的。

A 对 B 说自己牙疼得心神不定，B 对 A 说自己例假来了肚子痛得刀割一样。虽然说同是天涯沦落人，可是 A 的牙疼没有半点减轻，B 的肚子疼没有一丝缓解，两个人虽然不停地和对方说话，可是心里想的依然是自己的疼痛。

做班主任的，到底该如何面对班级中出现的问题？我的答案是：先调整自己的心态，告诉自己一切都是正常的，兵来将挡水来土掩；然后通过自己摸索和向同事请教，熟悉处理问题的流程，按部就班不急不躁稳妥处理；

事情结束后做好反思，思考哪里有欠缺，今后如何未雨绸缪，写成文字，把问题变成自己的课题。

举个例子：作业一直收不齐，任课老师来告状，怎么办？

哪个班级没有这种事情？我在"于洁沙龙"里一问，都说正犯愁呢。好吧，那就当课题来研究。研究了就知道关键点在组长，所以要选精明能干的人做组长，而不是随便指定。人选对了，还要教给工作方法。

班主任做一个作业卡的示范，横向是作业类别，纵向是组员名字。收到作业后在相应位置打"√"。上交作业时作业卡交给课代表。课代表把已经收上来的作业先交给老师，随后盯着没交的人直到交了再把名字划掉。赖作业的交给班主任处理。一次原谅，两次三次后班主任通知家长到校陪伴孩子完成作业后再回家。这是一种非常顶真的做法，效果不错，需要班主任在家长会上和家长事先通气，讲清完成作业的重要性，得到家长的支持。如果有家长实在不能配合，学生就在班主任办公室里补做作业，不会做就请老师教。总之，作业是必须要做的，这是一条原则。与其把学生训一通，不如客客气气一声不吭让学生补做，不弄僵师生关系又坚持了原则。

如果这样做了，还是有个别学生赖作业不交作业，也是正常的。

要是人人都遵章守纪，这世界就没有监狱了，警察都要失业了。

《菜根谭》中说"事稍拂逆，便思不如我的人，则怨尤自消；心稍怠荒，便思胜似我的人，则精神自奋。"前一句是用阿Q精神安慰自己，后一句是不用扬鞭自奋蹄。这也是我一直以来调节自己心态和行为的警句。

同样，自己的班级出了什么问题，有了棘手的事情，不要条件反射一样说："烦死了，倒霉死了，这个班主任再也不想当了。"而要告诉自己，别人的班级也有问题的，大家都在想办法解决问题。

要明确地告诉自己，出问题是正常的，自己有信心有能力来解决问题。看到别人的班级有胜过自己的班级的方面，就提醒自己多向别人请教学习，提高工作水平，而不是羡慕嫉妒，酸溜溜说人家运气好。世界上从来没有绝对的好，也没有绝对的差。从我的角度来看，一切都是双刃剑。

比如半路接班，表面上看是做了继母继父，一开始可能不顺畅，但是如果半路接的是差班，你能够比前任做得好，对比明显，学生会很有感觉，也许反而能够有更深切动人的师生关系。

如果就是从起始班级带起，表面上看一切按部就班完全按照你自己的思路，但是另一方面，学生没有对比就没有感觉，他们以为老师就是那样的，一切都是理所当然的。

所以半路接班的老师，就不要纠结于这曾经是别人的班而对学生心生厌弃。你接了班就是你的班，你要爱它。

别人家的孩子虽然可爱，可是自己的孩子就算是瘌痢头也要爱，因为不能够掐死他的，对不对？那就真心去爱。所以不要总觉得别人家的班级有多好，自己的班级有多差。不要无谓地制造对比从而制造对自己的伤害。

我时常对自己说一句话：在一起了就珍惜。

这句话也适用于我们带班级。万千人中，你成了我的学生，我做了你的老师，是一种缘分，唯有珍惜。因为短则一年，长则两年三年。在这两三年里我会尽力而为，用最真诚的心和我认为的最适宜的方法。如果效果不是很好甚至完全没有效果，那么我也是尽力而为了，问心无愧的。

据说人来到世上都是来找一个"对"的人。那么，努力成为那个"对"的老师，是每一个老师孜孜以求的目标。如果很努力了还是不行，那也没有关系，孩子总有一天会遇到那个"对"的老师，走进他的心里。

　　而我们做老师的，尤其是做班主任的，首先要做自己"对"的那个人。要悦纳自己，而不是一天到晚发牢骚吐怨气；要相信自己，师范大学毕业了，学过教育的专业知识了，再加上向同事虚心学习，是有能力解决问题的。

　　心态调整好了，能力有所提升了，一直在学习中，不坐井观天了，自然就不会再去羡慕别人的班了。

　　在自己的一亩三分地上耕耘，陶渊明说"种豆南山下，草盛豆苗稀。晨兴理荒秽，带月荷锄归。道狭草木长，夕露沾我衣。衣沾不足惜，但使愿无违"。你读出了什么？他亲自参加劳动，不但没有因早出晚归的辛苦而减少对劳动的兴趣，反而加深了他对劳动的感情，坚定了他终生归耕的决心。你看到他字里行间悠然自得，也该看到他荷锄泥腿的艰难。

　　越艰难，越美好。

问题变课题，教育就有趣

余秋雨在《文化苦旅》中写道：我们对这个世界，知道得还实在太少。无数的未知包围着我们，才使人生保留迸发的乐趣。当哪一天，世界上的一切都能明确解释了，这个世界也就变得十分无聊。人生，就会成为一种简单的轨迹，一种沉闷的重复。

这是我在看那一连串的班主任们的求助信时脑海里跳出来的反应。

我能懂得提问者焦虑急躁的心情，就像病人来到医院，恨不得医生三下五除二几分钟之内就让自己消除病痛，如果医生开了各种化验单子要病人去一一检查，病人就有些烦躁起来，要是哪个医生问你的脚怎么样，病人也许就要跳起来了："我是头痛，你问我脚干什么？"

所以面对一些短短几行字甚至只有三言两语的提问，比如："班级纪律不好，怎么办？"我真的是有点不大敢回答的。因为我若回答，必定是一成不变的三部曲：找到原因，分析问题，根据本班实际情况解决问题。所以我很有可能要建议去做一些头痛医脚的事情。大量的提问集中在纪律、卫生、学生不好学、早恋、手机等问题上，只是呈现形式不一样，学生背景不一样而已。我当然可以开出一些大而化之的方子，提出一些不痛不痒的建议，吃不死人，也治不好人。这是我很不愿意做的事情，因为对不起提问者。

医生治病，有些病是无法治的，因为积疾很深，冰冻三尺非一日之寒，绝不是一剂猛药可以起死回生的；有些病是慢性病，能治，但是有几个前提条件，比如病人自己有很强的求生欲望，比如病人能够通过锻炼和食疗增强了体质，那才可以进入下一步的治疗，比如化疗和放疗。

班级问题也是如此。不是所有的学生问题都能解决的，有些问题就像癌症，班主任要拿出对待癌症病人的极端耐心和坚定信念，这是一场极其艰苦的拉锯战，来来回回好多年，最后的结局也许出人意料的美好，也许就撒手人寰，只要尽心尽力了就好。

而大量也许能够解决的病，基本都是慢性病。遗憾的是很多人想要通过急性病的方式来治疗慢性病，这是真的不行的。

举个例子。有老师提问："家长总是说，老师，我的小孩管不了，你帮我管管，他不听我的，有些小孩确实是不听家长的话，家长已经被小孩子牵着鼻子走，这种情况我该怎么办？"

这短短的两行字，涉及一个很大的问题——家庭教育。家长从不管到后来想管却管不住了，于是求助老师，老师又觉得自己无能为力。像这样的求助，我的回答只能是学校和家庭一码归一码。孩子在学校里，老师尽力而为，鼓励鞭策惩罚十八般武艺全用上，能教育到什么程度就到什么程度；同时老师教家长如何进行家庭教育，家长能接受到什么程度就到什么程度。老师不要高估自己的教育能力，家庭是孩子的复印机，家庭教育出问题，孩子就会出问题。学校代替不了家庭，老师代替不了家长。

可是，老师不要因此而沮丧，觉得教育无力苍白。老师可以把这样的问题变成自己的一个研究课题。比如家长应该怎样教育孩子才不会落到管不了的地步，比如遇到文化层次低个人素养差的家长，老师该怎么办？比如面对"5＋2＝0"的状况，老师可以做些什么？比如如何让一个孩子从不良的家庭教育中走出一条光明的路来，教师能有什么作为……

如果把问题变成了课题，教育就会变得有趣起来。

再举个例子。有老师提问："我是一名中学老师，班级管理中的困惑是：现在手机多了，网络通畅了，学生大多有手机，但是又无法自我控制，偶有带入教室玩游戏的情况，收缴手机放到学期结束才返还是平时的管理方式，但是也有些死扛着不给，或者纠缠于你一定要马上退回手机，或者被收缴后不来上课的现象，特别是有些单亲家庭的孩子，父母也疏于管教，面对此种情况，作为经验不多的班主任，真的是技穷，请问该如何处理呢？"

就像有些病症是世界难题一样，教育中有很多问题也是如此。手机问题就是一个。我至今为止没有看到哪一种特别有效的方法，除了有的高中在学生违反规则后可以开除学生，大量的学校都在烦恼这个事情。义务教育阶段不能开除学生，学校规定不能带手机，但是学生偷偷带，有些家长想要让学生带；有的学校允许学生带，但是上课时间不能玩，但是有的学生就是玩了，你又能如何？

这就是个世界性难题嘛。那怎么办呢？你拿这个问题来问我，殊不知我也在为此而头痛呢。与其日夜烦恼，不如把烦恼抛在一边，作为一个课题来细细研究，若真是被你研究出来了，那就是了不得的事情了，全世界的老师都要感谢你了。

所以，把问题提出来了，是件好事情，因为你已经发现问题了，但是千万不要带着一种依赖等待着专家们的回答。医生治不好所有的病，医生治病需要慢条斯理望闻问切然后不断地换方子来调整用药，医生术业有专攻，分门别类，小儿科的医生看不了妇科病，没有哪个专家是全科医生，他们也只能在自己曾经经历过的一些案例的基础上给你提出一些意见和建议，但是他们不了解你的学生，不了解你学生的教育环境，更不了解你这个老师的能力，也许在他那里很管用的一句话，到你嘴巴里一说就变了味了。比如一个女教师可以给一个调皮的男孩子整理一下衣领子，让男孩子感受到老师对自己的关爱，从此桀骜不驯的男孩变得乖顺起来了，但是一个年轻的男教师却无法用同样的方法去给一个桀骜不驯的女生整理衣领子。

呵呵，那样要出问题的。对不对？

所以，有些问题要自己去思考琢磨，而不是等米下锅；有些问题需要自己一次次采用不同的方法去实验，就像爱迪生千万遍寻找碳丝的品种、熔点、耐热性，什么问题都遇到过，也全部变成了他研究的课题，而研究过程中，甚至他自己的围巾也成了试验的材料。这是一场马拉松式的试验，其中的绞尽脑汁和一次次挫折失败，那种单调枯燥，我们可以想象，但是因为是一种研究，哪怕看不到结果，也是累并快乐着的。

我们面对的每一个学生都是世界上独一无二的，所以孔子说要因材施教；我们老师自己每一个人也是世界上独一无二的，所以我们也要寻找到那个最好的自己，而不是一味地模仿复制。一次次的失败，一次次的历练，才能成就最好的班主任。

名班同行，名班如何知名的？有个故事很能说明问题：从前，在同一座山上有两块差不多的石头，4年后发生了截然不同的变化，一块石头受到很多人的景仰和膜拜，而另一块石头却成为台阶被人踩踏。这块石头极不平衡地说："老兄呀，4年前我们同为一座山上的石头，今天产生这么大的差距，我心里特别痛苦。"另一块石头答道："老兄，你还记得吗？4年前，来了一个雕刻家，你害怕割在身上一刀刀的痛，而我不在乎割在身上一刀刀的痛，所以有了今天的不同。"

不能承受伤痛的你，凭什么强大？还记得彭端淑写的《为学》吗？世间万事，做了就不难了，而这个做的过程，就是把问题变成课题的过程。

一根竹子想要成为能吹出美妙音乐的竹笛，也要经历千刀万剐，何况一个班主任的成长？

植荒十年，换得一时春生

于老师：

我被家长深深伤害了，本来想彻底放弃这个班级，结果中午几名学生送我几张卡片，看着上面的字，我的视线再次模糊。

上面写着："老师，您不要伤心，希望您把我们六年级带完，我们知道您辛苦了，虽然我们成绩不好，但您是对我们最负责的老师，是您教会了我们感恩，我们永远爱您。"

看了这些孩子们的话，我再一次抑制不住自己的感情！还有两名学生在卡片上画了我的人像，笑笑的模样，长长的头发，配一副眼镜！是的，我是一个平时多么爱笑的人！这一次，彻底伤害到了我，这么多年我第一次在学生面前委屈地哭了。

从半夜到第二天一直未合眼，而且我还怀着孕。我一整天都在跟对我有误会的家长们电话解释！电话打得午饭、晚饭都没吃几口，晚上胃极其不舒服。第二天再跟最先挑事的家长交谈，她坐在电动车上，我全程站了一个多小时，最后几分钟时我在意识到要晕倒前蹲了下来！我真的快支撑不下去了！好疲惫！如果老师当成我这样，那么我要借用网上的一句话来诠释我的心情："如果我的孩子以后当老师，我就把他掐死！"

接这个班级的时候就早有耳闻，空白卷约有 20 个学生！汉语拼音基本不会！笔顺没几个写对，包括好学生。但是，我没有放弃他们，我用了整整 3 个月时间整顿，那 3 个月期间，我失声过，病了几次，每天精疲力竭！我不知道那段日子是怎么熬过来的，那是用我的心血在带他们。终于有了起色。有时候孩子们你一言我一语开心地说着班级的变化，我虽然很累，但听了他们的话，仿佛打了鸡血，又浑身充满了力量。

但是我的付出没有得到家长们的理解！虽然不是大部分家长这样，但是我始终难过，特别委屈。

教以前那届学生我也建家长群，但是有些家长信息不知为何泄露了，还收到广告之类的骚扰短信，家长建议删群，所以这个我半路接的班级我没有建群。现在，家长会上一句家长的抱怨，下面跟着几个家长一起起哄。一直揪着我没建群，有时打我电话我不接，发短信不回等等问题！后来还知道了有一个家长自己申请两个微信号，在他们原来的那个家长群里用一问一答的方式，来引出其他家长发牢骚，每次想起这个，我都特别受伤害。

最让我伤心的是有一个参与抱怨的家长竟然以怨报德，他的孩子有一次没带钥匙，家长很晚才下班，我怕他不安全，下班亲自送孩子回家，这样的事情这个家长却忘记了。我承认我不是每个电话都接得到，学校不允许上课带手机，办公室不能玩手机看视频等等。有时给家长打电话家长也会不接，我理解。可是为什么他们不能理解一下我，几次接家长电话都是晚上 10 点以后，聊好久。家长下班晚，可是我也很辛苦，我需要早休息，有的家长每天晚上都打我电话，有几次确实是我睡了没听到。

这些委屈我都往肚子里咽，但这次，我的心彻底碎了。面对这样一些家长，我特别想逃避。可是再看看那些善良的学生，我真心舍不得。身心疲惫。我在徘徊着，迷茫着。

肖老师

说来也巧，接到这封求助信的时候，我正在听一个特级教师的讲座。他正把自己的袖子捋到臂膀上，睁圆了眼睛，说："我跟你们说哦，我曾经被家长要求下岗三次。第一次是在家长会上，被家长当众质疑，为什么考出来的平均分比人家低了那么多。我那时候眼泪噙在眼眶里，要不是我内心强大，这世界上早就没有我了。"听讲座的老师们哄堂大笑。

我笑不出来。如今看他，说起当时那事，仿佛轻描淡写甚至是像在说一个与自己毫无干系的段子，可是可以想象得出，他被家长们质疑的彼时彼刻，他的心情却是波涛汹涌。

他如今淡定从容的气质里，藏着他读过的书、走过的路，还有爱过他恨过他的人。一个特级教师的气质里，必定藏着他经历过的所有种种，委屈和伤害，一定会有。

孩子的背后就是家长，孩子就是家长的一面镜子。"接这个班级的时候就早有耳闻，空白卷约有 20 个学生！汉语拼音基本不会！笔顺没几个写对，包括好学生。"这样的孩子背后，家长本人的文化程度，家长对孩子学习的关注度，家长个人的素养，基本可以想象。肖老师半路接班，所有的心血都花在了如何提高学生们的学习成绩上，却对家长们的表现缺乏思想准备。肖老师以为自己赢得了学生们的心就能够得到家长们的感恩戴德赞赏有加，结果非但没有反而还被当众指责，于是委屈至极。

美国年度教师雷夫老师不也曾经这样吗？他被学生帕布罗的母亲在教室里火冒三丈地指责过，只因为雷夫向学生推荐的影片中有一个女子裸胸的镜头；他甚至被一个疯狂的家长用枪威胁。雷夫说：这件事让我彻底明白，并非每个家庭都是从"我"的观点看事情。不同的家庭有不同的道德观。

我记得王晓春老师在阅读雷夫写的这个片段时，他的点评切中要害："学校并没有转变家长价值观的任务（当然，可以劝劝试试），这种任务是教师绝对无力单独完成的。实事求是地说，我们学校里教师与家长的冲突，往往是教师'改造家长'的意识过于强烈造成的。教师自我感觉过于良好了，对自己影响他人的能力，也估计过高了。"

肖老师也许没有想要改造家长，但是确实对家长各种诉求估计不足。家长们要求建立家长群，目的是随时随地可以和老师取得联系，小到孩子没带钥匙，大到生病请假，都希望立即得到老师的回复。

隔行如隔山，社会上对于教师这个职业了解得并不多。两个长假期，每天上个两节课，很轻松哦。这是很多人对教师职业的认识。肖老师的家长们也许也是这样，以为老师是很空闲的，如果打电话老师没接或者发了短信老师没回，就认为这个老师比较失职，所以他们强烈要求肖老师建微信群，他们看到的是社会上的人随时随地时时刻刻都在看微信或者发微信，觉得肖老师应该也是这样的。

矛盾就是这样产生的，每个人都站在自己的立场上，从利于自己的角度出发，公说公有理婆说婆有理。我们今天看肖老师的那些悲愤的话，会觉得家长们的素质实在太差，真是以怨报德；但是如果我们再去听听家长们的诉说，听到他们因为给老师打电话发短信没有得到及时的回复而产生焦虑的心情，我们也会觉得说的是有道理的。

记得雷夫曾经向中国的家长提出 4 个希望：每天和孩子一起吃晚饭；不要在孩子的房间放电视、电脑；每个孩子都要学习音乐；让孩子早点睡觉。其实这 4 个希望大量的中国家长没有做到，很多家长为了图省力直接把孩子放到培训机构里去做作业了，我甚至还听到过有的孩子放学后直接去培训机构吃晚饭然后做作业。还有些家长因为一直没有很好地管理孩子导致管不住孩子，把希望寄托在学校和老师身上，而自己则对孩子采取完全放任态度，虽然孩子房间里没有电视、电脑，但是手机却 24 小时不离身，孩子熬夜玩游戏看网络小说甚至黄色影片。

这样一说，肖老师要觉得欣慰一些，至少这些家长还想着要管好自己的孩子，他们还想着通过微信群、电话、短信来和老师沟通。虽然他们情商很低，只顾着自己方便而夜里打电话发短信，自己坐在电瓶车上而老师站在那里。这些低情商行为，是由他们本身的素养决定的，不一定是他们有意而为之。

每个人都喜欢站在自己的立场上看问题，那个率先质疑肖老师的家长，是不是在平日里已经积累了一些对老师的怨气呢？那个以怨报德的家长，会不会完全不知道肖老师送他的孩子回家呢？而其他跟风的家长，也许就是跟风，他们也希望老师能够建一个微信群而方便自己和老师联系，不一定是出于恶意而跟风起哄？

当然是委屈的，换了我是肖老师，我也会委屈哭泣。只是事情已经发生了，除了委屈哭泣，我们还有些事情需要做：

一、遇事冷静，切勿冲动

每个人面对委屈表现各异，有暗自伤心默不作声的，也有不吐不快大吵大闹的，更有一气之下愤然离去的。肖老师因为这次委屈甚至产生了要离职的念头。但不管怎样，首先一定要保持冷静，冲动是魔鬼，在头脑发热心乱如麻的时候不要轻易地决定任何事情，一定要三思而后行，受到委屈已经够难受的了，千万不要因此惹出更大的麻烦，给自己添加更多的烦恼。肖老师有疼爱自己的丈夫来安慰，也能够通过文字写下事情经过并且向人求助，这都是很好的一种发泄内心委屈伤心的途径。

二、分析问题，调整心态

冷静下来后首先要分析问题究竟出在哪儿，自己受委屈的根源到底是什么，一定要把原因分析透彻。我们看到其实肖老师内心是很清楚的，原因就在于自己平时有接到电话和短信没回的情况，那么就要在今后的工作中注意，如果没有及时接听电话或者回复，就要养成事后回复的习惯。要调整好心态，因为不管在哪儿工作，都有可能会受到委屈，说得直白点，家长的孩子在你手里，家长和你交流时多少还是比较克制内敛的，换了别的工作，人家还不一定对你这么客气呢。人生路上受委屈是常事，伤心流泪之后要能够及时振作起来，不能一下子就把所有的家长都否定了。

三、吸取教训，增长经验

为了避免下次再遭遇类似的委屈，必须从某些方面改变自己，吃一堑，长一智，只有这样你受的委屈才有意义，才能使你思想更加的成熟，处事更加的老练，也许工作之中所受到的委屈正是你走向成功的垫脚石。

肖老师若是来听听这个曾三次被家长喊下岗的特级教师的讲座，也许心情会得到很大的平复。教师生涯中，没有受到过几次委屈，还真是不够完整呢。期待有一天肖老师也能像这个特级教师一样，微笑着云淡风轻地说："我告诉你们哦，我曾经被家长当众质疑过，那时我还怀着孕呢。"

后记：

我收到肖老师的求助信后，没有立即回复她应该怎么做，只是把另一个老师写下的一次更加严重的被家长群起而攻之然后用真心和时间去化解的文章发给她看，希望她能够得到心理平衡，慢慢冷静下来。同时，我把"于洁沙龙"的"当职业倦怠来敲门"的讨论整理稿发给她看。

深夜，肖老师在我的 QQ 上留下了下面的话：

谢谢您，于老师，刚刚我第一时间细细品读了您沙龙的这篇文章，我释然了，与其背着包袱每日愁眉苦脸，不如放下包袱，迎接每天的太阳。毕竟孩子们都是没错的，我也有需要改进的地方。

刚刚读过那个老师被群起而攻之的案例，确实，或许是我从来没有被家长群起而攻之的经历，所以，一时间不能接受，喜欢揪着事实不放。每个误会我的家长我都已经第一时间打过电话，解释清楚，家长也觉得不好意思，就这样过去了，不去计较，也挺好。一直纠结，害人害己。我已决定用微笑与耐心继续面对我的家长们。孩子们是没错的，一直以来对他们真的恨不起来。也谢谢您的安慰与开导，让我明白了一些道理。谢谢您，温暖的抱抱。祝您节日快乐。

看完肖老师的留言，我微笑起来。有一段话与大家共勉：

你若爱，生活哪里都可爱。你若恨，生活哪里都可恨。你若感恩，处处可感恩。你若成长，事事可成长。

是的，事事可成长，比如肖老师受到的这次委屈。有时候，植荒十年，才能换得一时春生。可是一旦春生，就永不荒凉。教育路上，需要有这样坚定的信念，强大的内心。

当你发现自己对某个学生忍无可忍的时候

"他低着头睡着了。我高声喊了他的名字，他吓了一跳，醒了。我继续讲课，可是我的眼睛不由自主地去注意他，他又睡着了！我愤怒地叫他站起来，站起来他还是没精打采的，我让他站到教室后面去了。这样的状况持续一年了，他的父母晚上是要去批发蔬菜的，从不在家睡觉，天知道他晚上在做什么，白天他随时随地都在打瞌睡。为了让他不睡着，我特意让他坐在讲台前第一排，就算如此，他还是睡着了。几乎是所有的课。如果他就是基础差成绩差也罢了，我们这些老师对他一边单独辅导一边有点进步就鼓励，他每次考倒数第一我们也认了，可是他在课堂上这样睡觉真是让人忍无可忍。一节课的心情就这样被他搞糟了。有的老师喊他站起来醒一醒，他还很不乐意。"

当遇到这样的睡神，再好脾气的人估计也要发毛的。

"凉拌"是个好办法

我想起了有一次我和郑学志老师一起主持班主任论坛时问了魏书生老师一个问题："当你走进教室准备上语文课，却看到一个男生正在向一个女生献花，一群学生围着起哄。你怎么办?"魏老师淡淡地说："凉拌。就当没看见，这是我的语文课。有什么情况下课再说。不能因为一两个学生而影响自己上课的心情从而导致影响了全班所有学生。"

是啊，此时"凉拌"是最好的方法。如果放在第一排你时时看见他在睡觉让你极度不爽，你的眼中只有他，你的情绪完全被他左右了，那么还不如让他坐到后面一些，你上课时不要一直去看他是否睡着了。眼不见为净。也可以一边讲课一边在教室里巡视，走过他身边如果看到他在睡觉，就站在他身边讲一会儿课，或者轻拍他肩膀，或者扶着他胳膊拉他站起来一会儿，动作轻柔不带恶意，嘴里不停止讲课，眼睛不看他。五六分钟后，示意他坐下。如果一会儿又睡着了，就再如此操作。下课以后单独喊到身边，把课上他漏听的内容再给他讲一遍。

要记住，你不是在给他一个人上课，还有那么多的学生在听你的课，不要因为他一个人让你觉得你的学生都很不好。有时候，我们需要"眼睛里容不得沙子"，而有时候我们需要"大肚能容天下难容之事"；有时候我们需要"我的眼中只有你"，有时候我们不能"一叶障目不见泰山"。

和学生赌气的话不能说。比如"你给我滚出去""我再也不管你了""不想读就别读"……这样的话不能解决问题反而激化师生矛盾，看似解气，实则是负气，反而容易引发出新的问题，比如学生就此破罐子破摔或是赌气出走。家长听到了也不舒服，感觉老师把自己的孩子放弃了，老师没有尽到应尽的职责。

从学校层面来看，如果因此而引发的师生矛盾，家长投诉，学校也会陷入被动，教师心里就算再委屈，也确实存在言语不当的问题。

这样，原本是学生上课睡觉的问题，一转眼就变成了师生重大矛盾的问题。而一般情况下，一旦上升到重大矛盾后，老师往往就再也不愿意管这个学生了，你爱睡就睡吧，就当我眼里没有这个学生了。学生呢，也是一摊烂泥躺倒了，师生之间的疙瘩很难再解开。

而上课睡觉、不停走神、不停做小动作、爱讲闲话等各种状况，绝不是个别学生，还真的是为数不少，如果教师每一个都是耿耿于怀无法释怀，非要在课堂上争个是非曲直，斗个你输我赢，那么这个课就真的上不下去了，老师每天的心情都很不好，职业倦怠感很快就会产生。

所以，老师的基本功修炼中，有很重要的一件事情，就是掌控自己的情绪。当你意识到任由自己的情绪恣意泛滥会带来的众多危害后，你就要提醒自己：做一个情绪平和的老师，课堂就是课堂，要面向全体学生，而不是忽略掉绝大多数学生，和某个学生斗智斗勇。就算你赢了，你也输掉了课堂。

我不说话，我有行动

总有学生不做作业或者偷工减料或是抄袭的对不对？有的老师明察秋毫后把学生找到办公室来一顿批评，时间长达一节课，有时候说着说着，还能想起从前种种，于是旧怨新恨涌上心头，越说越来气。这个做法没问题，有时候学生确实需要这样的当头棒喝。问题是批评完了以后有些老师感觉自己的气已经出了，学生认错的态度也很好，就觉得好了，完事了，说一句"下不为例"就放走了学生。于是下次还有这种情况的时候老师批评的时间更长，到最后还是不了了之。渐渐的，老赖皮就出现了。

不做作业的原因当然很多，此处不做展开，除了身体不适可以例外，其他情况我主张一定要把少做的作业补起来。节省下老师"出气"的时间，让学生端个凳子坐在老师身边补作业，补的过程中发现他不会做的就教一下他，宁愿补完了再和他交谈。老师要摆明一个态度：不管怎样，作业是一定要做的，少了就是要补起来的，在我这里，没有赖作业这件事情，我会较真到底。你赖多少次，我就陪你补多少次。

这个过程中，没有火冒三丈，没有师生冲突，老师很平静地用手势示意学生坐下来补作业，自己继续手头的工作，批作业、备课、处理班级事务。他补起来了，我很高兴；发现他不会做，我点拨一下他；做好了，我给他批一下；错的他再订正我再批改。他忙他的，我忙我的，不把时间浪费在出气骂人上。此刻，教师要告诉自己："我是个老师，尽到教师的职责就好。这个学生没有良好的学习习惯，是日积月累的结果，不是一朝一夕可以改变的，所以我把我能做的事情做好就行。等他有一点点进步，我再鼓励一下。但是心里要有个思想准备，我不是神，我不可能很快就可以改变这个学生的。"

都说"爱生如子"，有的老师还真的就照这四个字的字面意思去翻译了——"把学生当成自己的孩子一样爱"，不行啊，你自己的孩子做错了事，你可以打可以骂，就算推到了门外还是你亲爱的孩子，血脉相连，死也断不了的。对学生，你能打能任性地骂吗？他们终究不是你的孩子，没有血缘亲情，一不小心就崩了关系。所以这个"爱"字的理解需要有所掂量，若是被你理解成了"打是亲，骂是爱"，那么真的就是偏离了理解的轨道了。

所以，有时候，不说话就好，我不在口头上批评你，但是我的行动表明了我的态度：我是个有原则有底线的老师，该做好的事情你是必须做好的，我不希望你成为一个"老油条"。

这是一个艰难的过程，比如本文一开头提到的那个"睡神"，也许到初三还是那个样子，这是由他的家庭原因决定的，尽管和家长多次提过，希望他们能够关注孩子的睡觉问题，可否晚上家里尽量留一个大人，但是这又涉及他们的工作性质问题，基本无解。所以只能做好思想准备，就当要打持久战吧。在心里安慰一下自己："我已经尽力，问心无愧了。"

远离负能量，保持好情绪

"于洁沙龙"运营至今4个年头，每周三晚上在网络上有2个小时的交流，比如昨天晚上，我们搞了一个"沙龙好声音"活动，5个一线班主任采用一张照片一个班级故事的方式，通过手机录音播放故事讲述。5个班级故事让听故事的老师们感慨万千。故事中的学生几乎每个班级都有，让人抓耳挠腮又无可奈何，讲故事的老师使出浑身解数，有的让人莞尔一笑，有的让人恍然大悟，还有的让人深刻反思。在这样的交流中，你会发现让你苦痛不堪的学生，也出现在别的老师班级里，不是只有你才倒霉拥有，你的心里立即得到了平衡；你会发现别的老师也在绞尽脑汁，神农尝百草一般尝试着各种方法，于是你也定下心来，换一种眼光换一种心情重新去看待那个让你头大的学生。

在这样的沙龙里，你会获得正能量，也能把自己的委屈与痛楚以另外一种方式呈现出来，而不是发牢骚，让自己陷入苦海深处无法自拔，也让别人被你的负面情绪沾染。

如果没有这样的沙龙，你也可以在自己的同事或者同行中寻找充满正能量的人。若是办公室里有特别喜欢发牢骚的容易影响你情绪的时候，建议你在牢骚一开始就选择离开一会儿，正好你也去走动一下，这对你的身体也有好处。

每个班级都有一些让老师忍无可忍的学生，基本上老师们的牢骚中绝大部分是因为这样的学生而产生。我也赞成一个办公室的老师一起集中发一次大牢骚，你说说我说说，完了以后大家心理平衡，叹一口气，然后再埋头于批改作业之中。这样的时间也不会太长，毕竟谁都清楚，这样的牢骚其实并不解决问题，也就是说出来心里舒坦一下而已。说出来也好，就是不要因为自己有一个忍无可忍的学生而一个人在那里唠唠叨叨似祥林嫂一样，影响了一个办公室的老师们的情绪。

说专业的话，做专业的事

"专业"这个词语，包含的意思很多，我放在第一位的是"平和的情绪"。如果没有平和的情绪，其他都谈不上。当你暴跳如雷的时候，当你火冒三丈的时候，除了冲动地说出一些伤害的话语、使出一些不雅的蛮力之外，还能如何呢？

教育从来都是艰难的，如果每个学生都那么让人省心，那么聪明伶俐，那么教育也许就只要教而不需要育了，也许只需要一台电脑播放知识，而不需要教师这个职业了。

教师这个职业是与人打交道的职业，除了传授知识之外，还需要更多的与人沟通交流的专业知识，我时常问自己一个问题："你对学生说的这句话是一个老师说的话吗？"

有时候，我们一直觉得自己对某个学生忍无可忍，可是，你知道吗，他也对你忍无可忍呢？可他还是忍了。

有时候，何止是说话？一个眼神，也许就让学生的心远离了你。昨晚的"于洁沙龙"中，杨老师的一段话让我印象深刻："初一时，我的数学成绩不理想，因而在数学老师面前，我总觉得自卑。还记得那次我因为做错题，数学老师一双黑白分明的大眼睛在镜片后飞快地一翻，那一幕如同一盆冷水兜头而下，从此我的数学成绩更加惨不忍睹。直到初三，我将憋了三年的委屈诉诸笔端，之后的她不动声色，却总是请我在每周的班会课上朗读美文，我的数学成绩才逐渐好转起来。如今看来，这场和解来得如此之晚。"

一个眼神秒杀了一颗原本就自卑的心，这是让我们倏然心惊的。如果没有后来的诉诸笔端，没有后来的不动声色的和解，一个老师被一个学生怨恨了很多年却浑然不知，那是多么可怕的事情。只因为这个眼神里被学生看出了"鄙视"。

那么，一切包含着"鄙视""怨愤""讨厌""嫌弃"的眼神、话语、动作，都是不专业的，在教师这个职业中都应该避免，否则就算你表白千遍万遍"我是为了你好，我是爱你的"，也没有用。

一个情绪平和的母亲是一个家庭最需要的，一个情绪平和的老师是一群学生最需要的。在大学师范院校中，也许应该开设一门专业课《如何掌控自己的情绪》。

对，是掌控，而不是在"忍无可忍"的时候努力地选择"忍"，否则总有爆发的一天。

教师修炼从掌控自己的情绪开始。

面对又懒又赖的极低分数学生怎么办？

于老师：

我是一个初中女教师，任教数学，做班主任。我的班级生源参差不齐，来自各种不同的学校，有的基础很好，上课一听就会；有的因为在小学里就稀里糊涂不读书的，家长文化层次较低，有很多是在厂里打工的，经常要加班，孩子放学回家见不到父母，没有人监督做作业，有的干脆赖掉不做，把大量时间用来看电视玩手机和电脑，特别是英语这门功课，小学里根本没有学好，到了初中更是跟不上了。

我们班级的英语老师情况也比较特殊，还有一年就退休了，所以已经没有精力去抓这些跟不上的学生，这七八个学生每次考出来的分数都是极低极低，把班级平均分拉掉很多。我是班主任，面对这些又懒又赖的学生，我很想拉动他们，但是我教数学，实在是有心无力。数学上我还能一直盯着他们，至少还能接近及格或者不至于出来十几分的极低分数，可是英语怎么办呢？他们刚刚读初中，像这样读到初三，一定会越来越糟糕，除了学习上自暴自弃之外，我还很担心他们会无事生非，成为双差生。请问有什么办法，可以带动这样的学生，至少让他们能够不破罐子破摔，平安毕业？

一个广东教师

西天取经八十一难,这只是其中一难。

最近和学生一起阅读《西游记》,小时候我读过好多遍,每次都把注意力放在孙悟空身上,看他火眼金睛辨认妖精,看他跳跃起来一棒打死妖精,总觉得很过瘾。但是人到中年,再读这本书,却不由得被唐僧吸引。

九九八十一难,跋山涉水,唐僧一路前行,带着时常惹事很难管教的孙悟空,带着贪吃懒惰的猪八戒,沙僧算是个乖孩子吧,任劳任怨,但是关键时刻并不能派上大用处。所以唐僧的艰难不仅仅是遇到妖怪作难,还有他的徒弟们的种种状况。可是手无缚鸡之力的唐僧却终于来到西天取得了真经,自己也被封为旃檀功德佛。

旃檀就是檀香,在宗教《佛说戒香经》中认为檀香是最上等的香,世人通过檀香之气,以清心、宁神、排除杂念,既可静养身心,又能达到沉静、空灵的境界,获得精神上的空灵自在。

这样说来,历经苦难,终于获得精神的升华,个人修养超越曾经。从这一点来说,教育是一种度人度己。

我在这位老师的求助中,看到了一颗慈心。她虽是教着数学,并且通过自身努力,把七八个基础极差的学生的数学抓得有所进步,她从来没有放弃过一个学生;更让我感动的是,她还能想到这几个孩子在英语上无法获得进步而担心他们自暴自弃,她担心的不仅仅是成绩差,还有担心他们因为学业无成而导致无事生非成为双差生。从这一点上说,这个求助的班主任是一个不自私、有大局思想,也有一定远见的优秀教师。

其实几乎每个老师都会遇到这样的学生,很多老师鼓励、惩罚、找家长、单独辅导等方法都用过,一段时间后发现没有大起色,更何况没有太多精力一直放在这些学生身上,更何况自己教着数学而学生是英语极差,自己不是神,不可能样样精通。还有的老师会考虑到同事关系,不想插手别的功课。

种种原因，最终都会导致这些极低分数的学生最后自暴自弃，上课睡觉，作业不做，精力无处使，就开始制造麻烦。很多老师和这样的学生像拉牛皮糖一样牵扯着终于熬到学生毕业，才长舒一口气。但是下一届，这样的学生又来了。

怎么办？

我有一些建议供大家参考，但是我有个招呼要打在前面，千万不要以为我会提供神奇的药，一帖下去药到病除。我们班主任的工作，一定是一场历经九九八十一难的长途跋涉，所以要做好充分的思想准备，一定有这么一些孩子，是会让我们苦心志劳筋骨的。

当心理准备做好以后，我们要开始付诸行动。

首先是对这几个孩子做出细致分析

要找出他在短时间的努力中能够有些微进步的一门功课。既然这位老师教数学，不妨就从数学入手；或者语文也可以，比如得知语文要有一个默写，那么可以帮助这些孩子提前先默一下，让他们第二天能够默到一个比较好看一点的分数。无论是数学还是语文，目的都是让这些孩子明白：付出了努力后还是能够有所进步的。班主任这样做，是要让孩子感受一下学习的些微愉悦感。

如果学业上实在找不到成就感幸福感，我建议让这样的孩子成为班主任的助手，课间跑班主任办公室做传达信息的联络员，或者成为小帮手，帮着班主任批改作业，这个批改的过程，也是一个学习的过程，因为带着一种被老师需要的愉悦感，所以能够多多少少学到一点东西。

这样做的目的还有一个，就是让学生明确感觉到班主任没有放弃自己，而且能带着一种平等的态度和自己相处，师生关系良好，那么班主任说话的时候，学生就不会带着一种不由自主的排斥心理。

第二步可以借助学生的力量

因为这个班级的英语老师比较特殊，还没有退休就已经用一种已经退休的态度在教书，所以班主任要这个英语老师花时间个别辅导这几个基础极差分数极低的学生是不可能的。只能换另一种方式。可以让一些英语成绩比较好的学生成为小英语老师。

做法如下：一周 5 天，可以指定 5 个英语学得好的学生，每人负责一天。每天放学后，让小老师带着这些英语差的学生反复朗读当天新教的单词和课文。可以先一遍遍跟读，然后一个个过关。班主任可以一边做好放学工作一边站在旁边观看，适当指导小老师如何达到更好的效果，也适时表扬读得有点进步的学生。因为是放学时间，学生都想急着回去，所以不大会懒散，而是会比较认真地跟着小老师，希望早点过关后能够回去。时间控制在 15 分钟左右。每天这样做，养成习惯，如果哪一天其中有一个学生能够默写进步，或者被英语老师表扬有一点点进步，就可以在当天不留下来读英语，作为一种奖励。

班主任要做好小老师的思想工作，告诉他们，看上去是他们在付出时间和精力在这些成绩差的学生身上，但是最有收获的其实是小老师自己，因为这样的 15 分钟，到了家里也是需要花的，而现在已经先花了，教然后知惑，教学相长。

通过这样的实践，我发现，小老师的成绩会有很好的提高，这和每天扎实的 15 分钟教读有很大的关系，基础和细节夯实了。

第三步解决赖作业的情况

因为家庭的种种原因，因为学生基础差不会做等因素，确实每个班级都会有赖作业缺作业的状况。这一点，和我搭班的数学王老师采用的方法极好。我介绍一下。

她选了负责任的几个课代表，每人负责做一个工作。其中有一个课代表就是负责登记作业情况。哪些人缺交，哪些人还没有及时订正，她手中的名单记录得非常清晰。她会用学号的方式写在黑板上，注明是哪一个作业没有完成。这样，一方面我这个班主任能及时看到并提醒，另一方面同学看到了也会提醒。如果补好了，就擦掉自己的学号，而到放学时还没有完成的就要去数学老师办公室完成后再走。数学老师的敬业顶真精神，让这些赖作业的学生明白：可以赖，但是赖不掉的，必须要完成了才能回家。我这个班主任就配合着发消息告知家长："孩子今天要晚一点回家，因为作业还没有补好，数学老师还在给他辅导。"如果比较晚了，我会发消息让家长来接孩子回家，确保安全。时间长了，学生们也了解了数学老师的脾气，知道赖不掉的，所以还是不赖吧。

这样的做法，可以推广到英语上。课代表把缺作业的学生学号公布在黑板上，班主任就要加强督促，尽早让他们补好。

每天放学前，有一个重要的环节就是查看"榜上有名"的学生是否都已经完成当天该交的作业。班主任的顶真，学生会感受到。

习惯养成后，老赖会有所改变。

第四步是树立榜样

在七八个老赖中重点帮助其中一个，成为第一个摆脱老赖习惯的学生，种种表扬。可以让这个学生在家长会上介绍自己是如何取得进步的，可以让这个学生的家长在家长们面前谈谈自己是如何调整了加班时间来陪伴孩子，从而让孩子取得了一定的进步的。把学生推到一定的高度后，他会信心增加，一路前行。当然也会出现反复，教师要有一定的观察力和耐心。榜样的力量是无穷的，可以带动其他学生，因为他们的基础是差不多的，情况是差不多的，既然别人通过努力能取得进步，自己为什么不试一下呢？

一般这样的四个步骤会有所成效，但是一个班级那么多学生，总有长短，有些孩子的进步也只能到达一定的高度后就再也无法继续了，这是非常正常的，是由智商、基础、习惯等种种因素制约的。班主任不能贪心，不能学生进步到 60 分了就恨不得还能进步到 80 分。老师必须保持平和的心态。

从某种角度说，教育就是一场西天取经，经历种种艰难，面对种种从未经历过的问题，老师做好了一定的思想准备后，就要有一种坚定的意志力，形成自己强大的磁场，带动学生一路向前。无论有人超前，有人落后，但是只要大方向正确，能否成佛一切都是早晚的问题。

面对作业老赖老抄学生该怎么办？

初二学生小骏比较贪玩懒惰，成绩中等偏下。虽然有那么一点想要考出好成绩的愿望，但是很快就会被玩心淹没。课堂上无精打采走神的时候居多，但是到了操场上踢足球的时候却生龙活虎。

父母虽然管着，但并没有效果。小骏处在叛逆期，对父母的话基本置若罔闻。平时在学校的课堂作业因为老师盯着，还好一些，但是一到周六周日的作业就大打折扣了，要么字迹潦草，要么偷工减料，要么周一清早到学校抄作业。

虽然老师也一直鼓励小骏，但是一方面听课效率不高，一方面作业能偷懒就偷懒，所以小骏的成绩始终无法得到比较大的进步，有时候就算有了一点点进步，但是很快就退回到老样子。

对这样贪玩、偷懒、家长管理不得力、周末作业不认真完成（因为上课不好好听，有一些是不会做，还有一些是懒得动脑筋动手去做）靠周一抄作业度日的学生，该采取哪些方法比较有效呢？

常熟石梅小学周丽娜老师在"于洁沙龙"讨论前做了一次小学生赖作业抄作业调查问卷，掌握了第一手资料，为我们的讨论提供了实实在在的事实依据。

学生不做作业情况抽样调查。

下发了 30 份问卷，收上来 24 份。

三至六年级的老师，抽本年级常有作业拖拉或缺漏的学生，进行了问卷调查。被调查的学生都认为作业量适中，各科作业都能在 1～2 小时完成，最多的同学在 2～5 小时完成。其中有 15 位同学主要是在双休日或节假日会不做作业，其他同学平时（工作日）会出现不做作业的现象。

不做的原因，多数是忘记了或者不会做，有 1 位同学坦陈不想做，还有 6 名同学选择了"没记到"，另外，有的同学补充了原因说："理解错了""太晚""来不及"，还有一位同学表示"作文写得太少不敢交"。

家长对学生的作业不够关注，有 66.7% 的家长对学生的作业情况只是口头问一下，对学生具体的作业情况不了解。

没完成作业，孩子心情并不平静，他们用以形容的词语（按人数多少排）分别是：着急、不安、难过、糟糕、沉重、慌张、烦躁、害怕。

于洁老师：只要不是经过精挑细选优录取的生源，只要是义务教育阶段按照学区正常入学的学校，几乎每个班级都会或多或少存在着这样的老赖和老抄。我们的班主任和任课老师们几乎想尽了一切办法。让我们来看看大家都采用了哪些方法，能给大家带来哪些启发。

太仓第二中学费佳玉老师：我班上有明确表示不愿意做作业的学生。我想了很多方法，但是效果不是特别好，所以我有些苦恼。

1. 不放弃不抛弃，一直把他抓在手上。这样的孩子一旦放手，接下来不仅成绩拉不起来，而且其他方面的教育都有可能与老师抵触。我一直告诉他老师一直在努力，永远不会放弃他，所以我课后一直给他单独讲讲题，但一不小心他就开溜，主观上不想学习不要成绩，课后补习效果很差。

2. 与任课老师沟通，同样不让老师放弃他。但实际上做不到，任课老师根本没有办法也没精力去管这样的孩子，拿老师们的话说孩子不要、家长不要，老师能有什么办法。所以这招也没用。

3. 与家长沟通，经常电话联系，也上门家访。因为家长明确孩子从小就这样，从小学开始一直受老师的"批评教育"，家长对自己孩子无能为力，已经举手投降了。基于这种情况，我总在家长面前说些孩子的好话，一般五分表扬五分不足，建议家长关注孩子的一些不足，改进对孩子的一些要求措施等，配合老师做些教育工作。实际效果为零。

4. 经常性与孩子沟通，赢得孩子的信任。一有优点进步就表扬，对孩子的不足则适当放宽要求。应该说这方法有一定效果，但持续时间不长，没两天孩子又这样了，而且间隔时间越来越短。应该说孩子对老师还是认可的，就是学习上没有兴趣，对任何事情不感兴趣。

5. 寻找孩子的兴趣点。让学生写新学期的目标想法，他就说只想懒惰地过完初中。寻找到他所谓的特长画画，想激励他在画画上有所建树，他却说现在大了不想画了。他现在在学校里不是睡觉就是看书，但是他看的动漫之类的书我本人并不感兴趣，实在无法和他沟通。即使沟通也不可能把他的兴趣引到学习上，实在太难了。

6. 抓住教育机会，有点效果。前几天自习时他正在用手机看动漫被我抓到，学校规定不许带手机进学校而且没收后交德育办。放学后他主动来找我要手机，我没给他。他和我商量可以罚他一周上课不睡觉认真听课，再加上完成一周所有学科的作业。于是连续三天有任课老师找我说这孩子交作业了，我只笑笑说看一周能否坚持得了。但这只能是眼前的短期效果，过了这周以后会怎样应该可以想到。

常熟孝友中学陈忠老师： 开学一开始明确班级作业制度，一次未做，在校补好；两次不做，告知家长；三次不做，家长领回，在家完成后再来。起到了一定的震慑作用。但是这样的做法，牵涉短时间内停学生的课，也不能经常性采取这样的方式。

昆山同心小学杨雪瑶老师：

1.盯。尽量在学校完成笔头作业，口头或难度系数较低的作业留到周末完成。效果较好，但老师辛苦。

2.和家长一对一沟通。把作业的详细要求、做题思路提供给家长，在周日下午将难题的答案公布在班级群里。效果较好，老师辛苦、个别家长不配合。也只能适用于小学低年级，因为小学高年级或者中学里题目难度较大了，很多家长就算看了解题思路和答案也看不懂了，也无法指点孩子了。

3.游戏奖励。周五布置作业时，和学生约定，前20名通过网络提交作业的学生周一将获得奖品。效果不错，但此方法对作业的类别有要求，个别作业不适合在线提交。另外，这样的方法也只适合那些读书有积极性的学生，对付老赖老抄基本没有效果。

4.降低作业难度。对于双职工家庭的学生而言，周末几乎是处在无人看管的散养状态下，所以周末作业尽量布置抄写、复习、查找资料等难度系数较低的作业，把需要动脑筋的作业放在课上研讨或是平时。效果不错，但须提高课堂效率，仅适用中低年级。高年级这样操作很容易无法完成教学计划，也不利于学生独立思考问题。

昆山国际学校（小学）戚文霞老师：

1.勤查作业，让孩子知道作业的重要性，没有空子可钻。每周一早上，我将周末的作业完成情况做好统计，反馈在家长群里，表扬做得好的同学，奖励加星；未做的扣星，并跟家长电话沟通，问明原因。

2.因材施教，布置他能力范围内的作业。这个学期我尝试给孩子们分层布置作业。基础弱一些的孩子，以巩固基础字词、课文内容为主；基础较好的孩子，以提优为主，做灵活的题型，拓展阅读训练。两个月下来，虽然老师批改、讲评繁琐了一些，但效果不错。不同层次的孩子，均有提高，个别孩子不交作业的现象减少很多。

3.给经常不做作业、拖拉作业的几个孩子配备一个小助手，结对子，时刻提醒、督促他做作业，并且对最先完成的或进步明显的"对子"加以表扬，发奖励。

4. 家校合力。将作业编辑成短信发给家长，让家长检查核对有没有漏做。利用家校联系本，让家长在作业记录后签字，并写下孩子在家完成作业的情况。

常熟石梅小学周丽娜老师：

1. 设置专门的作业记录本，每天回收并批改。我们班有一本专门的本子，用来记录语、数、英三门功课的作业，每天要检查批阅。

2. 事不过三。我们班有的孩子会跟我说没带作业，在不清楚到底是没带还是没做的情况下，我会跟学生约定，给大家两次机会，一次没带提醒，第二次警告，如果有第三次，就可能要接受惩罚了。在这样的规定下，绝大多数孩子是不会不带的。

苏州吴中区实验小学宋雪琴老师：

1. 更多地去了解学生的学习状况。学生学习存在个体差异，对有些同学来讲部分作业确实特别有难度的，我考虑搭建台阶，降低难度，让孩子处在"最近发展区"（也就是跳一跳能够到）里学习才是有效的。

2. 对不同原因不做作业的分别处理。如果是不会的，那就增加辅导时间；如果是"太晚"，也就是不会时间管理，那应该加强时间管理上的训练；"没记到"就是作业习惯，那就在放学的时候就做好记录作业的检查，保证孩子记好作业。

3. 了解孩子周末的生活安排。是否存在沉迷网络、电视、手机等情况，及时和家长共同做好电子产品的管理，合理利用不沉迷。比如利用"电脑家长""绿色童年"等 APP 来管理。

4. 在班级内开展"过有意义的周末"等班队活动，把同学们比较好的学习方法、合理的时间安排等分享出来，让那些不会管理自己的同学有榜样可以学。

扬州头桥中学孙正祥老师：

少写或者不写作业的孩子，在老师查到的时候，总会找出各种各样的理由。一般来说，除非被逼急了，总不会承认是自己不想写。应付这样的情况，可以先考虑这样几种手段：

第一类，利用"技术"手段，封杀偷懒的可能。

1. 发挥家庭作业记录本的功能。

2. 发挥小组合作的检查功能。在学生记录完作业后，交给各学习小组的组长检查，看有没有疏漏的。

3. 发挥家校联系的功能。我"招聘"了一个学生助手，每天安排一名学生回家后，通过家长微信群发布当天的家庭作业。

以上几个方面都属于"堵"，总的来说，有一定效果。

第二类，通过非智力因素，调动学生的学习兴趣。

正所谓"亲其师，信其道"，不写作业的学生，往往是成绩不是太好，对本门学科也兴趣不太浓，和学科老师的关系也不会太好。本学期来，我常用以下几个办法，"拉拢""利诱"这些孩子，拉近他们和我的心理距离。

1. 利用好表扬功能。对于学困生，在他们做出成绩后，哪怕是本应做到的，或者是一点点进步，我就大张旗鼓地、"夸张"地表扬。为了面子，他们在以后的学习中更加努力，以求得老师的更多表扬。

2. 利用好课外接触。具体做法是创造机会，让学困生在学习之余和我多接触、亲近，从而在接触中自然地产生亲近的感觉。在接触中，他们感受到了我的关心，就更乐意学习我的学科。

3. 利用好物质鼓励。去浙江，我给学生带回了橘子，但只"奖励"给两个一段时间内表现较为突出的两个学困生，结果那两个孩子激动了好几天。

这一类的方法属于调动学生的非智力因素——情商，从效果来看，应该比第一类的方法要好。

第三类方法，直面学科教学，正面解决不会问题。

尽管采用了第一类与第二类方法，实践中学生不写作业、少写作业的情况明显减少，但无法否认的是，还是没有解决学生因"不会"而不写的问题。所以，我在教学过程中还采取了以下方法。

1. 教学更贴近学困生的"最近发展区"。

2. 小组合作帮扶学习。

3. 课后辅导及时跟上。

4. 分层布置作业。客观地说，学生学习能力的差异是客观存在的，不可能也不应该用同一把尺子来衡量学生。所以在工作中我从学生实际出发，也是减少自己后期的麻烦，给学生布置的作业是有一些"弹性"的。有些简单作业，所有学生必做；有难度的题目，就选做。这个做法，受到了学生的欢迎。

昆山振华小学张匀老师：

1. 早一点进班，坚持作业当面批改，学生有问题及时帮助解决，可以很大程度避免抄作业的现象。（效果显著。学生看到我在班级，就没有人敢抄作业了。因为当面批改作业，所以有问题也可以得到及时解决，学生订正也很用心。）

2. 每天利用课间、午间等时间，把老赖老抄学生喊到身边完成作业，在他们写作业的过程中，如果有不会做的题目，可以及时教授。（效果很好。基本喊到身边的学生，都可以认真完成作业。）

3. 与家长进行沟通，如果学生有不会做的题目，可以拍照发给我，通过语音、图示的方式帮助学生完成作业。（效果一般。如调查结果显示，大部分的家长忙于工作，疏于孩子作业指导，消息发多了，家长会嫌烦。）

4. 成立班级"学霸团"，挑选除老师以外的专业解题能手，帮助同学们答疑解惑。（效果较好，但有利弊。好处是遇到问题时，学生们可以请教学霸，提高作业效率，在讨论问题的时候增进友谊，弊端是问的学生多了，有时候学霸忙于其他事，会直接告知答案。）

5. 成立学习小组，鼓励他们形成积极讨论的学习氛围，题目不会做没关系，和小组里的同学讨论，最终得到结果，比直接抄答案获得的乐趣要大很多。（效果一般，学习基础差的孩子想和学习好的孩子讨论，一次两次可以，多次后学习好的学生会有厌烦心理，不愿再讨论。）

常熟市第一中学蒋金娣老师：

1. 在班级里明确早上不得过早到学校，同时和家长讲好到校时间。刚开始还好，但是家长或坚持不了，或被小孩磨得投降。

2. 我要求每一个学生带作业袋。刚开始的一个月，每天放学前几分钟，组内小组（2 人一组）互查作业袋，有没有没有带回家的练习册等，检查家校联系本，作业要求记不全的补记。

3. 在家校通和家长 QQ 群里，明确作业要求，以及不会做的作业怎么处理等。

4. 确实因为不会做，我一般和任课老师商量，如：请任课老师说"哪几题比较难，做出来是很好很厉害的了"。这样给学生一个心理安慰。但有的时候，也成了学生不做的理由，因为老师说了，这几个题目是有难度的。

常熟外国语学校（高中）嵇怡老师：

1. 利用 QQ 群，提前在周五公布名单，请部分学生（作业情况不一的）在班级群晒作业，然后老师当众点评，以优点为主，兼顾不足。

效果：有同学的监督，有公众的亮相，平时周末作业有问题的学生的作业质量会有显著提高。

2. 提前在周五课上布置适合部分学生的特别作业，降低一定难度，设计一定环节，尽可能调动他们的积极性，周一进行当面批改后给优秀作业者提供展示机会。

效果：这一种特别的作业布置因为具有针对性，并注意了布置方式和场景，学生比较容易接受，又因为有展示的可能，所以相对能比较认真地去完成。

3．特别安排周末作业轮流展示，在班会课上展示后，进行挑选，在家校联系小报上出现。

效果：虽然是高中生，但是面子工程还是对他们起到了一定作用。

昆山娄江实验学校方莼老师：

1．让该生自己制定每日完成目标和奖惩制度，如能完成目标就可看电视或玩半小时游戏，定期检查、谈话鼓励。

2．在班级里贴一张每日每小组完成作业的海报，记录每天各科交作业的情况，并且制定相应的奖惩制度。在培养集体荣誉感的同时，让学生自发督促有作业问题的学生。

3．关于抄作业，通过班级每周匿名调查来了解情况，再找这些同学谈话了解情况后进行处理。

太仓沙溪第一中学陈玲老师：

1．班主任准备好记录本，让每个科目的课代表将未及时上交作业的学生名单分门别类地记录在本子上，包括未交的原因，可以什么时候补交到位，以此来进行量化考核，给学生的平时分加减分数。定期进行奖励。自觉的学生，相对比较有自尊心的学生会比较在意，但是有个别学生无心向学，不在意自己的平时分，相对效果会差一些。

2．针对作业一直能按时上交的学生，给予一定的权益奖励，比如免做作业权，优先评选三好生等。

于洁老师：

1．在接手一个新班级的时候，先召开任课老师会议，就某些问题达成共识。其中有一条是：如果有学生赖作业或者抄作业，那么是必须要补起来的。不和这个学生多说什么，就是让他在老师办公桌边上我们专门设置的一套课桌椅上做作业。课照上，但是课间立即找过来补作业。如果发现是抄的，那么用修正带全部涂干净后再重做。做的过程中，老师进行指点。

简而言之，要学生明白一件事：作业是赖不掉的。抄了也是没有用的，还是要重做的。我们用的方法是三个字：盯着你。

2. 老师本人要坚持自己批作业，发现问题立即处理。尤其是周一，任课老师发现抄作业的要告知班主任。

3. 在接手一个新班级的时候，立即召开全体家长会议，明确5件事：

①每个学生手里有个小本本（我自己掏钱买的，大小一样），每天放学的时候专门用来记录各科作业。各门功课选派一个最靠谱的课代表，在每天放学前把作业工整写在黑板上，标注是哪门功课，用一、二、三、四罗列出来。要详细到第几页第几题。班主任放学前给学生一个统一的时间把黑板上的各科作业抄到小本子上。

②每组指定一个认真负责的学生专门检查组员作业是否抄得完整。这个小本子有塑料封皮，小巧玲珑，不容易损坏。后来我设计了《家校之桥》，更加方便。这样的小本本或者《家校之桥》在家长会上告知家长。

③演示给家长看，在孩子做完作业后，如何按照小本本上的作业记录查对是否完成，让学生完成一项勾掉一项。

④第二天早上有专门的学生把小本本收上来，交到班主任处。班主任再检查，每天有一个学生专门负责在放学前下发小本本。这样做是训练学生习惯，也是训练家长习惯。效果较好。

⑤家长每天在小本本上签字。如果发现家长签字了但是学生作业是缺的或者是抄来的，则由该门功课任课老师打电话告知家长，提醒家长注意不要不管孩子学习。家长会上告知家长："不要你检查对错，这是老师的事情。但是要你检查是否完成了。"这样在家长会上当着学生的面手把手教家长，目的是告诉家长和学生，对作业这件事情，老师格外重视。

4. 有些学生基础差，确实不会做，可能周末在家做实在做不出来，我们采用的方法是用红笔打五角星在题号上，空着不做。周一早上不交给组长，而是自己单独交到任课老师处，告知情况。任课老师做一些指点，在任课老师那里完成。我们教室走廊上多放了一套桌椅，任课老师也可以指定某学生做小老师，指导学生完成作业后交给老师。

5．班级里安排纪检委员，周一到周五早晨值班，到学校早一些，检查是否有人来抄作业。

6．学校门卫那里规定6：40前不开门放学生进入，来早的只能在门外等着。而一般情况下，7点班主任基本到班级了，这样，学生抄作业的时间极少，基本来不及抄。

7．有些老赖老抄，老师要做到心中有数，我们采用的方法是对他们的作业当面批改，空着的让他们补，做好的再让他们说一说，有进步就表扬。

8．在《家校之桥》上写每天的两个小目标，学生自己定，今天放学时定出明天要达到的两个小目标。比如可以有今天的数学作业做对5个题目；明天语文默写词语错3个以内等。第二天放学检查一下，看看两个小目标是否完成。

9．不定时，像捉迷藏一样，和学生玩一玩。有的周一查下来所有作业都不缺的，都交了的我会买点锅贴之类的每人吃一个，奖励一下。但不是每个星期，让学生捉摸不定。但在家校联系单上，一定会对周末作业认真完成的同学提出表扬，并且表扬家长对自己的孩子认真负责。

于洁老师：一个孩子成为老赖老抄，冰冻三尺非一日之寒，要改变他自然不是简单的事情，我们虽然想尽一切办法，但是很有可能反反复复、进进退退，甚至有可能学生完全自暴自弃了，无论你如何推他前进都挪动不了半步了。所以，我想提醒老师们一件事情：教育不是万能的，我们要保持平和的心态，正确看待我们的教育行为。不要以为我们的一点点鼓励就可以彻底改变一个学生，更不要以为所有的学生都是可以鼓励的，有一些学生也需要当头棒喝。我们要做的是神农尝百草一般，尝试各种教育方式，尽力而为，无愧于心。

一直努力，直到无能为力。

如何对待早恋问题?

"老公""老婆",少年人异性之间这样的称呼让老师和家长瞠目结舌；全班都知道某某和某某好上了，唯独班主任被蒙在鼓里；短信满天飞，深夜电话粥，家长恼火不已；甚至在校园里某个角落拥抱接吻；还有更出格的……青春中萌发的爱意，如春天一般，闯进了校园。

这是我们必须要面对的问题，无论我们愿不愿意。告知家长，家校联合镇压？挑拨离间，分散鸳鸯？指桑骂槐，冷嘲热讽？还是好言好语，耐心劝导？软硬兼施，晓以利害？不动声色，转移兴趣？或是按兵不动，冷眼旁观，等待恋情降温？

我相信，以上种种，老师们大都用过了。老师们种种做法，出发点都是为了学生好，怕学生在心智不成熟的情况下，沉迷于爱意之中，无法自拔，影响学业或是身心受到伤害。于是温言相劝或是当头棒喝，老师们是焦虑的。

只是，一定要记得，爱的前提是尊重。青春期萌发的爱意不是洪水猛兽，老师们也不要在人到中年的时候忘记了自己也曾经走过青春年少。只是时代不同了，电视、电影铺天盖地的直白的"爱情"充斥着学生们的耳目，他们没有我们以前那样含蓄了。

老师，该怎么办？

想起我曾经处理过的"爱"事件，至今还是很感慨。

女孩罗罗，父亲在车祸中罹难，幸福家庭瞬间化为无尽伤痛，青春期的她渴望有异性抚慰敏感纤细的内心，于是接力赛一般与好几个男孩子在相处中萌生爱意。我也在课堂上没收过她非常直白甜蜜的情书。我当头棒喝过，让她做小老师分散她的精力过，好言好语劝过，直到最后筋疲力尽，耐心磨尽，败下阵来。最后在一个中秋之夜的晚自习上，一个家长来看自己女儿时特意带给罗罗一个月饼，暗示所有的家长都关心着她，希望她让自己父亲欣慰，大家都在期待着她的努力。仿佛醍醐灌顶，她幡然醒悟。现在的她已经是未来的老师了。

男孩凯凯，内向英俊，成绩优秀，喜欢上了一个活泼开朗的女孩，多次写信表白。女孩对他也很有好感。男孩成绩未受影响，但是女孩成绩一落千丈，受到家长与任课老师的责难，情绪很不好。我各种方法都用过，效果甚微。无奈之下，我与男孩子单独长谈了一次。我讲了自己的爱情故事，告诉他真正的爱情是全心全意为对方着想，不让对方苦恼烦忧。告诉他真正的爱情有时是等待岁月的考验。也许是以心换心，我的真诚与汗水，震撼了男孩的心灵。长谈之后，男孩仿佛成熟了很多，没有再去打扰女孩，最后被一流高中提前录取，与女孩平静告别。女孩也收了心思，成绩开始回升。

我感慨的是，我们总是滞后，在青春爱意已经从枝头的芽儿长成叶子的时候才忙乱焦虑地急急处理。有没有更好的方式，既尊重他们的青春萌动又很好地引导他们正确对待呢？

首先要让学生知道，老师不是法海，老师懂爱。我要让学生愿意把心里的小秘密向我倾诉。我利用了博客和家校联系单两个平台。

我的博客"三年的缘"日志分类很多，其中有答疑解难。我不动声色地渐渐开始贴出这样一些日志：

第一步，贴出性格色彩学家乐嘉写给 15 岁女儿的一封信。信里提到了这些话："我更愿意把你现在的状态定位为悸动，如果你恋了，证明你早恋啦，积极的健康的恋爱绝对可以让人进步，不过怕就怕你不知道怎么恋。多数大人对孩子早恋视如洪水猛兽的原因，主要有两个，只要这两个没问题，其实大人们不会这么紧张，这两个秘密我告诉你：第一，天天你情我爱，影响学习，其实大家都很清楚，根本不会有结果。你想想，大学生谈恋爱500对也成不了1对，何况中学生。影响了学习，最后毕业后找不到工作，影响最大的还是会回到父母头上。很多孩子保证说不影响，结果都没能力做到。第二，早尝禁果，影响身体，尤其对于女孩！万一怀孕，会影响以后女孩的生理机能，简单说，以后你想生娃的时候，因为当年太早破了戒，以后真的生起来会很要命的，生出来的还不知道好不好，万一搞个畸形，你咋办。情到浓时，大家把持不住，难免偷吃，最后爽的都是男孩，受苦的多是女孩，因为女子25岁以前多数不能理解和享受到性的奥妙。"

"所以，明白了这两点原因，你当理解大人的苦心。但你忍不住就是喜欢，我给你四个锦囊。第一，交往无妨，但你不要影响目前的成绩，好的情感是滋生向上的力量的，是可以让你们变得越来越好。如果你俩双双下滑，只能证明你们都不来电，是假来电，你要继续慢慢等那个和你真来电的。第二，性爱一定要在你20岁以上，过早对你身体发育毫无好处。第三，如果你真到了偷尝禁果那一天，记住一定要让他戴套，吃避孕药对你有伤害。第四，如果你们学校里有很多男生都喜欢你，你要小心，有的女孩会把几个男孩为她争风吃醋然后在学校打架斗殴，当成是种荣耀，你记住，这种做法，不仅会伤害别人，还会让这个女孩自己死得很惨，因为她以为她可以摆脱掉所有她不喜欢的人，如果遇见心理变态和极端的，你躲都躲不掉。顺便说一句，你的电话费实在太高了，讨零花钱谈恋爱，很没本事。"

这些话，也正是我们老师和家长想对青春期孩子说的，只是我们总是羞涩或者没有很好的时机或者总是在"出事"以后才想到要说，那时候孩子已经听不进去了。

通过乐嘉的嘴巴说出来，效果是不同的。且不说"非诚勿扰"节目学生都熟悉，乐嘉的个性也是非常鲜明，受到学生们的喜爱，他信中作为一个有个性的父亲的恳切之心也是打动人心。处处为孩子着想，又语言幽默洒脱，对话式的亲切也是容易被学生接受的。

乐嘉的这封信，除了放在我的教育博客上，我还印在每周五下发给家长签字的家校联系单上，如果有谁没有看过博客，这个纸质的文本就能够被家长和学生看到了。除了给学生上了一堂关于如何正确对待萌动的爱意以及关于性的知识外，也教给家长正确对待的方法。

第二步，贴出一封学生的求助信。比如，我贴出的是一个男孩子觉得自己长得不好看，很自卑，无法释怀，烦恼之极后向老师求助。我写了一封热情洋溢的回信，从各个角度去理解安慰他，通过现身说法、名人励志、哲学分析、第三只眼等方式，通过诙谐的语言和体贴的关怀，让学生感受到老师并不是只知道板着脸要成绩的人，是能够体谅他们的纠结苦恼的知心人与和善的长者。

这样的求助信与回信，也印发于家校联系单，也让学生和家长都能够看到，感受到老师是他们的坚强后盾。

这封信起到的作用，相当于抛砖引玉。当学生发现他们的老师是可以倾听他们的苦恼时，他们会选择日记或者字条、书信方式，与老师悄悄交流。这样的倾心笔谈，成为师生之间的小秘密，既及时疏通了学生的心灵堵塞，又很好地融洽了师生关系。

有些师生之间真实的书信交流，是隐私。只在师生两人之间，不能再贴在博客或者家校联系单上。对教师本人的要求也很高，引导一定要得当，既被学生接受，又能朝着正确的方向。

第三步，用心用情，智慧地解决学生们的烦恼。在《女孩的心事》这个案例中，沁玉是看到我在博客上和联系单上劝慰长得丑而自卑的男生的信后，确定我可以是她的倾诉对象的。于是放心地塞进来了这份愁苦的心事。

　　这个女孩子，我只教她语文，不是她的班主任。我们可以得到一个启发，也许任课老师更容易让学生亲近。所以，如果班主任能够在搭班老师中，找到一个与学生走得比较近的能够很好倾听学生、感召学生的任课老师，经常与这个任课老师联手，悄然解决一些学生的烦恼纠结，也是一种很好的解决问题的尝试。

　　或者学校能够有专职的心理辅导老师，开通阳光信箱，也是很好的方法。

　　我和沁玉在往来书信中，建立了一种默契的关系，我的存在让她的负面情绪有了倾诉的场所，涓涓细流中让她慢慢平静。

　　我在课上课后多加关注，持续与她保持沟通，帮助她走出了灰暗。

　　由此案例，我想说，等事后春花满枝头，再想着去阻挡，必定手忙脚乱，弄巧成拙，师生关系僵化，于事无补。我们可以做的就是在事先做青春期的辅导，成为学生的知心人，在事后一路关心引导，避免往不良状况发展。

　　不看成洪水猛兽，不伤害学生，不忘记自己也曾经有过青春时分。

新"班规"该不该执行？

最近，高一国际班部分学生在学校玩手机、iPad 等电子产品现象比较严重，任课教师反映有的学生甚至在课堂上玩手机、看小说、联网打游戏。为此，老师们非常焦急，在批评教育的同时也向家长们通报了情况，引起多数家长的共鸣。于是该班家委会制定了一条新"班规"：

1. 对于我行我素将手机带来学校的学生，无论任何理由，只要被老师看见或发现，无论在使用手机做什么，第一次由老师没收并请家长来学校认领。

2. 对于屡教不改，仍然将手机带来学校的学生，一经发现，手机则由学校保管至学期结束。

3. 对于一意孤行将手机带来学校的学生，开始每次扣减该同学 GPA 成绩并处以适当的处分。

此条新"班规"一发到家长群里，多数家长都表示赞成和支持。
然而，有一位家长和学生却拒绝签字同意。他们的理由是：

1. 父亲认为女儿基本不会用手机长时间玩游戏或在网上闲聊。

2. 她家离学校较远，父亲又经常出差，每天放学孩子都会跟父亲电话确认，是否要家长接。由于每天都要这样，孩子不想因此事天天去麻烦老师借电话用。

3．手机可以帮助孩子练习英语听力和更方便地查阅英语单词。

"班规"是需要全班集体遵守的。由于个别学生和家长说"不"，这条新"班规"该不该执行呢？如果以少数服从多数的原则强行通过新"班规"，似乎对那个有正当理由的学生有点不近人情；如果只对这个学生"网开一面"，则对其他的学生也不公平，更会给今后的班级管理带来更多麻烦。

试想，如果您是这个国际班的班主任，该怎么处理呢？

有很多学校明确规定学生不得带手机进入校园，并且三令五申如果有违反就要没收手机。其实班主任们都知道，一定会有学生悄悄把手机带来的，有的是家长不顾学校规定让孩子带着的，有的是孩子不让家长知道自作主张带来的。

手机带到了校园，有几种情况。一种是在课堂上悄悄地玩游戏、聊天、看小说，有的被老师发现，有的没有被发现，但是学生之间都看在眼里。于是出现有的跟风学样；有的不在课堂上玩，而是利用各种休息间隙，躲到厕所或者人少的角落去玩；还有一种是上下学的路上玩，在学校里不拿出来玩。

学生自作聪明，或者抱着侥幸心理，以为神不知鬼不觉，其实班主任们都知道。除了学生的不遵守校规校纪，还有家长的问题。几乎每一个班主任都遇到过那么一两个家长，就是要求孩子带手机上学，理由振振有词，基本雷同于求助案例中家长的理由。遇到这样的家长，班主任的工作就陷入了被动之中。

为了防止自己在此类问题上出现僵局，我的做法是未雨绸缪。

比如带班之初，无论是小型家长会还是全班学生家长会，我都会谈到手机的问题。我会把前几届学生中因为手机而出现的一些问题以个案的形式描述给家长听。下面这些话是我以最诚恳的语气告诉家长的：

"总有家长对我说：老师，我们家小孩一直玩手机，喊也喊不听，怎么办呢？每当家长这样向我告孩子状的时候，我总想叹气：能怎么办呢，孩子已经成了手机控，神仙也没办法了。可是，手机是你买给孩子的呀，你以为自己孩子的自制力强到无与伦比的地步，却不知道孩子终究是个孩子，大人都一个个成了低头族手机控，何况孩子呢？是你的错，你还来向我告孩子的状，岂有此理。我只能说你活该。我没有办法。上游没有筑牢堤坝，河水泛滥了，你指望我在下游拦住洪水，怎么可能呢？"

"高科技从来是把双刃剑，目前来看，手机对于学生而言，弊大于利。首先是对视力的伤害。其次是思维能力的退化，孩子遇到不会做的题目，通过手机可以轻而易举获得答案，久而久之，就懒于自己思考难题了。"

"更可怕的是亲情淡漠，人心疏离。世界上最遥远的距离是孩子和家长在一个房子里，但是你在这个房间玩手机，我在另一个房间看手机，零交流，暖融融的亲情何在？孩子得不到亲情，自然会在虚拟空间寻找补偿替代，一个陌生人的一点点小温暖就可以轻轻松松打败 10 多年的血缘亲情。因为手机，你们有多长时间没有一家人外出走进大自然了？有多久没有一家人一起看电视了？总有人在低头看手机，对不对？"

"你的胆子大得让我害怕，在孩子人生观价值观没有定型的时候，你就给孩子买了手机，网络上有多少黄、赌、毒、滥、骗等着他（她）。"

"乔布斯不让自己的孩子过早接触 iPad 等电子产品，美国 2007 年 200多所公立学校联合禁止学生使用手机；意大利 2007 年全国范围禁止学生教室内使用手机；芬兰 2007 年禁止向青少年推销手机，违者处以 10 万欧元罚款；日本 2009 年全国禁止中小学生携带手机进入校园……"

这些真诚的话语必定会让绝大部分的家长取得共鸣，舆论导向已经形成，此时再谈到学校的校规校纪，就不再是冷冰冰的一种命令式禁止，而是站在孩子和家长的立场的一种设身处地的真心诚意。

以最大的诚意做事，但也要做好最坏的打算。就算有死刑，也会有人顶风作案。总有学生违反了规则把手机带到班级来了。我的做法是：每天早晨进入班级后连喊三声"有没有同学不小心把手机带来了，带来的话先放到我办公室抽屉里，放学后带回去，明天不要再带来。"这个做法，是让学生内心产生矛盾斗争：放还是不放？如果不放，那就是明知故犯，犯错成本比较高。

总有家长依然说要让孩子带手机，但是这样的家长不会多，那么就可以特事特办。

求助案例中提到的情况如何处理，我谈一下看法。案例中的新班规有三条：

1. 对于我行我素将手机带来学校的学生，无论任何理由，只要被老师看见或发现，无论在使用手机做什么，第一次由老师没收并请家长来学校认领。

2. 对于屡教不改，仍然将手机带来学校的学生，一经发现，手机则由学校保管至学期结束。

3. 对于一意孤行将手机带来学校的学生，开始每次扣减该同学GPA成绩并处以适当的处分。

这样的班规最大的问题是只有冰冷的制度没有一丝弹性，容易引起反感。可以稍作修改，在1、2、3点后面添加一条"4"：

4. 如果有家长因特殊情况不得不让孩子每天带手机来上学的，可以提出书面申请，写清特殊理由，经班主任批准，学生手机带来后放在班主任办公室抽屉里，钥匙由学生和班主任共同保管，放学后取回。如果学生在校期间玩手机，则没收手机。

看这个求助案例的时候，我产生了一点疑惑：为什么是班级规定不得带手机？学校没有这样的规定吗？

如果学校没有规定不允许带手机来上学，那么这个班级要执行这样的新班规必定困难重重，学生们心理极不平衡，为什么别的班级可以带我们不可以带？

如果学校本身有规定不准带手机，那么这个班规就应该与学校的规定保持高度一致，不需要自作主张。"1、2、3"后面加上的"4"让学生和家长可以感受到班主任的人性化管理。

如果这样的补充家长还是无法接受，班主任可以提请学校领导出面和家长交流，告知家长国有国法，校有校规，如果你实在无法接受学校的管理方式，那么只能抱歉地请你另择他校了。在这一点上，班主任要注意，如果不是你自己班级的自作主张的一种规定，而是学校层面的统一规定，如果有家长坚决不愿意执行，那么班主任不要与家长单打独斗，而应该提交学校层面，由学校出面与家长沟通。

学校一旦出台了不允许带手机的规定，就要在醒目处张贴提醒，班级里也应该有类似于"如果不小心把手机带来了请立即交给班主任"的提醒。

如果学校是允许带手机的，只是规定上课时不能够使用手机，那么案例中的这个班级就可以采用"1、2、3、4"去要求班级的学生和家长。班主任还可以向学校层面提出手机使用时间段的意见和建议。

关于学生的手机问题，我还想强调以下几点：

1. 班主任要对家委会有正确的认识。家委会是家长代表组成的，但不等于能够代表全体家长，所以家委会提出的一些想法，不一定得到所有家长的支持，这是很正常的。班主任不要觉得提出异议的家长让自己心烦而对该家长产生看法，相反，如果发现这样的家长存在，那么就可以多和他沟通，请他帮忙想想更好的意见和建议。这样的做法，会让这样的家长觉得得到了班主任的尊重，而不是感觉到自己被别人命令。班主任的真诚，会让这样的家长慢慢改变自己的一些想法。

2. 任何班规都必须和学校的校规保持高度一致，尤其是在一些敏感问题上。没有学校层面的支持，班主任的工作很容易陷入被动尴尬的局面。

3. 任何规则的出台，都要有提前的一些层层铺垫，形成正确的舆论导向，慢慢达成了共识，然后再出台。不能没有任何铺垫就横空出世，语气强硬，盛气凌人，引起人们反感。语言、语气、语调要细细斟酌，太多的不允许和禁止反而容易引起叛逆心理。

4. 家长的不配合，有的时候不是就事论事的，很有可能是积累了一段时间以来的负面情绪，对学校或者班主任工作的一些不满意造成不愿意配合，班主任要细细思考一下，让学生和家长感受到老师的真诚。

5. 规则执行的时候，要正面多引导，而不是觉得规定好了，等学生违规时就开始处分。要通过各种提醒让违规行为消灭在萌芽状态。

当学生举报有同学偷东西该怎么办？

周五傍晚，初中班主任张老师放学后回家。晚上 8 点多，班主任收到学生 C 的电子邮件，举报班级里 A 和 B 不止一次到学校附近 X X X 小超市趁人不注意偷拿吃的东西。C 没有说出自己的名字。因为涉及偷窃，班主任感觉到事情的严重性，同时又感觉到如果处理不当，很容易引起负面影响。该怎么办？

当班主任遇到这样的事情时，瞬间会觉得心情沉重，同时会想得很多。事情是否属实？举报人匿名，该怎么办？无法让举报人作为证人和偷窃的学生对质呀。

假如事情属实，就算知道了举报人是谁，为了保护好举报人不受到打击报复，是不能让举报人和偷窃学生当面对质的，那么如何让偷窃学生承认自己的偷窃行为呢？是单刀直入还是迂回曲折呢？如果他们抵赖不承认怎么办呢？

假如事情查清楚了，偷窃的学生也承认错误了，要不要告诉家长呢？如果告诉了家长，学生会不会心理承受不了而做出过激行动呢？如果不告诉家长，万一学生今后再做这样的事情，被抓住了被报警了，家长知道后会不会责怪老师当初没有告知他们导致孩子加重错误呢？

今天就和大家谈一下处理偷窃事件的硬和软。

我们必须清晰地意识到这是偷窃事件，而且不止一次，所以性质是很严重的。必须查清，必须告知家长。这是原则性问题，班主任不可以含糊。这是硬。

同时，考虑到学生还未成年，今后的路还长，不能因为在初中阶段所犯的错误影响一生的名誉，所以在处理问题时，必须最大程度缩小范围，知道的人越少越好。班主任也不能因为这样的事情而对学生产生厌弃心理，依然要用发展的眼光看待学生。这是软。

所以，处理问题步骤如下：

一、继续沟通，核实情况

因为举报人用的是电子邮件，又是在晚上 8 点多发的，揣摩举报人的心理，可以猜想举报人也是考虑再三百般犹豫后做出了举报的决定，而且举报信中明确写出了偷窃人的姓名和小超市名字，并且没有使用"听说"二字，很有可能是自己亲眼所见，而这种小超市没有监控设备，很难调取监控录像。所以，必须要和举报人继续沟通了解情况。沟通过程中根据对方语气也可以了解是否诬陷打击报复的可能。

沟通示范如下：

好孩子，谢谢你告诉我这件事情！你是一个很有正义感的人，看到同学犯错能够明辨是非并告知老师，让老师来阻止他们继续犯错，这是你帮助同学的一种正确做法，我很赞赏你！同时，我也保证会保护好你，坚决不让任何人知道是你举报的。

因为这件事情牵涉"偷窃"二字，是非常严肃、严重的事情，所以我要向你继续了解一下情况，请把你所知道的情况如实向我反映。

了解确切的情况后，告知举报人：老师会妥善处理这件事情，为了同学的前途着想，给他们一个改正错误的机会，也请你为他们保密，不要再告知他人。并对举报人再次表示感谢。

二、分别谈话，单刀直入

班主任根据 A 和 B 平时的表现，思考一下这两位同学在接下来的谈话中哪一位更容易突破。

我们假设 A 同学比较容易突破，那么周一的时候，寻找一个合适的时间，比如跑操以后或者中午午饭后休息时间段，找 A 同学谈话。找 A 的时候，尽量不惊动班级里其他不知情的学生，但是要让 B 看到 A 被老师找出去谈话了，这对 B 来说是制造一种心理压力。

在和 A 谈话的时候，寻找合适的地点，但不要是只有班主任和 A 在一个房间里而没有其他老师，这一点很重要，教师要学会保护自己，以免出现 A 被揭穿偷窃事实后恼羞成怒而出现意想不到的伤害事故。我比较建议师生两个在开放的有其他人的操场上，两个人边走路边说话，既不被别人听见两人的谈话又有其他人在场；也可以在教室外面稍微远一点的走廊，既有人来人往，又不被人听见谈话的内容。

教师的神态要庄重严肃又相对自然，让来往的人感觉到这是一个很平常的师生之间的谈话。

在已经掌握情况的基础上，我非常建议单刀直入，不赞成迂回曲折浪费时间。教师可以直接问学生 A："你去×××小超市偷拿了东西，对吗？"

学生一般情况下第一反应是抵赖，这是他们保护自己的一种应激反应，和人品无关。事实上，当老师说出小超市名字并且用很镇定肯定的语气询问时，学生心里是知道这件事情是瞒不下去了，老师已经掌握了比较确切的情况了。他抵赖只是抱着侥幸心理负隅顽抗一下。此刻，教师要很平静地告诉学生 A："A 同学，我来找你不是来了解情况的，情况我已经了解了，是来看你的一个态度的，事情已经发生了，我是来帮你看能不能往好的方面处理。如果你抱着抵赖的态度，那么我只能现在报警或者交给学校德育处来处理，由他们报警。这不是小事情，就算是偷一根葱，也是盗窃行为。"

一般情况下，教师这样说话，学生内心会矛盾、纠结、挣扎一会儿后不再抵赖。一方面教师强大的气势能够镇住学生，另一方面毕竟做贼心虚，是不想把事情闹到不可收拾的，毕竟谁都要面子的。

当学生承认后，教师首先表扬他的勇于承认错误："很好，你有承认错误的勇气，你已经让我看到了你的真诚的态度。下面我问你几个问题，请你如实回答：你和 B 同学一起做了这个事情，是谁先想到要这样做的？一共做了几次？分别在什么地方？拿了那些东西？除了你和 B 同学，班级里是否还有其他同学也有这样的行为？"

A 同学说清楚之后，请他白纸黑字写下来（教师和他谈话时，要随身准备好纸和笔，可以由学生自己写下来，也可以一边谈话教师同时做笔记，然后请学生看了以后签字确认）。

三、告知家长，道歉赔偿

告知学生 A 有几种处理方法，由他自己选一种：现在报警由警察来处理；告知学校德育处，由学校德育处处分并通知家长；通知家长到学校，学生和家长一起去超市承认错误并且做出赔偿，并保证从此以后不再偷窃，教师保证这件事情到此为止，并为他保密。三选一，学生必定选择第三种。

当场给 A 同学家长打电话，说有事情请家长到学校来一下，至于是什么事情不要在电话里说，就告知家长事情比较重要，需要面谈一下。家长到学校后，依然要选择好合适的地点，我也比较建议是在操场上，家长、学生、老师三方一起谈话。老师把学生写的东西拿给家长看，再让学生和家长口头说一遍，老师告知家长：这样的事情很严重，如果不这样及时制止，如果下次再去偷窃，假如被抓，超市报警，那么颜面丢尽，孩子前途被毁，后果不堪设想。所以要给孩子一个改正错误的机会，并且有个深刻的教训。所以请家长现在带孩子去超市承认错误并作出赔偿。

老师同时也和家长说明：这个年龄段的孩子很容易一时犯浑，作出错误举动，只要改正了，以后不再犯这样的错误，老师不会对孩子产生偏见，事情处理好以后，会情绪清零，不会再追究这件事情。请家长放心。

老师这样说，是给家长一个面子，也给孩子一个面子。一般情况下，家长会非常配合老师，毕竟孩子已经承认了偷窃的事实。等孩子和家长处理完事情后，家长离开，老师和孩子再次进行交流沟通，一方面提醒不要再犯错，否则后果严重，不会再给机会；另一方面安抚好孩子情绪，告诉他事情已经过去了，不会再提起，老师会做好保密工作。

当 A 同学和家长去超市时，教师喊出 B 同学，同样的方式来处理。

这个处理过程中，班主任做的是教育工作，而带孩子去承认错误和赔偿是家长需要做的事情。班主任无须出面去超市。因为法律条文规定，未满 14 周岁偷窃，是由监护人承担责任，而父母是孩子的监护人。假如孩子不是单亲家庭，我非常主张由父母两人共同出面陪同孩子前往超市。

这件事情，班主任要做好保密工作，尽量把知晓该事情的人员范围缩到最小，尽量不要让班级其他同学知道，也不要让其他任课老师知道，以免万一任课老师说漏嘴造成不必要的麻烦，让孩子觉得班主任言而无信。

事情处理好以后，老师还要帮助两位当事学生疏解情绪。首先在课堂上保持对全体学生的一视同仁，不能流露出鄙夷神态，就当没有发生这样的事情，同时可以让这两个学生帮着发发作业或者帮助老师做做其他小事情，让他们感觉到老师的既往不咎。

全部处理好以后，可以再次发电子邮件给举报者，告知事情已经处理好，再次表示感谢，同时再次提醒做好保密工作。

处理这样的偷窃事件，需要硬，也需要软。坚持原则，果断处理，是硬。处理时缩小范围，不扩大影响，清零后不带偏见，期待孩子，为孩子的未来着想，是软。

还可以有后续教育，但不要太着急，不能太刻意。比如有的老师处理完事情后会着急着赶紧召开主题班会，进行青少年法制教育，以免班级里其他学生也发生类似事件。这样的做法是需要的，但是不能在刚处理完事情后。可以先从别的主题班会着手，比如感恩教育、理想教育、劳动教育等，慢慢地自然而然地再搞一个法制教育。

比如还可以每周励志文章推荐中自然而然地放上一两篇文字，提到青少年时期交友要谨慎，要有是非辨别能力，否则一失足成千古恨。

老师们要记住：当班级里发生一些事情的时候，我们处理问题时要保持良好平静的情绪，处理问题前想好步骤，尽量考虑周全，处理问题时不拖泥带水，多替家长和学生着想，更要考虑到孩子未来的路还长，我们既要坚持好原则，又要保持好弹性，还要保护好自己。有硬有软，敢于惩罚学生，善于惩罚学生，又保护好学生，永远期待学生。

让我们的眼睛多发现点东西

班上有个男生喜欢嚼脏东西，笔帽、耳塞、纸等等，什么都嚼，自己也知道不好，就是改不掉，请教一下，有什么好的解决方法？

还有个男生喜欢用舌头舔东西，舔同学的手，舔桌子，面壁时舔黑板。

有个女生上课喜欢自言自语，但有言语障碍，自我介绍或回答问题却说不出来或听不清在讲什么，与同学无法正常交流。

还有个男生喜欢转笔，每堂课要转个 20 分钟，提醒后"恍然大悟"，然后继续。

这四个学生有习惯问题、心理问题，自控力差，平时表现可想而知。

扬州某中学老师

如果把前三个问题向老师们一下子说出来，几乎所有人都会异口同声说："有心理疾病呀，要去看心理医生呀。比如第一个，那就是异食癖呀，这个又不是老师可以教育的。"

看到第二个提问的时候，老师们的眼前几乎可以浮现出那个画面了，哦，好恶心。至于第四个问题，则是普遍问题了，老师们会说："每个班级都有，好几个呢。"

而看到一个老师有这四个提问的时候，老师们会感慨一声说："这个老师可真是倒霉啊，一个班级有这么几个奇葩。"然后又暗自庆幸想："幸好我的班级没有这样的，不然日子怎么过哦。"

所有的幸福都是比出来的，所有的伤害也都是比出来的。

记得有个小学老师曾经向我描述过她的一个二年级学生："喜欢挖鼻涕干，然后放嘴里吃掉，还对我笑眯眯地说：老师，很好吃的。"我听了以后久久无法释怀，眼前总是出现那个画面，每每想起来总觉得很恶心。

但在和这个老师更多的交谈中了解到这个学生的其他种种，慢慢就理出了头绪：孩子太缺乏人的关爱，所以在无法辨别是非的情况下，采用了各种他认为能产生效果的方式来吸引他人的注意。

我们要区分的是他们的这些行为是几乎每天都这样还是偶尔为之，是自己一个人在别人都不注意的情况下还是在大家都注意他的情况下经常性地这样做。前者可能真是疾病，后者则很有可能是为了吸引人们的注意。这样的学生往往存在着比较复杂的家庭背景，或者是得到的关爱太多，或者是太少。这两个极端都可能引发孩子的某些怪异行为，带着某种叛逆或是带着某种快意。

面对这样的学生，我们老师尤其是班主任该如何做呢？我们暂时先撇开这些"怪异"的表现，我们先来思考另一个问题：

如果你在讲课的时候，发现班级里有个学生不在认真听，在不停不歇地做小动作，或者在课桌里翻东西，或者在东瞧瞧细看看，或者在转笔然后笔掉在地上、一会儿又是书或者水杯掉在地上发出很大的动静……总之，他的种种表现都被你看到了。你会怎么样？

你的火气会慢慢积聚起来对不对？然后你会提醒他；过一会儿他又老样子的时候你更火了，提醒他的语气也会更加严厉；而且你的上课已经不够专心了，你会不自觉地一直去看他，越看越不顺眼，越看心里越火，最后忍不住停下讲课，和他单打独斗一番。在这个过程中，你有没有一个发现，就是你的眼中渐渐地只有他了。你钻进了牛角尖里出不来了，情绪大受影响，讲课效率大受影响。那么正确的做法呢？先暂时忽略他，就当没有看到他的表现，你把眼神从他的身上移开，你把注意力投放到那些认真听讲的人身上（我知道这样做很难，你会忍不住去关注这个学生。）你尽力讲好你的这一堂课。等到下课以后，你单独找这个学生，你不去提刚才上课时他的种种表现，你只是轻言细语地告诉他：你刚才上课这一块内容没有认真听好，我担心你没有学好，现在再和你讲一遍。

这样的情况发生一次就这样处理一次，你会发现当他失去你这个大观众同时失去其他学生的关注时，他的一切恶劣行为就显得很无趣了。没有观众，就无须再有表演。

我们容易发生的错误做法就是：一不小心做了最大的观众，然后让全班其他学生都做了观众，极大地满足了那个表演者的心理需求。

记得在《班主任之友》创刊 30 年的大会沙龙论坛上，我问魏书生老师一个问题："如果你走进班级准备上语文课，却发现一个男生在向一个女生献花，其他学生都在起哄，你怎么办？"魏老师淡淡地说："凉拌，先上我的语文课。因为这是我的语文课。"

我写下上面的题外之话，就是想说：我们除了看到学生的"怪异、恶行"，更要学会暂时不去关注这些，暂时忽略，让我们的眼神看到学生身上别的一些东西。转移我们的注意力，尤其是转移让我们产生不良情绪的注意力，在学生身上多发现一些别的东西，能带给我们好情绪的东西，同时也把我们的好情绪反馈给学生，用种庄稼的方式去慢慢除去杂草，也许是解决上面四个问题的好办法。

至于那个一直转笔的学生，这是他的一个习惯，觉得拽，觉得帅；也可能这是他思考时的一个习惯动作，习惯成了自然，同样也是忽略就好。

如果一个学生的 A 缺点格外突出，还附带有 BCD 缺点，那么能不能去发现一个偶尔出现的 E 优点，然后告诉自己，其实他没那么一无是处，去狠狠地赞赏他的 E 优点，让他慢慢感觉唯有 E 优点呈现的时候，才是老师真正关注自己的时候。

小时候，当我手上不小心弄破了口子，疼得很，在那里哀叫的时候，我的祖母说："来来来，我们去采蔷薇花吧，做点花瓣蜜饯。"置身于芳香美丽的园子里，渐渐就忘却了手指的疼痛。看来，转移注意力是最好的疗痛方法，如果一直想着，注意力一直集中在那个点上，一定会越来越痛越来越不开心吧。

班级里有个女孩子，门门功课都差，懒惰得很，一副死猪不怕开水烫的样子，谁见了都不爽。任课老师向她指出问题的时候，她偏偏脸上还表现出一副委屈的样子，看了更加让人不舒服。作为班主任，我也很不爽。偶尔有一次，放学的时候，我和值日班长一起打扫班级，她从楼下任课老师办公室订正完作业回来，本该收拾书包回家了，却走到我身边来说："老师，要不要我来帮你？"我把扫帚递给她，满心欢喜。算了，她从前种种，都忘却吧，清零我心里对她的负面情绪，一切重新开始。

班级里有个男孩子，人大得很，却像个幼儿园的孩子一样多动爱惹事，成绩差得很，老师家长盯得紧，还是不行。上课经常违反纪律，老师们对他意见很大。我教的语文这门功课他也很差。我的心里难免积了很多负面情绪。偶尔有一次，他去老师办公室订正作业，我在班级里看中自习，看他的凳子空着，就坐在他的座位上。过一会儿他回来了，我就站起来让他，他却说："没事，老师你坐好了，我还要去楼下订正的。"那一瞬，有种小小的亲切油然而生。算了，忽略他的从前种种，负面情绪清零，一切重新开始吧。

一个班级总有各种"奇葩"，让人看不顺眼，让班主任抓狂。在无法太多改变的时候，我经常采用的方法就是按时清零。

一天的工作结束了，无论这个学生有多让我不开心，我也会在下班的路上告诉自己迅速清零，不把他带给我的不愉快积压在心里带回家，明天太阳升起，就如我和他第一次见面一样，一切重新开始。

一个学期的时间过去了，无论班级里有几个学生让我这个学期的日子有多么难熬，也会在放假的时候告诉自己，忘了从前种种，等开学后一切重新开始。

26 年就这样过去了，25 年的班主任就这样做下来了，不知不觉中，"清零"成了我最常用的方法。在课堂上忽略屡教不改的学生，课后再单独辅导；在工作中忽略学生带给我的苦恼与麻烦，看到他们身上恶行之外的一点点好。这个度人的过程，渐渐成为度己的过程，我的修养日渐提升。

这个世界有花有草，学生有 A 有 B，日日面对，时时相处，没有一无是处的人，没有完美无缺的人。看到一点点好，学会满足；对学生尽力而为，同时放过教师自己。

我的父亲说：教书这个职业，不仅仅是一种谋生的手段，更是人生境界达到圆满的一个途径。

一大堆问题怎么办？

——一个年轻班主任的求助信

于老师：

我是一个教龄不足两年、做班主任不足一年的年轻高中教师。最近，我遇到了带班以来最大的困惑。

五一假期结束后，高一班级就会进行文理科（包括艺术类）分班，学生重新组合进入不同的班级。学生在寒假时都已经知道，所以整个年级在这学期初学习上就有一种虚浮的状态，我所在的班级尤甚。

问题很多：学生恋爱问题；手机问题；学生相处不和等等。恋爱问题：我们班有两对"男女生"是坐实的，其中一对学生甚至被晚值班的数学老师看到在教室内举止过分亲密，"辣眼睛"。之后，我也在春游时看到他们手挽着手。

我先是找他们个别谈话，时间比较久，针对他们的问题进行了比较认真地仔细地分析，这一对"小恋人"态度比较诚恳，男女生都非常动容甚至流下了眼泪，个人感觉引导还比较得法（在之后也确实没有亲密举动尤其是在学校公共环境内）；另外一对"辣眼睛"的也是同样的方法去交流，感觉效果不大。事后我自己总结，第一对谈话的性格比较老实，要纯朴一点，比较能接受老师的引导；另一对男女生比较有个性，不易交流。女生这一学期成绩进步明显，男生下滑比较严重，我也多次找他们谈话，男生效果不佳，女生在学习中收获到了自信，保持努力的状态。

我又在班会课上进行不点名批评，让学生在与异性同学交往中保持距离和分寸，但事后感觉太过于说教，引导不得当。

手机问题：班级里大概一半的学生有手机。有很多同学被我抓到几次在学校使用。上学期对于住宿生使用手机就是走读一个礼拜，走读生则是暂时由我保管，回家反思一天。然后通过班会课进行教育批评。我相信学生就是看着别人用，老师没有抓到，就有这个侥幸心理，就这样，像瘟疫一样传开了。并且班长带头用手机，影响很恶劣。

这周五又有英语课代表与一位同学因为收作业问题在晚自习课堂上直接吵架，居然发"QQ说说"互相攻击，愈演愈烈，甚至说要找人"修理"对方。我找到当事学生，两个人直接当着我的面互相吵，不把我放在眼里，我一气之下先让两个人回到教室，说不管了。中午又分别找了他们两个人，经过一番工作后，两人同意和解，我也要求这件事情就此打住，不要再有后续动作。结果周六傍晚放学回家后英语课代表还是发了"QQ说说"，并直接@另一个当事人，然后又开始了……

这两个学生上学期就有矛盾，但由于我对其中的一个当事人做了很多的思想工作，两个人基本看不出有什么问题。这也是我的疏忽。

这个做过思想工作的原来是班长，在军训时因为才艺等表现较好，接触比较多，就对她进行了临时任命——班长，但在她担任班委的时间里把班级的整个氛围弄得一塌糊涂，而我由于缺乏经验没有及时察觉，导致一些学生尤其是女生对我不满。我对自己没有找好一个合格的班委干部很懊悔。

在管理班级时，发现班级男生相对而言比较好管，他们因为我喜欢篮球，和我走得比较近。但我对女生的管理有点束手无策。

这些问题，让我所带的班级变得浮躁不堪，学习状态很差。事情繁复错杂，我冷静之后，也知道问题来了必须正视，解决问题才是面对问题的最好方式。我作为班主任，有很大的责任，我也很愧疚。分班后我仍然要去面对学生，还会遇到类似的问题，但怎么做，如何做，却是摆在我面前的一道巨大沟堑，需要我去面对。

一个年轻班主任

一个人彻悟的程度，恰等于他所受痛苦的深度。

最近听到的产后抑郁症的消息越来越多了，这个病症是妇女在生孩子之后由于生理和心理因素造成，症状有紧张、疑虑、内疚、恐惧等，严重的会有绝望、离家出走、伤害孩子或自杀的想法和行动。据说性格上有完美主义特质的人更容易得产后抑郁症。

我能够想象出来一个毫无经验的女子面对一个整天哭闹的孩子不知所措的样子，如果她没有丈夫的支持或者有经验的老人的帮助，那会是怎样一种焦头烂额的局面。每一天都是煎熬。

其实，教师队伍里，尤其是班主任队伍里，类似的状况一直都存在着。写这个求助信的年轻班主任，他的心情我完全理解。

学生早恋，不想学习，违反校规校纪带手机来上学，学生之间闹矛盾，班委干部不以身作则甚至带头违纪……如此种种，对他而言，都是第一次遇到。能够做一个高中老师，学生时代应该是个成绩优秀的好学生，面对如此种种不要读书的"乱七八糟"的行为，可能还会有一种不可思议的感觉。其实他不知道，当年他的班主任也面对过这样的状况的，生源较好的、整体风气较好的学校会稍微好一些（生源较好的学校也有本难念的经，学生更加有个性，管理难度也很大），生源稍微差一些的整体风气不咋样的学校里，每一个班主任每一天都在面对这样的状况。

每一个女子，生孩子前都有过美好的想象：吹弹可破的皮肤，水灵灵的大眼睛，藕一样的胳膊，让人亲了又想亲的笑涡。可是我想告诉你，那是别人家的孩子，是抱到大街上与人分享的孩子。每一个娇俏可爱的孩子背后，都有一对疲惫不堪的父母：喂饭洗衣，拉屎把尿，半夜急诊。

每一个班主任，接班前都有过美好的想象：和谐的师生关系，好学上进的班级氛围，阳光有气质的学生，名列前茅的班级成绩。可是我想告诉你，那是别人家的学生。每一个可爱的班级背后，都有一个殚精竭虑的班主任。班级问题层出不穷，有点像打地鼠的游戏，此起彼伏，打不完的感觉。

我记得自己刚工作时做班主任，也是遇到上面求助信里的各种状况，甚至有过之而无不及，当年那种沉重的心情，焦虑毛躁的心情，如出一辙。好在后来听了一个讲座，是一个 50 多岁即将退休的优秀班主任做经验分享，她对自己班级的种种状况娓娓道来，其中竟有学生离校出走到北京的，还有恋爱秀恩爱当众亲吻的。我听得瞠目结舌。

"能怎样呢？小孩嘛，'作'嘛，过了这个时期就好了。你要做的就是真心待他们，不要觉得他们是你的敌人。不要觉得他们给你添了麻烦。他们总有一天会长大的，回头看这一段经历，他们自己也会觉得可笑的。你能做的就是把你能做的都做一遍，但是不要以为他们的改变是你的功劳。人只有自己要改变才真的能改变，你只能是催化剂，还不一定有效果。"她说。

这一段话，在我的班主任生涯中如雷贯耳。原来，优秀的班主任班级里也是事情多多，他们之所以能够优秀，是他们在一次次的痛苦折磨中渐渐因为见多识广而变得心态平和，开始对自己的工作有了自省和彻悟。一个人彻悟的程度，恰等于他所受痛苦的深度。从这个意义上说，一个人的成长史，就是一个人的苦难史。

每一个女子都没有经历过系统的培训，就突然地做了母亲，就算培训过又怎样呢，终究不是真刀真枪上了战场的。每一个班主任，哪怕有过实习期，又怎样呢？实习的时候终究是原来的班主任在那里扛着大梁的，等大梁的分量落在自己的肩上了，很快就寸步难行了。

理想很丰满，现实很骨感。是你自己把现实想象得很丰满的，其实现实就是现实，它就那么真实地摆在那里。

我从不相信一个中小学的班主任离开自己的班级十天半个月班级还是像你在的时候一样的，他们终究还是孩子，不自律，还想着要很多很多的自由。就算做了26年的班主任，我还是每天蹲守在我的班级里，就像农民每天蹲守在自己的农田里，除草，杀虫，每日如此。只是与从前不同的是，我现在不会因为田里长了很多杂草或者出了虫子而太过焦虑，因为我经历了很多次，知道这是正常的，我需要做的是把该做的事情做好；与从前不同的是，现在的我累得满身是汗的时候，学会了蹲在树阴下静静地坐一会儿，抽一袋烟，摸一摸庄稼的叶子。

许多人做了几年班主任就逃离了，他们的心头留下的记忆除了烦恼还是烦恼，而坚持下来的也许还在每天烦恼，却不再是新鲜的烦恼，他们说起那些令人头痛的学生的事情时，甚至带上了笑容和调侃的语气。那是一种阅人无数后的气定神闲。他们知道，这些孩子都会长大的，只是现在，他们折腾着自己，折腾着身边关心他们的人，这种折腾，名字叫作青春。

我印象深刻的一件事情是有一次我和单位的一个门卫一起站在校门口值班，他在我们单位里口碑极好，待人热情，做事负责，很靠谱的一个中年人。他看到一个男生，额前留着很长的头发，一副桀骜不驯的样子晃荡着肩膀走进校门。看着这个男孩子远去的背影，门卫忽然叹了口气，说："看到他就像看到当年的我自己，也是这个样子，现在想想，真是傻啊。好好的书不读，不然我过的就是另外的一种人生了。人也不笨，是不是？"

我看到他脸上的怅然，这才明白他如今的认真过好每一天是那一段青春经历后的彻悟。原来，我们一直以为老师的力量多么巨大，可以改变学生，其实，我们真是想多了。

很多年轻的教师，都在拼命寻找每一个班级问题的答案，纪律怎么管，卫生怎么管，早恋了怎么办，学生不做作业怎么办，都希望能够有一个专家告诉他解决问题的步骤。作为一个教师，你有没有想过，当你教了一道数学题目，你接下来做的事情是什么？对，是把这个题目变成各种不同的面目，然后让学生反复练习，所谓熟能生巧。而生巧的过程中，需要的是学生自我的思考和领悟。没有这个反复练习的经历，如果就是老师教一道学生做一道，没有学生的自思，到头来是什么结果，你我都是清楚的。

班级管理工作也是如此。问题层出不穷，但是基本就是这些类型。我们能做的，就是静下心来，不和学生生气，不和学生赌气，不和学生斗气，不拿学生出气。把能做的都做了，等到风景都看透，再慢慢感受细水长流。

班主任遇到职业倦怠时，读懂这几条就够了

周五傍晚下班，走到校门口，门卫递给我一个小包裹。我有点吃惊，因为我没有买什么东西。看到包裹上的邮寄地址是苏州一个区县的一所小学的名字，黑色水笔工工整整的字迹。

一边走一边拆开，里面是一封求助信和一支护手霜。

信长达 6 页多，手写稿，依然是一丝不苟的工整书写，看得出是一气呵成。信中倾诉了自己在教育教学工作中遇到的苦恼，比如工作量大时间不够用、搭班老师不和谐、学生问题多多（小到排不齐桌椅、课桌里乱七八糟，大到成绩落后不思进步），也坦言自己热爱教育工作却生出想要辞职的念头。

回到家里，我再次细细阅读，正好读师范大学的儿子回家来，于是也给他看了看这封求助信。我说："我看到了那个很多年前的自己。"

用了两个多小时的时间，我在宣纸上细细写下了我的答复信，每一个字都用上了力气，我想，我写的不是字，而是我一路走来的足迹。

愿这样的足迹，让年轻的老师们（包括我的儿子）看到我一路的艰难探索，看到一个老教师的不忘初心矢志不渝，看到一个有教育情怀的老师如何对待工作与人生。

这是一封答复信，也是一封勉励信，是对青年教师的勉励，更是对我的自勉。

教育路上，不踽踽独行，抱团取暖，一路同行。你我隔天涯、若比邻。

亲爱的珊珊老师：

先拥抱你一下，你辛苦了！民办学校相对公办学校而言，会更辛苦些，为了节省开支，教师的工作量会相对大一些，一般公办小学语文老师都只教一个班级，而你那里的语文老师就要教两个班级。而你，更不容易，3个五年级班的英语，2个二年级班的思品，1个三年级班的音乐，还有1个五年级班的班主任，每周25节课，还有备课、批改作业、辅导学生、处理学生问题、应对各类检查，亲爱的珊珊老师，你不容易。

从你的信中看出，你的生源应该是民工子弟，学生父母只生不管者较多，这又在工作量超负荷的同时，增加了工作的难度。另外，搭班老师的不和谐关系又让你心情沉重。珊珊，三座大山压着你，生出想辞职的念头就很正常了，我理解你。

在解答你的困惑之前，我先想说的是我欣赏你：

1. 你虽劳累又灰心，可是你是热爱教师这个职业的，你想做个好老师，关怀孩子们的成长，所以你才会为孩子忧喜，并一直在想方设法调动孩子们的学习积极性，尽可能地督促家长管理孩子，这一点难能可贵。

2. 你教英语、思品、音乐，真是多才多艺！你五年级、二年级、三年级都教，与各种年龄段的孩子打交道，必将积累很多别人无法积累的资源。

3. 你有正确的教育理念，比如自己教英语，却能全局一盘棋，关注语文和数学；比如你的英语课堂作业很少，注重课堂效率，培养孩子们的听课注意力，营造良好的课堂气氛。（那个罚抄一百遍的不大好，要提醒你一下）

4. 你能忍辱负重。工作量如此之大，你并没有怨声载道，相反，你一直在动脑筋想办法，（我想你的学校也有难处，估计师资不足，所以你才会如此负荷前行，也算能者多劳吧）你虽和语文老师关系不好，但也能自我消化委屈，为学生多着想。

除了欣赏你，我还想以一个过来人的身份提醒你，下列事情是极为正常的：

1. 现在的学生，真正发自内心想要学习的，很少。大量的学生成绩之所以还可以，原因是家长盯得紧、老师盯得紧、智商还可以。真正充满求知欲、好好学习天天向上的，不多。而几乎每个班级都有上课睡大觉、作业不做、成绩一塌糊涂、自暴自弃的学生存在，我的班级也有，民工子弟学校应该更多。

2. 老教师吃吃喝喝玩玩、上班看电视剧、玩手机的现象，各所学校都有。一方面是因为教了这么多年书，可以闭着眼睛吃吃老本了；另一方面也因为工作时间长了，职业倦怠无动力，忘了初心，不思进取了。

3. 任课老师把学生不按时交作业、作业潦草、考试成绩差、听课不认真等学生问题踢皮球踢给班主任，甚至怪罪班主任管理不严格，这种情况几乎每所学校天天都在发生，每一个班主任遇到这种事情，心情都会糟糕，也包括我。

4. 付出很多，收获很少，用心良苦而学生无动于衷，也是极为正常的事。教育之艰难，难在一切并非都能由老师一手掌控，而是各种因素杂糅在一起；难在不是说教便可以改变一切，而要天时、地利、人和、多种方法适时而行，所以教师心态要平和。

5. 每一个年轻教师都会走过一段彷徨、沮丧、无助的灰暗路程，我也是，那些已经成名成家的老师，也是，说出来都是一把辛酸泪。我年轻时带班也遇到过英语老师请假一学期，学校没老师，其他英语老师每人来代一节课，考出来平均分比人家低二三十分的情况；也和你一样，每天盯着学生读读读，英语却没有效果而苦恼万分；也曾遇到过懒散至极的搭班老师说完成60%的及格率就行了，心里气愤，替学生心痛，又无能为力。而学生是不懂的，他们以为老师就是那样的，遇到不负责任的老师，他们也是没感觉的，遇到负责任的盯得紧的，学生心里也许还会生出怨气来，这些都是正常的，人心各异，不分教师与学生。

只有当你了解这些都是正常时，我以下的建议也许会对你有些用处：

1. 罗列时间清单，看如何统筹安排一天的时间最为合理。

2. 不要总想着那些成绩差不做作业的学生，在课堂上眼睛多看看那些听课认真的孩子。下雨好卖伞，天晴可晒被。你无法左右那些读不来书的孩子，但你可以左右你自己的眼睛，左右你自己的心情。

3. 培养好几个小老师，让他们在你规定的时间段（比如中午或放学后）教教那些成绩差的孩子，这对小老师的学习也有好处。

4. 狠狠表扬那些及时交作业、认真做作业的孩子。一颗糖、一个锅贴都可以成为小小的奖品，狠狠表扬有一点点进步的孩子，当着孩子的面给家长打电话，报告孩子的进步，再提出希望家长更多陪伴督促，这样的方式，孩子开心，家长也能接受。

5. 任课老师关系还是要处理好的。其实就算关系很糟糕，但彼此心里还是不希望一直这样耿耿于怀的。做个大度豁达的人，路上一个微笑，偶尔分享美食，帮助任课老师餐厅带饭（当她上饭点课时），都可以。不要觉得这是讨好，不要觉得委屈，任何矛盾产生发展到互不理睬，必定是双方都有问题，不要只想着自己的委屈。

6. 把磨难当财富。年轻是资本，精力充沛，钻研教材，上好你的英语课。不管多忙多累，只要有公开课的机会，就一定去争取，练出自己的胆量，开阔自己的视野。不管多忙多累，都要尽力琢磨如何带班，找到自己相对擅长的一种管理方式。记住，学生的卫生、纪律、成绩有问题，都是正常的。有的学生可能一直到毕业都没教育好，也是再正常不过的事。这就是一场拉锯战、持久战，时间长了，豁达之心就修炼出来了。

7. 孩子排不齐桌椅，可以在教室地面用黄色油漆小点做记号，孩子只要把桌脚放在点上就可以了。或者教他们找参照物。不会整理桌子里的东西，就手把手教，再配合评比。词语总是抄错，就编些有趣的顺口溜，或搞优秀作业展览或拍照做成PPT给大家欣赏，就是不要罚抄以外别无他法。

8. 那个智商有些问题的孩子，问问他想学哪一门功课，就盯着一门功课好好学也行。实在什么也学不来，就让他帮你做做事情，获得一点成就感。

亲爱的珊珊老师，我所提供的方法用一句话说就是竭尽全力直到无能为力；尽力而为，问心无愧。而我更想告诉你的是：你所正在经历的职业与人生交织起来的困惑，我们都曾有过。当时也觉得高山在前无法翻越，而今回头，已经是矮小丘壑，岁月让它夷为平地，成为人生风景。

珊珊，老天爱捉弄人，欲成大器，必先苦其心志；老天也讲道理，付出到一定程度就给你发点福利，给你点额外惊喜。老天的用心良苦，你要多年后才会真正懂得，心怀感激。苦难是棵树，时间长了也会结甜果。

这些年来，我东奔西跑，双休日、寒暑假放弃休息，和全国各地的老师们，尤其是年轻老师们交流探讨，我常问自己是否值得、意义几何。而你写来的长长的书信，彬彬有礼又叙事清晰，你对我的信任让我感动。谢谢你让我想起了自己的年轻时光，想起一路走来的艰难彷徨、矛盾与挣扎。感谢岁月磨炼出我强大的内心，感谢岁月无言却如此用心良苦。

一切磨难都会过去，一切磨难都将值得。你看到今天的我如此明艳，就该想到曾经的我有多艰难。

祝健康快乐！

谢谢你送的护手霜。

远方与你同行的朋友：于洁

2017 年 11 月 10 日

后记 1：

我手写的信被我拍成了照片，发到了珊珊老师提供给我的电子邮箱里。很快地，我收到了她的回复：

亲爱的于老师，我读完了您的回信。谢谢您！我会记得您说的话，谢谢您的理解、支持和建议，这将会成为我未来工作当中重要的支持。

谢谢您这么亲切，这么温和。

谢谢您亲手写信给我。我知道写字真的很累手和胳膊。我会打印出来好好保存，疲倦时拿出来读一读。不知道如何感恩，只能深深地祝福您。

后记 2：

收到她的回复后，我用手机工具箱里的录音机录下了我对这封信的朗读，发给了她。我想，她今后的教育之路和人生之路还长，艰难和颓唐之心也许还会一次次产生，那么，我的声音是否可以对她产生一丁点的鼓励之功呢？答案不得而知，毕竟，路要自己走的。

叁

做一个高效
的教师

我对自己有个很严格的规定，一定把每天需要做的事情在学校里完成，坚决不带回家。今日事，今日毕。在这样硬性规定下，我在校期间就会有条理地安排好自己的时间，就不会容忍自己浪费时间，更不会让自己拖拉。

做一个高效的教师

我很幸运，参加工作后的第四年（1994 年）见到了高手。她高在"高效"。

她教数学，即将退休，却像个风风火火的年轻人，她不遵守学校工作纪律，每次都在离她的课时间不多时才推开办公室门冲进来，刷刷刷几下子批完少得可怜的作业，然后抓了三角板、圆规再冲进教室。

我走过班级的窗口，发现我的学生们一个个脖子伸直像鸭子被无形的手提着一般，专注地看着黑板。当她提问学生的时候，学生声音响亮快速做出反应。"漂亮！"她大喊一声，翘起的大拇指几乎就要贴到学生的脸上，那一刻，学生骄傲又兴奋。

我也见过她监考自己的数学，一屁股坐在讲台上，眼睛死死盯住学生。"你平时不努力，考试想偷看，想都别想！"她说。

她教出的数学成绩呱呱叫，但你却见不到她抓了学生个别辅导。下了课她偶尔会在办公室里待一会再回家，也是在聊天、织毛衣。

高效的课堂，让她轻松惬意。

其实那时的生源真的不好，城乡接合部而已。

她对我在教学上产生的影响极大，一个数学老师，能够不通过题海战术和课后恶补而产生高分，真是顶级高手。

"教材吃透，课堂上不讲一句废话，你精气神十足，讲解清晰，表扬鼓励，杜绝抄袭偷看，让能考高分的得高分，让接受能力差的考及格，学生一本账都在你心里，怎么可能不出成绩？"她竹筒倒豆子，噼里啪啦落了一地。

醍醐灌顶。那个年代没有什么高效课堂、分层教学的概念，那个年代的老师个性十足，每人都有自己的一把刷子。如今想来，她在课堂上让每个学生都得到了相应的成就感、愉悦感。接受能力强的学生考了高分，"漂亮！"接受能力差的学生考了及格，"漂亮！"学生充满愉悦感，她也充满愉悦感。而我们，现在的问题是想让每个学生都考高分，恨不得五个手指一样长短，为难了学生，折磨了自己。教师的心情始终处于不称心状态，学生的心情始终处于压抑状态。

由此看来，要成为一个高效的教师，首先要做到对每个学生心里一本账，然后因材施教。布置10个题目，有些题目就不要再为难、有些学生一定要掌握。只要他完成了他能够达到的程度，就应该被狠狠表扬积极鼓励。我们平时所说的"抓两头促中间"概念没错，但是教师在抓和促的过程中，抓和促到什么程度，要做到心中有数。在这样的方式下，教师不必对有些学生死缠烂打，非要教到每个题目都会做才罢休，教到自己火冒三丈学生苦不堪言。如此，教师本人有些时间就可以被解放出来。

我这样说，是有些冒险的。因为有人会说，"不放弃每一个学生"。其实，这样的名言很容易被歪曲理解。不放弃不等于要让手指一样长，而是让每一个学生都有自己学习上的成就感、愉悦感，让每一个学生都在自己能够达到的程度上尽力而为。

要成为一个高效的教师，必须要学会统筹安排好自己的时间。记得自己读书的时候学过华罗庚的《统筹方法》，印象深刻。做事情的时候事先要有个计划安排，先做什么，哪些事情是可以同时做的，心里也要有一本账。

比如，很多老师觉得没有时间和学生谈话，自己忙，学生也忙。其实，早晨广播操以后、上下午的眼保健操时间、中午自习课的时候，都可以成为谈心时间。只是需要教师做好计划，比如按照学号一个个谈谈心，比如按照班干部、课代表、普通同学的顺序聊聊天，教师在谈心前要想好和学生谈什么，也可以随意聊聊，这样也可以让学生感受到老师对自己的关心，别忘了最后一句话是："有什么需要老师帮忙的，就来和我说，不要闷在心里，我一定会尽力的，把老师当成你的朋友。"

比如，趁着中自习看班批改作业，这样还可以有和个别学生当面讲解的机会，错误率高的题目还可以在全班讲解一下。批改完作业和学生谈谈心或者休息一下，站在走廊里看看绿树和远方，放飞一下思绪，都是很好的方式。

比如在上课的时候，心里想好要鼓励赞赏一下哪几个最近表现很好的学生，可以一边讲解课文一边把手搭在那几个学生的肩膀上或者疼爱地摸摸他们的头，你的心意学生自然就能感受到，比你特意去说些表扬鼓励的话效果要好很多。

比如学生做操的时候，你也在队伍后面跟着舒活舒活筋骨，抖擞抖擞精神，既给学生做了示范，又锻炼了自己的身体，从而不得颈椎病，不是一举两得吗？

在时间的管理上，我狠狠地管住了我自己的手机。只要我在埋头做事情，我一定把手机调成静音锁在抽屉里，别人若真的有急事找我，打手机找不到我自然会有其他途径。再说了，怎么可能每天都有人有急事找我呢？管住了手机，我就拥有了比较大块的时间，而不会被鸡零狗碎的微信短信电话弄得时间都成了碎片。事情忙完了，再拿出手机看看，该回复的就回复。电脑上的QQ同样处理。我被很多群拉了进去，大量的我选择了退出，有些碍于面子无法退出的，我都选择了信息屏蔽。把QQ调成了隐身和静音状态，工作时不去看那个不停跳动的小企鹅，我也就拥有了属于自己的时间。

手机、QQ、微信，对这三样东西的管理，需要定力。我时常想，如果我自己都成了一个手机控，那么我怎么去教育我的学生不要沉迷于网络游戏和手机呢？

马上就做，坚决不拖拉，不受环境的干扰，静心做事，是让自己成为一个高效教师的必要性格。作为一个教师尤其是班主任，有很多事情是学校里布置下来的，既是必须做的又是催得很急的，那就不要拖拉，赶紧去做，一拖拉就容易忘记，也容易堆积起来更加心烦。兵来将挡水来土掩，事情一件件来，事情一件件做。我们时常教育学生不要有拖拉的习惯，我们教师就更不能有这种恶习。我对自己有个很严格的规定，一定把每天需要做的事情在学校里完成，坚决不带回家。今日事，今日毕。在这样硬性规定下，我在校期间就会有条理地安排好自己的时间，就不会容忍自己浪费时间，更不会让自己拖拉。一开始的时候很艰难，但是渐渐地就培养起来了自己统筹安排时间的能力，做事变得有计划有条理性，手脚变得麻利起来，有时候身边环境再嘈杂我也能做到静心做事不受干扰。如果你还没有这样的定力，那么找一个厚实的耳机戴上，也能产生抗干扰的效果哦。

在学校里完成当天所有的活，就让自己在下班的那一刻内心充满幸福感，一天的劳累后满身轻松，回家的脚步就变得轻盈起来。

与时俱进，学会各种做事技术，会让你成为一个高效教师。会者不难，难者不会，很多教师没有随着时代的进步而同步掌握现代技术，造成了做事情比较艰难的情况，从而心烦又拖沓。比如，现在学校有很多事情需要利用电脑来操作，需要熟练的打字，需要网上表格填写，还需要传送文件等，如果不会，势必造成无法完成，要折腾很久，耽误了很多时间。记得1999年我需要用电脑完成学校的一个5000字的文字材料，那时的我对电脑很是抵触，打字很慢，却又无奈，只好硬着头皮一个字一个字地敲打，折腾了整整7个小时，一直到凌晨3点终于完成。那一刻我发誓一定不再让自己被电脑难倒。17年来，我打字的速度终于可以和语速一样同步，这一个方面的进步，就让我在日常工作中受益匪浅。而其他方面的与时俱进，比如充分利用网络上的路路通和家长交流发信息，利用博客展示班级的各种动态，利用网络共享各种教育教学资源，都让自己觉得虽然年龄将近五十却还没有被时代淘汰。

而熟知工作中的各种流程，也能让你成为一个高效教师。比如班级中出现小的意外伤害事故，比如学生身体不舒服，比如学生违纪，如何按照流程一步步妥善处理，心中有数，手中才能不乱。如果手忙脚乱，那么必定会低效无效。

有时候需要开家长会，有时候需要和家长个别面谈，教师也需要事先思考好谈话内容，做好充分的准备，有话则长，无话则短，说话说到点子上，事情也就能高效完成。

化压力为动力，把困难变成能力，是成为一个高效教师的一种途径。记得有 3 年时间，因为学校工作的需要，我不得不教 3 个班级的语文，还要做班主任和学校的教科室主任，另外还要编写学校的一个半月刊。真是觉得脚举起来也不够用。在一个星期的忙乱后，我在一个小本子上开始罗列每天要做的事情，一一排序；然后思考如何调整课堂节奏，可以既完成教学计划又在课堂上完成一些必要的笔头作业并能当堂批改绝大部分。这样的结果是我采用了类似于现在的导学案的教学方式。这个 3 年，对我来说是巨大的压力更是极大的困难，但也正是这 3 年，我学会了一个本领：充分利用好课堂的每一秒钟，让语言简洁不啰嗦又有美感，让课堂节奏张弛有度，让学习和练习相结合。

我很感谢这样的 3 年磨炼，3 年后当一个一直绑着沙袋行走的人解下沙袋时，脚步轻快至极，天大的困难也不怕了。

远离牢骚，保持好心情，是成为一个高效教师的重要方法。有人的地方一定有牢骚，有些人一边发牢骚一边不停地干活，也有些人一边发牢骚一边消极怠工，一边说着忙忙忙，一边不停地在手机上刷屏。遇到这样的情况，如果你空着，一起发发牢骚也未尝不可，正好缓解一下心理压力，众人皆醉我独醒也不是好事，一起叽里咕噜一下也能密切同事关系；但是如果你正好有很多事情要做，那么请你立即远离牢骚人群，此刻你需要保持好心情，才能去完成一堆事情。否则如果你也参与牢骚，很快你就会觉得心情绵腻，再想想要做那么多事情，就觉得心烦意乱，浑身乏力。人生最痛苦的事情就是做自己不想做的事情。

不得不说，教师行业目前面临很多无奈无助无力的状况，但是，哪个行业又是每天轻轻松松的呢？既然如此，管住自己的嘴，少发牢骚；管住自己的耳朵，少听牢骚，不带给别人坏心情，也不让别人带给自己坏心情，是我们远离负面情绪的好方法。

如果我是一个任课老师，我一定管好我自己这一门功课的课堂，有什么问题我自己解决，坚决不向班主任告状。因为向班主任告状的做法既让自己在学生面前没有威信，又会带给班主任坏心情（人家已经够忙的了不是吗），这种损人不利己的事情，我坚决不干。

很多班主任都有一个感受，好好的一个艳阳天，偏偏遇到一个任课老师来告状，说"你们班级的学生……"，顿时就觉得天阴沉沉的了，要是更倒霉一点，又有一个任课老师来告状，那么班主任心里的火苗就蹿起来了，难免会冲学生一顿发火。一天没有好心情，哪里谈得上高效的工作呢？

遇到这样的情况，我一定选择离开办公室，去操场慢走一圈，放松心情，让心里的不舒服在比较美好宽阔的环境中飞一会儿，再平心静气地去分析问题解决问题。比如任课老师告状说谁没有做作业，那就让那个学生出来补作业；任课老师说谁课堂上违反纪律，那就放学时留下来补一会儿自习时间，找家长来谈一谈也可以。这样的处理方式，是在自己心情冷静的情况下完成的，既重视了任课老师的投诉，又不至于太影响班主任自己的心情。

如果冲着学生哇啦哇啦一通，既浪费了自己的时间，又伤心伤肺伤肝，对解决学生的问题也于事无补，真是得不偿失，这样的傻事我坚决不做。

心中充满慈悲、感恩、爱意、美好，才能真正成为一个高效教师。仅仅不发牢骚，是不够的。唯有在工作中体会到一种乐趣，才能累并快乐着，才能做事高效。

没有想很多，就是天生地爱孩子。没有想很多，就是一路摸索与实践。没有想很多，就是觉得在一起是缘分，珍惜。没有想很多，就是知道他们都会长大成人，我只是陪伴他们走短短的一程。我在博客上写上这样一段话：对于学生，我充满感激，26 年的教学生涯，25 年的班主任工作中，我越来越明白师生是共同成长的，度人就是度己。带着慈悲、感恩、爱意、美好的心情去做事，是快乐的，就算脚下踏着荆棘，手里忙个不停，心也是安定的。

在忙碌的缝隙里保养自己

我创造过一个奇迹：连续 3 年教 3 个班级的初中语文，还做班主任和学校教科室主任，依然保持了清亮的嗓音。

教书 27 年了，经常大量用嗓，嗓音还是很好的，保留了不哑的喉咙，并且大工作量也没有让我得上肩周炎、颈椎病、腰椎间盘突出这类职业病。

奇怪吧？把我的秘诀分享给您。

幼年时代有一个阶段，家里养着一只老母鸡，它去下蛋时，我便在鸡窝口守着，等它咯咯哒叫着出来，我便伸手握了那热乎乎的蛋，即时敲碎在一杯热水里，水里还泡着爆好的雪白的炒米，热热的一杯喝下去，这是我童年时因体弱多病家中老人在当时的经济条件下，唯一能给我提供的滋养，意外的收获是滋养了嗓子。

网络上很多人争论吃生鸡蛋能不能护嗓，有医生严肃地指出，绝不能吃生鸡蛋，因为有大量细菌。

而我可能是把生鸡蛋打入了热水里，加上有炒米和些微糖分，味道较好，也能杀菌，所以平安无事。

但我不大赞成大家现在生吃鸡蛋，毕竟现在的鸡和蛋与我当时所处年代的大不相同了，对吗？

不着急，还有第二个方法教给你。

高中时代，我的音乐老师教美声唱法，让我们练习吸气呼气，她张着嘴，要我们做出咬馒头的样子，发出浑厚响亮的声音。

可惜我肺活量小，中气不足，实在唱不出高音，不过那时我看武侠小说正痴迷不已，对书中提到的"腹音"更是膜拜，不由自主就把吸气呼气理解为丹田运气，每次和人说话都使劲吸住肚皮，时间长了，惊讶地发现自己发音变得省力了，不用力气也能发出比较清晰响亮的声音。

工作以后穿上一双有点跟的鞋子，更觉得自然而然，挺胸收腹，发音更省力了。

所以老师们要护嗓一定要让气息顺畅地发出来，而挺胸收腹的习惯也自然而然让你能有一定的气质，颈椎病之类的职业病就不大容易来找你了。

我天生不大爱喝水，忙起来的时候更是没时间喝水，不过我基本不喝冷水，即使是在夏天，也是把水在喉咙里含热了再咽下去的，不"牛饮水"一样大口喝水，而是小口慢咽，这是幼年时代一个老中医教我的，这个习惯被我很好的坚持下来了。

只要有空，一定会呼吸新鲜空气。

一直坐在办公室里，呼吸到的空气难免浑浊，尤其在冬天，开窗很冷，别的老师会受凉，所以我工作一段时间后就到办公室外走走，去看看学生做眼保健操，去操场和学生一起做操，中午吃好饭在操场走两圈，去找学生到走廊背背书，去上厕所……

这样就算一天很忙，我也能多次离开办公室，呼吸新鲜空气了。

周六周日更要抽空去田野走走，呼吸新鲜空气，踩踩地气，对身心都有好处。

写字时注意姿势，

说话时吸住肚子，

穿有一点点跟的鞋子，

不大喊大叫，

保持平和的情绪，

多接触美好的大自然，

就算练不出好嗓音，

也能修炼出好气质，

保持好心情，

何乐而不为呢？

今天是一位这些年来一直很关心鼓励我做教育的老人程宏衍老师 75 岁生日，当我看到他自己制作庆祝自己生日的美篇时，非常感动。

他虽然退休多年，却依然关注教育，时常在校园里行走，鼓励青年教师好学上进，而他爱做菜、爱摄影、爱精致的玩物，兴趣广泛，一直保持着活到老学到老的姿态，让我获益匪浅。

人生就像一个杯子，不停地往里面装东西，那些东西的罅隙中，应该不断地注入水，这样才不至于硌得慌，才会平和润滑。

这水，就是永远保持积极乐观、平和宁静的心态，永远保持对世界的好奇、好学心，永远善待他人、善待自己，让人生的每一个阶段都有独特的风采。

唯有如此，才会如冬日寒冰下的梅开一树，芳香四溢，这才是对自己最好的保养。

老师，你要学会清零

　　于老师您好，我是潇潇老师。今年是我工作第四年，任教语文学科兼班主任四年。今年接手一个新班级，是六年级，听以前教过这个班的老师说，班级中有一名男学生，好动，爱惹事，莫名其妙打同学，问他为什么打，就说对方让他不爽，他看不顺眼，上学想什么时候来就什么时候来，找孩子的家长，家长反过来质疑老师，而且无论怎么样都认为自己的孩子是没有问题的，是其他人的不对，有时那个孩子还多疑，别人明明不在说他，他认为在说他，上去就给对方一个耳光，有时脾气上来还打老师，家长一味袒护纵容。在前因后果都明确的情况下，在班上 50 多个学生和家长都说这个孩子错的情况下，该生家长还认为自己的孩子没有问题，是其他孩子的问题。（该生家庭经济情况好，有些强势）请问应该怎么办？

　　今天是开学报到的日子，晚上七点多，我接到了潇潇老师在 QQ 上发给我的这封求助信。

　　多年前，我半路接手一个班级，也曾在没有见到学生前就被告知了某个学生的斑斑劣迹，用到的词语有"五毒俱全""进监狱胚子"。

　　多年前，我半路接手一个班级，任课老师惊讶地对我说："你胆子也真是大，这个班级我去上课都觉得害怕，你怎么就敢去做班主任呢？"

多年前，我接手一个起始班级，小学里某校长听说他们学校某同学被放在我的班级里时，打电话充满同情地对我说："于老师，你要苦死了，我们这里的班主任都被这学生弄哭过，他不是一个人可怕，是一家人都可怕。"

我还没有见到学生，就听说了这么多可怕的信息，若是胆小，是会被吓着的；若是怕做班主任的，恐怕就跑到领导那里不肯做班主任了。

好在我有个习惯：清零。

不仅仅是对待学生我有这个习惯，在平常生活与人交往中，我也是如此。我从来不管别人说的某人如何如何，我喜欢用自己的眼睛和耳朵去观察去判断。

若是别人说的是真的，我也已经有了思想准备，叹一口气说：果然如此。

若是确实挺糟糕的，但是没有别人说的那么可怕，我倒反而有点侥幸心理：还好嘛，没那么吓人。

若是完全不是别人说的那样，只是稍微有点问题，那我真是高兴坏了：幸好没听别人说的，不然戴了有色眼镜看人，真会看错人，那对这个人太不公平了。

所以我就在想，潇潇老师在今天晚上（明天才开学第一天哦）发来求助，想来是被别人的话给吓住了。若是在心里已经对这个学生产生了先入为主的印象，内心已经很反感这个学生及他的家长，内心已经产生戒备之心、提防之心、厌烦之心，那么明天开始只要这个学生有一点点问题出来，师生之间家校之间很快就会成为敌我立场。

有个很好的朋友，娶了媳妇，媳妇和公婆之间关系不好，朋友成了夹气板，左右为难。双方吵架的时候自然说话都难听，朋友选择了帮自己的媳妇，于是父子关系、母子关系也闹僵了。大家都去劝这个朋友善待父母，朋友觉得人们都不理解他，于是选择了远离朋友，几乎成为孤家寡人。他说：既然你们都觉得我不好，那我就索性坏到底吧。

这是发生在我身边的真实例子，当时觉得实在不可思议，原来那么好的一个人，怎么会变成这样油盐不进的人？但仔细一想，我们的学校里班级里不是一直在上演这样的剧本吗？

问题学生的"事迹"被届届相传，口口相传，上一任老师和下一任老师交接班的时候会特别关照，上一任因为解放了就爽爽地描述给下一任听，言外之意是"这种学生不是我能力差搞不定，而是确实是学生和家长的问题"，下一任听了作何感想？真是倒霉，以后的日子难过死了，这种学生，我也搞不定呀。

潇潇老师不就是心情很不好了吗？

你把学生当天使，你就生活在天堂里；你把学生当恶魔，你就生活在地狱里。

你认定这个学生是个坏孩子，你从此就和坏孩子斗智斗勇了，恭喜你，这个孩子真的就越来越坏了，和你听说的想象的一模一样了。

孩子多敏感啊，你的任何一个眼神任何一句言辞，他都能清晰地感觉得出来你对他的看法。反正他在你眼中已经是个坏孩子了，他不介意变得更坏。他索性破罐子破摔了。

大人尚且如此，更何况孩子？孩子不爱你这个老师，他索性就不爱你教的这门功课了，他哪管这个功课学得不好是会影响总分，将来会考不上好学校。他想不了那么远，他就那么一寸的光。

哪个家长真心愿意和学校和老师作对？除非脑子进水了，家长心里清清楚楚知道自己的孩子拿捏在老师手里，若是和老师闹僵了，老师就会看孩子很不爽了，吃亏的还不是孩子？不到万不得已，家长不会选择主动和老师过不去。

但是不排除一种情况，就是当老师一次次地向家长告状，说孩子怎么怎么不好，怎么怎么惹事，给班级摸黑。如果在老师的描述中，这个孩子被说得一无是处，而且描述时老师语气中充满不耐烦和厌恶，甚至让家长感觉到了老师的潜台词是"你们这种家庭你们这种家长怎么养出了这样的孩子"时，家长一定会选择维护自己的孩子，从而和老师对立起来。家长要维护的其实不是孩子，而是自己的面子。哪怕家长心里知道自己的孩子确实很不好，他宁愿回家把孩子狠揍一顿，也会在老师面前做出似乎老师一点也不能说自己孩子坏话的样子。这是人之常情，一个家长选择和老师吵架，有些出乎意外，但也合乎情理。

可恨之人必有可怜之处。就算这个学生确实如前任老师描述的那样，一个即将六年级的孩子成为这么面目可憎的人，背后必定有隐藏很深的原因。

家长为何这么宠他？家里经济条件好，是否家长工作忙平时无暇管孩子只能从经济上弥补他？是否缺失母爱或者父爱从而用单方面的溺爱弥补他？是否幼年时代得过重病生死线上挣扎回来，从而使父母觉得其他都不重要，身体健康活着就好？是否有心肌炎导致脾气暴躁？是否肝火旺盛导致脾气暴躁？家长是否就是这样的暴躁型暴力型性格？是否因为从小就不受老师同学喜欢导致自暴自弃？是否因为某方面原因让班级同学看不起他从而产生他和同学们的对立情绪……

每个人都会有自己的磁场，这个学生也许经历了几年的学校生活后已经对老师产生了本能的敌对心理，那么，潇潇老师一定要做到把自己的情绪清零，不戴任何有色眼镜，努力在这个学生身上找到亮点，才能做到四两拨千斤。而一旦家长发现老师是真心坦诚对待孩子的，出现问题后也能既说到孩子的优点也诚恳指出孩子的问题，家长就不可能故意再和老师作对。

另外，情绪是可以传染的。如果老师本人的情绪一直是很平和的，学生也会耳濡目染；如果老师本人遇到问题脾气暴躁，以愤怒状态对待事件，学生同样也会受到影响。我们看到的很多师生情绪对立甚至对打事件，都可以很明显地看到双方都失去了理智的状态。

在平时和学生的交流中，对待"怒点"很低的学生，可以适当教一些控制情绪的方法，比如：研究表明，愤怒所持续的时间不超过 12 秒钟，深呼吸，或者在心中默数 10 个数，当你做完的时候，你会发现，其实你已经没有那么生气了。（最好的默数不是顺口从 1 数到 10，而是像 1、4、7、10、13……在数数同时做点加法运算，让你的理性大脑苏醒，注意力转移，情绪会更快平复下来）

比如：留意愤怒的迹象。观察自己快要愤怒的反应和感觉，当愤怒的时候，手是不是不知不觉地攥成了拳头？开始在房间里不停地走来走去？嘴里不停念叨、诅咒或者紧咬牙关？当你能够灵敏地觉察到自己快要生气时的种种迹象时，便可立即做些努力以平息即将到来的怒气。

比如：向亲近的人表达。用倾诉的方法将内心受压抑的情绪宣泄出来，"排出痛苦，一身轻松"，别让内心再受煎熬。

潇潇老师刚工作 4 年，当听说自己即将面对这样一个孩子和家长时，内心产生焦虑和烦躁，是完全可以理解的。但是潇潇老师要记得一件事情，你面对的是一个班级，而不是这一个学生，虽然这一个学生就有可能搅得你心神不宁，但是你的眼中不能只盯着他，而忘记了你还有很多优秀的学生。因此，课堂上，如果这个学生不好好听课，只要还不至于搅乱整个课堂让老师无法上课，我的建议是视而不见，冷处理，下课再找他来补一下他没有听进去的内容。而一旦他能有一点点认真听课的样子，就及时表扬鼓励。这种表扬和鼓励还可以通过家校路路通等形式发送到家长手机上去，让家长知道老师不仅仅会告状，也能发现孩子的优点。

关于课间时间容易惹是生非的问题，我建议潇潇老师让他下课后多跑老师办公室帮忙做事情，因为班主任老师确实有很多事情需要传达，有这样一个小助手可以一举两得。其他同学也会因为老师对这个学生是善待的器重的而改变对他的敌对态度。一个孩子如果在班级里有了好朋友好伙伴，那么心情就会比较舒畅，就不大会再发脾气打人了。

因此，潇潇老师，首先要做的事情是情绪清零，不受"听说"的影响，让这个孩子在自己面前成为一张白纸，要相信每一个孩子遇到一个新的老师之前，都是希望新老师能够看得起自己的。他毕竟还是个孩子，哪怕他积习难改，但是也一定有一颗想要改变自己的积极心。

其次是多观察多发现细节，把期待值放低，看到孩子一点点进步就高兴一会儿，就好好表扬一下。

再次是能够有一颗宽容之心。教育必定是艰难的，孩子的问题肯定会反反复复，这场拉锯战说不定到孩子毕业还没分出个胜负，但是只要孩子没有变得更加糟糕，就已经是老师的胜利了。

另外，要做好任课老师的思想工作，如果这个"听说"一路蔓延到其他任课老师那里去，导致大家都已经戴了有色眼镜看待这个孩子，那么情况就会比较糟糕。很可能在其他课上出现孩子和任课老师对立起来的事件。

这个世界的人各种各样，有些人和你天然"热面冲"，有些人和你天然亲近，有些人你怎么也看不惯，有些人你一看就很喜欢。可是教师这个职业注定我们看学生不能这样"任性"，因为这个职业是有专业化的，其中一项就是能够控制自己的情绪，公平公正对待每一个学生，而不是任由着自己的性子，哪怕你内心深处真的厌恶一个学生，你也不能放在面上然后处处看他不顺眼，你还是要全面地看待他。

这的确是个专业化成长的过程，是个人生境界修炼的过程，而修炼的第一步，就是学会"清零"。

老师，你清零了吗？

老师和学生本该这样的

要建立良好的师生关系，先得搞清楚教师应该是什么样子的。

也许是从小生活在教师大院的缘故，对于教师这个职业，我有比一般人多一些的了解。别人眼中古板威严不苟言笑的教师形象，在我眼中却是一个个鲜活生动的男人和女人。

井台边帮着我提水的他是微笑着的，水泥板上使劲刷床单的她叽里呱啦着家长里短，笑起来的时候露出满口白牙齿；在墙上敲钉子给老婆挂晾衣绳的他是笑嘻嘻的，拿个大掸子用力拍被褥的她在阳光下一头新烫的卷发一跳一跳的……他们和世上别的男人女人没有区别。

20 世纪 70 年代的老师们站在教室里，没有多媒体，他们用挂图或者自己画图，一支粉笔一本教材；他们坐在办公室的藤椅子上，没有电脑、手机，手在钢板油纸上刻着考卷；或是手指上沾满红墨水在学生本子上打着钩钩叉叉。

不用操心房价飞涨，也没有那么多的排名和检查，偶尔骂了学生也不用担心，家长还会帮着老师一起骂孩子。那时候，老师的知识层次相对社会大多数人而言是属于很高的，那时候做老师，很清贫，但受尊重。

所以，老师的心是比较安定的，静静备课批作业，静静教书。

他们的面容里外是一致的，在家里是那样，在学校也那样。喜怒哀乐都比较简单。

我见过他们的样子，我喜欢他们微笑着和学生叽里呱啦，也喜欢看他们训斥完学生后用力在学生肩上拍一下以示鼓励和期待，更喜欢看他们聚在一起为了一个题目你一言我一句争论时从面红耳赤到达成共识连连点头的样子。

那时候的教书，没有太多的专业术语，没有那么多的课堂模式，没有太早出晚归，没有那么多作业，教师和学生都有比较充足的睡眠，学生没有电脑游戏和手机，春游和秋游是他们一年中最大的快乐……好吧，简单，所以快乐。

所以，当我做老师的时候，我希望自己像他们当年的样子：平和的，笃定的，微笑的，偶尔严肃的，不管怎样，我希望自己是自己原来的样子，是本人的样子，而不是端着的，那样会累；不是扮着的，那样会假。

我要拿我真的样子，换来学生对我的真心。

教书，是人与人的相处与交集，经师人师，教知识教做人，老师首先是个真实的人，不要觉得自己是个老师而在心理上占据高位盛气凌人，无论是在表情上还是在肢体语言上。

要建立良好的师生关系，还得搞清楚学生是什么样子的。

天下学生众多，千姿百态，无法统而说之，我只记得自己当年做学生的模样，记得当年我的同学们的模样，记得当年自己做学生时的课堂的模样。

他从中午开始就一直趴着，书是读不进的，作业不是赖就是抄，反正一天一天也就这么过的。人倒是不坏，运动会上也会报个项目让人对他寄托点希望，虽然也就挣个一两分，可那时，班主任也会站在操场边为他大声喊加油的。他后来做了个出租车司机，同学微信群里偶尔冒泡，说说自己钓鱼的事情。

他听课认真，脑力灵活，是数学老师的得意门生。其实，上自习课的时候他也很闹腾，每当班主任的鼻子贴着玻璃窗的时候，他总能第一个发现并表现出端然正经的样子埋头苦读。如今的他在一个机关工作，朝九晚五，是否清茶报纸不得而知，同学聚会的时候他不大说自己的工作。

她爱笑爱唱，学习上中不溜秋，主持文娱汇演的时候会化上淡淡的妆，我们都记得当年的她眼睛弯弯的模样。工作后的她换了好几次单位，后来索性啥也不干了，遇到她的时候她在遛狗。

……

聚会的时候老师都老了，同学们也都有了白发和皱纹，有一些坐在老师身边甚至显得比老师还要苍老憔悴一些。无论当年的我们是如何的模样与状态，我们不可阻挡地长大了又衰老了，回忆当年，老师们也就陪伴了我们短短的两三年而已。

那些认真的、调皮的、乖巧的、无赖的、可爱的学生们，终究有了属于自己的一段人生，而一路遇到的那些个老师，究竟在他们的人生中扮演着怎样的角色，终究不得而知，其意义之大小，很难推测。在漫长的人生路上，我们遇到了太多的人。

当老师无法选择学生，学生无法选择老师，那么就当是无法选择自己的父母儿女一样吧，遇上了就是缘分。儿女不争气，父母又能怎样呢？儿女残疾，父母又能怎样呢？照样养着呗。

我是慢慢地把这些都看明白了，想明白了。我不想高估自己作为一个老师在学生成长中的意义从而高高在上，也不想低估自己对学生力所能及的影响而无所作为。我把自己作为一个真实的人呈现在学生面前。

我的喜怒哀乐与委屈无助，都摊放在他们面前。开心时像个孩子，贴心时像个朋友，温暖时像个母亲，愤怒时秒杀你，高兴时搂住你，委屈时等着你的安慰……

"貌似她还是一个小孩。从来没变过。她简单地生活着，她相信命运是公平的，教书的日子是快乐的。学生们会喜欢这样一个像孩子一样的老师。善良天真是她，真诚示弱是她，仗义坚强是她，调皮狡黠也是她。说到底，影响学生的，终究不是那些知识和分数，而是教师的人格魅力。一年一年也就这么过去。从来没有乏味。有她的陪伴，人生就不会没有惊喜。对我，对学生，都一样。"儿子眼中的母亲是这样的一个老师。

我想，我只是把一个真实的自己和盘托出在学生面前，而这个，不需要高超的技术甚至艺术。

老师，你要学会给点阳光就灿烂

于老师：

　　我是一个工作将近十年的青年教师，教着主课，做着班主任。这些年来，我一直很不开心。其实，我是一个很要强的人，我的不开心一直压抑在心里，我从来没有在任何人面前表露过，似乎表露出来就会让别人觉得我是个无能的人。我总是默默地自己消化着不开心，然后又迎来了新的不开心。有时候我甚至有一种错觉，我是不是就这样被这个职业变成了一个内心非常强大的人了。

　　可是我自己知道我的内心很脆弱。我只是一直在压抑自己而已。这一份教师职业，让我内心沉重。每年分班，我的运气似乎总是不那么好，总有特别的刺头学生会放在我的班级里，若是惹是生非了，我更是倒霉，"擦屁股"的时候我总想落泪，因为没人看得到我在他们身上付出的无数精力和心血，而他们终究还是个孩子，情商还没有发展到能够对我有感恩之心，在教育的过程中我难免会对他们有批评，他们不恨我已经很好了。任课老师总喜欢找班主任告状，他们在我面前说学生说得很难听，我替学生难过，也哀其不幸怒其不争。我虽付出很多，可是也会遇到很不讲理的家长，遇到素质很差的家长，他们张牙舞爪的时候我总是默默无语，我不可能和他们一般见识。

　　学生、任课老师、家长，一个班级只要有那么几个学生是刺头，日子就很难过了；只要有那么一个特别爱找你告状吐槽的任课老师，每天的心情就很不好了；遇到那么一两个特别难缠的家长，心情就极其郁闷了。就算这些年我被评到几次先进，可是并不能改变我内心的那些压抑和沉重。

　　我还有二十多年才可能退休，莫非我就要这样默默地压抑二十多年吗？我曾经是多么满怀热情意气风发地走上教师岗位的，十年不到，我就满心沧桑了。不甘心，可我又能怎样呢？

　　这么一写，突然泪流满面了。

　　　　　　　　　　　　　　四川听过您讲课的一个老师

　　很理解。因为这样沉重的心情我也曾经有过，很多现在头戴光环的"名师"也都有过。

　　我记得有个现在很有名的特级教师在一次讲座中提到他工作到十多年的时候，因为他希望给学生比较完整的教育生活，所以搞了很多活动，但是这些重点班的家长们不乐意了，他们希望自己即将高三考大学的孩子把所有的精力都用到看书做题目上去，于是他们联合起来要求罢免这个老师。讲到这里，这个特级教师沉默了几秒钟，说："如果不是我内心强大，这个世界应该已经没有我了。"

　　我记得一个名班主任在回忆自己一路艰难的教育生活时，谈到他在高考前日日夜夜鼓励一个倒数第一的到了最后几个月终于想要努力学习的学生，师生奋斗着，高考时成绩还是倒数第一。说到这里，他落泪了。

　　我记得一个老教师因为批评了几个调皮的男学生，放学后他们在班级里放火烧了竹枝扫帚，在黑板上写下"烧死ＸＸＸ"。我永远记得这个老教师说到这里时黯然的眼神。

　　我有个好朋友也是老师，做班主任，工作第一年，和一个老教师搭班，老教师对自己做班主任的班级特别敬业，对我那个好朋友的班级却马马虎虎敷衍了事。当我的好朋友去请求老教师多多辅导班级里的差生时，老教师淡淡地说："以后考核只看两个班级里分数高的那一个，你们班级的及格率我已经完成了。"好朋友说的时候，泪水夺眶而出。

是啊，经历到这些事情的老师，如果没有强大的内心，如果没有很好的倾诉渠道，如果没有方法化解这些压抑在心里的沉重，是很容易崩溃的。

不被家长理解，付出没有收获，学生成了白眼狼，同事和自己的教育理念完全不相同，再加上自己是个要强的人，这些叠加起来，足以压垮一个原本对教育充满热情意气风发的老师。

每当我想到这些的时候，我都特别感激教师能够有寒暑假。它在老师们绷紧了半年的弦之后，给了老师们一个缓冲的时间和空间，给了老师们一个疗伤的机会。

老师，去看看大自然吧，不仅仅是游山玩水。哲学家说："人的双脚只要踏上土地，一切疾病就会不治而愈"。

一粒种子，从没有埋怨过自己落地的地方。石缝里，它那样艰难地生存着。记得有一篇文章写道："树之所以被称为树，不是因为它生活在哪里，在游人如织的公园，在荒郊野外的田野，在崎岖嶙峋的山崖，对树来说都没有什么区别，只要有阳光，只要有雨露，只要有泥土，哪怕只是小小的一抔就够了，它就会发芽，将根深深地扎下去，然后慢慢长大，不管是参天，还是矮小，它只是努力地成为一棵树。"

这些年的教书生涯，我学会了一件事情：眼睛不仅仅盯着教书这件事。行走在大自然中，万物都给我启发，心胸也变得宽阔。

昨天看对白先勇先生的采访，他谈到《红楼梦》是天下第一奇书，奇在哪里？它写的不是单纯的好人或是坏人，它写的就是人，人性。

是啊，人，人性。我们每天打交道的学生、家长、任课老师，这些名称都是因为我们的教师职业而产生的，可是说到底，都是人，形形色色的人，让我们看到各种不同的人性。谈不上好还是不好，就是最真实的人性。

你批评了他（她）的孩子，他（她）当然不爽，虽然自己也知道孩子确实不大好，可是护犊之心人皆有之，于是脸色不好看了话语难听了，也是很理所当然的事情了，换了你，人家批评了你的孩子，你也不爽的。

作为一个学生，一个少年人，被功课束缚着，被你这个老师从头到脚各种规矩管着，再被你批评了，就算你是一万个好心，他（她）的心里也是不舒服的。换了你，不也一样吗？哪怕你自己也知道自己这件事情做错了，做得不大好，可是被校长当众批评了或者是私下批评了，你也很难堪的。

你如果是任课老师，在班级里上课，纪律啦成绩啦让你头痛，你当然也会找班主任倾诉，说着说着就光顾着自己爽了，顾不上给班主任带来不好的心情了。这也正常，毕竟这个世界能够全心全意替别人着想不给别人添堵的人，很少很少。

"唉，他（她）就这么一个人。"这是我时常在郁闷时安慰自己的话。

我学会了像那粒石缝里的种子一样活着：给点阳光就灿烂。

选择性地看到听到，让自己变得开心起来。

昨天这个学生听课几乎是不听的，今天听了一点点了，不错，下课的时候顺便喊到身边来，微笑着告诉这个学生你今天的发现。哪怕明天他还是老样子出来一点也不听。没事，这个世界每个人有每个人的不同的人生，书读不来，也许还有其他路可以走，只要人品是好的。有时候，人要学会知足常乐。

前些天这个家长还在和你啰哩啰唆，疙里疙瘩，搞得彼此不开心，今天他的孩子有一点点小进步了，那就当没有前些天的事情发生，你发个短信告诉家长孩子的小进步。有时候学会遗忘就是善待自己。

这个任课老师总是来向你告状，搞得你心情一团糟，总比不闻不问要好，把她（他）一箩筐的牢骚筛一筛，挑选出真正实质性的问题，到了班级里，该抓的还是要抓的。有时候，人要学会选择性地听一些话。

而我们自己，又怎么可能完美无缺呢？我们在觉得他人的烦人恼人令我们厌恶的时候，殊不知我们也在令他们心烦气恼厌恶呢。

这些年，我学会了少说话多做事，加上微笑。

如果教育理念不相同，我不会像从前一样想尽办法去改变他人，我渐渐明白这是一件不可能的事情，除非他自己遇到了一些事自己想要改变了。从前遇到一些教育理念僵化的老师，我替学生痛苦过，可是后来发现学生并不觉得痛苦，我不知道是这么多年来学生已经麻木了还是他们觉得老师本来就该是这样的。仔细一想，人在世上本来就不可能只接触一种类型的人，就应该接触各种各样的人。而做班主任的，本来也应该接触不同性格不同理念和方式的任课老师。用一颗坦诚的心去接纳一切，是人与人相处应有的方式。不再去计较谁的理念方式对或是错。每一种教育行为，都有自己特定的时机，过后去看，已经不是当时当地的真实模样。

而家长，由于他们自身的学识与成长环境，更是在教育孩子方面表现出了形形色色的状态，怎么可能成为你理想中的整齐划一的"好家长"？

更不要说学生了，成长中，身高体重脸型都在不停地变啊变，更不用说那颗躁动不安无处安放的少年心了。

就像那棵石头缝里的树，面对一切艰难，唯一能做的是释然、坦然与自然。

烦恼是自己找的，快乐是自己找的，那就只找快乐吧。只要能够继续成长着，抬起头来，总还有蓝天白云阳光雨露，总还能看到鸟儿从天空飞过，落你枝头栖息歌舞。

也许不知不觉间，你已经成为一道美丽的风景。

只是，人们欣赏你的时候，依然无法体会到你挤压在石缝里的锥心疼痛。

原来，问题出在这里

　　每年，给新上岗教师或者给工作 3～5 年内的年轻班主任做培训的时候，我总是会纠结到底是以"术"为主还是以"道"为主。我心里很清楚，老师们是非常希望听到"术"的，甚至渴望听到一些拿去就能用的"术"。

　　但在和老教师的交流中，却时常听到"工作这么多年了，发现自己越来越不会教了，现在的学生越来越难教了"这样的无奈无力之语，老教师也渴望新的招"术"多一点。

　　事实似乎也是如此，网络上传出来的一些激烈的师生矛盾视频或者事例，发现基本都是老教师，人们感慨：越是负责任的老师越容易被学生伤害。

　　到底是什么出了问题？"道"还是"术"？

　　近半年来，"于洁班主任工作室"推出了"情景应对"式班主任培训项目，被我们称为"班主任的诞生"。这个培训项目把一线班主任在工作中遇到的班主任与学生的问题、班主任与任课老师的问题、班主任与家长的问题、班主任与学校领导的问题真实再现在舞台上，请一线班主任们上台应对，从而反思遇到类似问题到底该如何处理是比较恰当的。这个培训项目很受老师们欢迎，我的工作室成员们扮演了学生、任课老师、家长、学校领导，在换位思考中也得到了很多启发。

在给国内班主任连续开展了大概七八场培训之后，受中国教育学会副会长杨瑞清先生邀请，我们在南京行知教育基地和 96 位来自马来西亚华文小学的校长和骨干教师相见了。同样的舞台再现，却让我们感慨万分，我的几位工作室成员甚至有了要流泪的感觉。

而我，终于明白，一线教师的教育问题到底出在哪里了。

在给国内的教师培训时，我们情景再现了这样一道题目：

"女生小霜右脚稍有残疾，走路颠簸，男生小强向来调皮捣蛋，多次跟在小霜后面模仿她走路的样子，以此为乐，嘲笑小霜，小霜坐在位置上伤心地哭泣了。班主任面对此种情况，如何应对？"

一个女教师走上来，一把揪住小强，劈头盖脸把他训斥了一顿，然后走到小霜面前，说"别哭了，别哭了，我已经训过小强了"。然后，女教师回过头来告诉我们说："对这种男生，就要以暴制暴。"

一个男教师走上来，对小强说："你给我站到一边去，闭嘴！"然后面对哭泣的小霜安慰说："别哭了"，当他发现小霜依然哭泣时，他憋不住说了一句："中国那么多残疾人，不都好好的嘛，你哭有什么用啊？"小霜一愣，放声痛哭。

一个女教师走上来，给小霜递了一杯水，又用餐巾纸给她抹泪，柔声安慰她，开始给她讲一些残疾名人的励志故事。

同样的情景再现在马来西亚老师面前时，一个高大年轻的女教师走上台来，蹲下身体，后来索性跪在舞台上，快速地拥抱了哭泣的小霜，什么都没有说，就是紧紧拥抱着她，直到她哭泣停止。然后女教师让小强把自己的一条腿绑住，使他步履艰难，再让他去把对面的一张桌子搬过来，小强完全无法完成这个任务，女教师用换位思考、亲身体验的方式，让小强明白了小霜的痛苦。

是啊，此刻，有什么比一个温暖的拥抱更好的呢？

我们的内心受到很大的震动。

我们在平时的工作中，遇到一些学生的问题，第一反应是我如何镇住这个学生，让他听我的，让他按照我的要求去做，我们用"师道尊严"再配合一些震慑性的方法去压制住学生，似乎他怕了我们，就不敢再做坏事了。殊不知这样的"道"与"术"时间长了就渐渐结下了师生之间的旧怨新恨。

而我们在这个马来西亚女教师的身上，看到了极其温暖的"人性"。当遇到问题的时候，她第一时间关注了人的感受，我们没有看到任何的"师道尊严"，只看到了真诚温暖的"爱"，无论是对待小霜，还是对待小强，都是一种平等的对待。

于是，在后来的情景应对中，我们看到一个马来西亚的男教师面对一个因为父母吵架而离家出走的女生，他没有选择任何语言贫乏的劝慰，而是微笑着说："你愿意和我一起去吃个冰激凌吗？"

马来西亚规定学生不得带手机进校园，但是当一个女孩的母亲告知老师自己家庭情况比较特殊，只能让孩子带手机上学时，一个马来西亚的老师马上说："我明白了，我理解，我会和学校沟通，请让你的女儿带手机，但是一上学就放我抽屉里，放学后取走。"

我们和马来西亚的老师对学生作弊的问题进行了较为深入的交流，他们告诉我们，学生如果作弊，会把这张试卷以零分处理，然后重新补考。同时会让父母来学校一起沟通教育学生，给这个学生机会，让他改过自新。

"不处分吗？"我们好奇地问，"如果下次再作弊呢？"

"一般不会再作弊了，不处分，因为孩子以后的路还长，不能因为一次错误就带给他终生的伤害。但是如此多次教育屡教不改，那么我们会让他停学，也就是开除，但是我们会先劝他转学。"他们说。

原来如此。反观我们对待学生作弊的处理，立即就知道我们的问题出在哪里了。当学生作弊后，我们狠狠地处分了他们，试卷零分处理，处分布告贴出来，（现在已经好多了，以前处分还要记入学生档案，跟随一辈子）但是假如这个学生再次犯错了，我们除了加重处分，由警告处分到记过处分，还能如何？义务教育阶段不可以开除学生。

我们在学生的小错误上大动干戈，但真正面对学生的屡教不改却无能为力。学生没有敬畏的底线。

一方面是老师缺少真正的爱心，使劲地维护着所谓的"师道尊严"，又把大量的关注度集中在学生的学习成绩上，和学生的交流大量地停留在学习层面，同时在激烈的升学竞争中，老师本身背负着极大的升学压力，老师对学生的爱基本都化为对学生成绩的关注，批评与鼓励也大多围绕着学习而言。

另一方面是学生没有敬畏的底线，可以为所欲为。学生把升学的压力理解为是老师对自己的压力，理解为老师要我学，老师逼着我学，家长逼着我学，尤其是青少年时期的学生，叛逆心作祟，你要东他偏要西，网络的存在让他在学习之外懂了很多又迷失了很多事情，而这部分内容又不在老师与他交流的范围之内。

这样的一方面和另一方面，造成了较为严重的师生对立，并由此引发家校的对立。

老师不懂学生在想什么，当一个学生写下"周渝民，我爱你"时，老师大惊，厉声问："周渝民是哪个班级的？说！"殊不知周渝民是一位演员。

学生不懂老师的苦心，当一个老师发现自己所教的尖子班在纪律和成绩上有所退步时，老师苦心播放励志影片再要求学生写观后感，却遭到一个学生的抵触，老师说了气话，这个学生就把老师杀了。

到底是什么出了问题？到底问题出在哪里？这次与马来西亚老师的交流让我渐渐明晰了答案。

《未成年人保护法》保护了青少年，但是对于那些屡教不改、犯下重大错误的青少年，比如严重的校园欺凌等，也要有相应的法律惩罚，要让每一个学生都知道不可以无法无天。

道存术自在，爱在术自有。这是每一个老师都必须深记的话。

在南京行知基地的墙上，写着陶行知先生的一句话：

"捧着一颗心来"，这六个字不就是最好的"术"吗？

"不带半根草去"，这六个字不就是最好的"道"吗？

从明天起，一起做个笃定的人

那天凌晨，你通过 QQ 留言向我倾诉了班级里那个不好好读书的"惹事精"带给你的无尽烦恼和抓狂情绪，而他的家长，实在无法与你形成合力。你感慨付出那么多，收获很少，甚至还因为太认真而被人背后嘲笑。

我亲爱的同行，我深深地理解你彼时那刻的心情。我有很多的心里话想与你分享。

新的一年，你依然要做好受委屈的准备。

不仅仅是做老师，其实人生也是这样。无论你怀着多大的善意，仍然会遭遇恶意；无论你抱有多深的真情，仍然会遭到怀疑；无论你呈现多少柔软，仍然要面对刻薄；无论你多么安静地只想做你自己，仍然会有人认定你就是追求名和利；无论你多么勇敢地敞开你自己，仍然有人会在背后议论你。

不要因此而觉得委屈。尤其是在教书育人这件事情上，一定不要让我们的情绪受到负面因素的污染。总有各种各样的学生，有一些你就算对他（她）再好，他们也是木知木觉的；有一些你稍微指出他（她）的一些缺点，他们就会对你怀恨在心；还有一些在家里就是小霸王，误以为全世界都是围着他（她）转的……也许还有一些家长，因为沟通不顺畅的缘故，他们不知道你付出的心血，也不能理解你的用心良苦，甚至还对着你指手画脚来教你如何去教育他们的孩子……

不要因此而觉得委屈。走进餐厅，厨师烧得再好的菜也会被人说三道四，咸了淡了，油了素了，这个说要吃面，那个说要吃粥，从来没有百分之百的满意。

教书也是这样，做人也是这样。你若是因为看到听到一些负面的东西而万分委屈，你的情绪就会被左右。做老师，心胸一定要宽阔，只要你凭着良心做事，不求人人说好，但求问心无愧。

新的一年，你依然要做好吃些苦的准备。

教育注定是艰难的。人的性格中有 52% 来自遗传，几乎永远无法改变。所以我们常常感慨，有的学生真的很聪明，但就是懒散不求上进，要是他（她）能勤快一点的话，不知道会有多好。其实，有可能这样的懒散和不求上进永远无法改变，因为来自遗传。在剩下的 48% 中，能够改变的也是微乎其微，除非是他（她）自己想要改变。我们这些做老师的，只是学生生命中的匆匆过客，是一个重要他人。永远不要指望谈一次话就可以改变一个学生，永远不要指望一次鼓励一次批评就可以让一个学生彻底醒悟。教育从来没有那么神奇。我们遭遇的更多情况是学生的进进退退，在一次次犯错——教育——改正——再犯错——再教育中，有些老师的耐心被消磨殆尽从而选择彻底放弃。教育就是一次次拉锯战，永远不要选择放弃，坚持到底就是胜利。也许有时候学生毕业了我们还是没有教育好他（她），那也没有关系，因为你已尽力。真正的成功，是你内心的平静。因为凭着良心做事，因为已经足够尽力，因为问心无愧，而内心平静。

教育注定是艰难的。我们甚至要和整个社会的大环境作斗争。学校里的苦口婆心，敌不过社会上的网吧游戏；那么多的家庭战斗在生意场上麻将桌上，那么多的家长忙于应酬忙于生意，他们的孩子在最需要父母陪伴的年龄里缺少精神的陪伴与父爱母爱的引领；他们无法和父母一起徜徉于天地之间，感受大自然的花香鸟语；他们在价值观世界观即将成型的时候缺少了来自父母的榜样的力量……

教育注定是艰难的。仿佛一株小草要在钢筋水泥之下破土而出。可是，如果没有教育，世界是多么苍白、愚昧、狂妄、嚣张与荒凉。

所以，做了老师，我们的人生意义注定是与众不同的。有时候我们会很痛苦，也很哀伤；有时候我们会为学生忧为学生愁，也会恨自己没有足够的神奇的力量。可是，我们在为自己活的时候，也在创造着精神的价值。

我们既在度人，也在度己。当我们承受着很多的委屈，吃了很多的苦，历经艰难曲折的时候，我们自身的人生修养也在不断提升。当我们不再斤斤计较学生或者家长的一些误会或者冲撞；当我们百转千回上下求索寻找最好的教育方式；当我们在艰难的思考与尝试中发现了教育的柔软与美好，我们的人生会有一种质的飞跃。

亲爱的同行，总有一天，你会发现，做教师，最大的收获是发现了自己，找到了最好的自己。这是教育带给我们的美好。

新的一年，让我们更多思考教育本来的模样。

我们似乎都在一辆飞驰的列车上，身不由己却似乎毫无察觉，我们来不及欣赏窗外的风景，我们总是盯着和我们一辆车上的乘客们。我们总是习惯站在教育者的立场去看教育，就像很多人总是站在自己的立场去看问题。于是很多的委屈、哀怨、愤怒、无力吞噬了我们。我们被迫关注一些抽象的数字，而差一点忘记了学生们的成长。

当我们哀叹着孩子们阅读量少得可怜的时候，我们忘记了自己手中一摞摞的试卷和作业，其实已经讲过多遍了，其实已经练过多遍了。"可是他们就是前记后忘！"你无助地说。

我想起一个孩子，他的母亲总是一边唠叨着"多穿点，多穿点，不然要感冒的"，一边把一件件衣服套在孩子的身上，一边紧紧关好了门窗。有一天孩子吹到一丝冷风，开始感冒发烧。"你看，冻感冒了吧。再多穿点。"母亲说。

这样的情节其实一直发生在教育上，长此以往，恶性循环。

诗人海子说：村庄里住着母亲和儿子，儿子静静地长大，母亲静静地注视……

有些风雨要让学生去经历，有些坎坷要让学生去踩踏，有些错误要让学生去担当。我们一起做那个静静注视默默陪伴的母亲，笃定安详。

这是我们内心深处一直期待的教育的模样。

新的一年，让我们更多提高涵养、修炼气场。

真正的母亲，翻锅炒菜香气四溢，勾住了孩子的胃也勾住了孩子的心，回家的脚步不会偏移到黑网吧的电脑旁；真正的母亲，把孩子的衣服涮洗得干净整洁清香，素雅的孩子衣着得体不会想要戴个耳环化个浓妆；真正的母亲，是风雨中呵护花骨朵的荷叶，是孩子委屈流泪后第一想要投靠的温馨港湾……真正的母亲，修炼了强大的爱的气场。

博学笃志，切问近思，仁在其中。唯有丰盈的土地，才能滋养万物生长。人格的魅力才能感化轻狂的少年。我们不要着急，我们的土地上有高树也有灌木矮草，良莠不齐也是自然最真实的模样。我们不造钢筋水泥混凝土的单一建筑，我们不是工人，而是个农民，"晨兴理荒秽，带月荷锄归。道狭草木长，夕露沾我衣。衣沾不足惜，但使愿无违"。我们在早出晚归中静待汗水后的收获，不拔苗助长，种桃种李种春风。

新的一年，也期待所有的身体等待灵魂脚步的跟上。

不要太着急，不要催熟桃李而没有芬芳。在操场上阳光下和学生多走上几圈，谈谈心聊聊天，我们不是高高在上的教育者，他（她）们不是唯唯诺诺的受教者，我们是平等的朋友，交换彼此对生活细节的感受；课堂不仅仅是我们的一言堂，讲台不仅仅是我们的舞台，学习本该因为获得知识和能力而得到快乐，因为感受到自己的浅薄而产生如饥似渴的期望，不要让我们的学生因为学习的挫折而愁眉苦脸，更不要他们因为自卑而郁郁寡欢。

相信新的一年总会有新的改变与完善，相信社会的教育理念不会永远受命于分数线的指挥棒，相信有一天家长会冷静地掂量出孩子几斤几两。让爱好音乐的孩子去欢唱，让绿茵场上汗水与笑声飞扬。相信有一天所有的人都会明白：批评与鼓励，惩罚与表扬，就像月亮和太阳，黑夜与白昼，轮流上场。

我亲爱的同行，学生们终究都会长大的，也许变成你猜想中的模样，也许变成你想象不到的模样。

我们也在慢慢长大，一路磕磕绊绊，一路跌跌撞撞，学生虐我千万遍，我待学生如初恋。教育路比长征路还长还艰难，爬雪山，过草地，红军都是英雄汉。

只因为，我们还有信仰。

海子说：村庄里住着母亲和儿子，儿子静静地长大，母亲静静地注视……

从明天起，让我们一起做一个笃定的人，心怀善意，充满期待，面朝大海，春暖花开。

肆

找一条路走进学生心

老师的工作是一项能改变人的工作，真正能让人改变的不光是这样、那样的方法，而是"爱"。是对这份工作的热爱，是对学生的喜爱。一个人一生能遇到一个能给他好影响的老师是很幸运的事情，我遇到过，我希望我是下一个。

找一条路走进学生心

2017 年 12 月 28 日晚上九点半，我的 QQ 上收到某职业中学 K 老师的求助信：

> 于洁老师，我是职业中学的老师，我遇到这样一个问题，我们班有个女生和男生谈恋爱，学生谈恋爱在职业中学是常见，可是他们两个在公众场合举止不雅，毫不避讳。我屡次说教，毫无效果。今天我跟男生说，介于这种情况，我要和他家长联系，跟家长说一声。女生的家长是个完全不能沟通的人。开学时该女生有各种不遵守纪律的举动，在和她妈妈的几次沟通中，我发现她妈妈没法沟通。所以，我没打算和女生家长联系，我怕出了问题，没法交代。女生知道了我想找男生家长，就和我谈，说她的底线就是不要和双方家长说，否则她会做偏激的事情。语气就是威胁。我没回话，想请教您，您觉得怎么做才好？打扰了。

像这样晚上发来求助信的，我一般都立即回复，因为能想象得出求助者的焦虑心情。

于是，有了下列对话：

我：那你就和他们说清楚，你的要求就是不能在公众场合腻腻歪歪。秀恩爱，死得快。真正的爱是不张扬的。爱是两个人的事，不是表演舞台剧。这些话和他们说。

K：说了不知道几次了。软的，硬的。您的意思就是还是可以和学生谈，暂时不和家长说？

我：假如家长是你说的那种情况，还是要等你有了真正的了解后再考虑。其实，没了观众就没了表演，如果你和其他学生对他们的表演视而不见，他们也就没了兴致。恋爱这东西有时是越反对越坚持，越觉得自己很伟大。

K：周围学生都看不见似的，习惯了。职业中学很常见的，不隐藏，不避讳。我没有反对，就是不希望公众场合太过分。

我：可以很关心地告诉女生要注意爱护自己，千万不要出格，不然女孩子最倒霉。

K：说了，班会课上说，私下里也说。我说女孩子一定要爱护自己，这样的话如果恋爱不成，以后看上班级其他男生，还有余地。可是我说了没用。

我：主要是不能怀孕。

K：对的，就是这个原因，我才想要和家长说，按现在的态势，很难说不出事。

（K老师随后把这个女孩 QQ 上发给她的话转发给了我。女孩说："老师，班里谈恋爱的很多。有些人很亲密你也没看到。我们两个只是因为在一个班所以经常被你看到。但是现在是职业学校了，也快成年了，你管得太严了吧。而且你和家长说只会让我们反感，不知道你会不会和我妈讲，因为我和我妈关系刚缓和变好了，我不想因为你的一个电话一个消息破坏我的事情，我自己会处理好，我们没做出格的事情。如果你很反感，以后我们有亲密的举动就不会让你看到。我自己也有底线，该做的不该做的我自己也分得清。老师，我们也师生 3 个多月了，我的脾气你也了解，你别怪我讲话冲，我真的觉得你管得有点过了。如果你真的和我妈说了，我会做出很偏激的事，不是威胁，跟我玩得久的都知道我的脾气，我的事情从小到大就没怎么和我爸妈讲过，他们也没真真正正了解过我，所以不告诉家长是我的底线。"）

K：您看看我们的学生素质。

我：如果找女生家长，要说明利害关系，把女孩威胁的话告知家长，要求家长注意方式方法，不能出事。但是如果你对家长不了解或者知道家长无法沟通，那就要斟酌。一定不要你自己一个人和家长说话，可以和学校德育处领导沟通，和家长沟通也要和领导一起。保护好你自己，明白？

K：明白了，谢谢！您休息吧！真的打扰。我当职业中学老师也十多年了，说世界上没有教不好的学生，我真的不相信了。

我：我仔细看了她 QQ 上和你说的话，看来她还能和你沟通，那你就保持这样的沟通。

K：好的。有教育不了的学生，但没有解决不了的问题。晚安，于老师。

从这一段对话中，可以很明显地感觉到 K 老师内心的焦虑无奈。尤其是她那句"说世界上没有教不好的学生，我真的不相信了"，更可以感受到她的无力。但看到她结束的时候说"有教育不了的学生，但没有解决不了的问题"，又让我感觉到她还是一个很拿得起放得下的老师，毕竟她已经在职业中学教了十多年，有些事情，就算困难重重，但也能调整好自己的情绪了。

2017 年 12 月 29 日中午十一点多，QQ 上再次收到 K 老师的信息：

K：于洁老师，根据昨天学生的反映，我今天约见了双方家长，同时请了系部学工主任参加。告知家长后，女方母亲反应很强烈。学工主任也很帮忙，但是在谈话过程中说了一句"我们学校还没有因为谈恋爱的事情找过家长"，让我觉得是不是自己小题大做了。班主任难做呀！我找了家长，估计女孩子会恨我的。

我：你还是急躁了些。昨天和你说的"如果你对家长不了解或者知道家长无法沟通，那就要斟酌"。那个主任说这句话，你不要放心上，既然已经找了家长了，接下来就静观其变，因为你已经和家长说明利害关系了。

K：嗯，我们可以不处分，可是，我总觉得，处分都是手段，不是目的。之所以这么急着约家长，是女孩子的性格让我很担心她会出事。可是现在一旦她知道我找了家长，接下来的举动会很让我头疼的。接下来就冷却阶段吧。

我：不要处分。

K：就没想处分。但愿孩子们理解我的苦心。

正好学校门卫送来了《福建教育》杂志，上面有我辅导参加班主任基本功竞赛时的一个重点高中的老师写的一个关于学生恋爱的案例发表了。我拍了文章的照片发给 K 老师，告诉她这个文章可以给她的这两个学生看看。

K：于老师，我们学校和普通高中最大的区别就是，他们没有学业压力。

我：没有关系啊，让孩子看看什么是很正的爱情，真爱是一路向上充满正能量的。

K：也给您看看我和这个女孩子之间的故事。

随后，K 老师发来了她写的关于这个女孩的文字，洋洋洒洒几千字，细致地如实地记录，让这个女孩的形象在我面前立体起来。

从与这个女孩的初相见→女孩上课后违纪情况频发→与女孩的正面交锋→寻求学工主任帮助→从宿舍卫生问题寻找突破点→适当的夸奖→运动会因为头发问题再次交锋→女孩晒伤后女孩误会了 K 老师，知晓情况后感受到老师真诚时发给老师的道歉短信……

K 老师在文章结尾写道："她慢慢在改变，任课老师和班干部的告状少了，她脸上的笑容多了，嘴里的脏话少了。她在一点点改变，但是也并不是没有缺点和坏习惯了。最近，她好像谈恋爱了。我的下一步工作是让她正确地看待这个年龄的爱情，学会保护自己。老师的工作是一项能改变人的工作，真正能让人改变不光是这样那样的方法，而是"爱"。是对这份工作的热爱，是对学生的喜爱。一个人一生能遇到一个能给他好影响的老师是很幸运的事情，我遇到过，我希望我是下一个。"

我看了很感动，一个老师，一边苦恼着这个女孩的种种问题，一边用真诚的朴实的文字记录着女孩的成长故事，一边感叹教育的苍白，一边却在努力寻找突破口。这是一个多么好的老师！

如果 K 老师的一颗真心一片真诚能够被女孩知道该有多好啊。我心里思量着，不由得心里一动，赶紧在 QQ 上和 K 老师发消息。

　　我：我有个建议，你可以把你写的这个文字打印出来作为新年礼物送给她，装在一个漂亮点的信封里。信封上写好：陪伴你的成长，你若安好，便是晴天。

　　K：好的。

十几分钟后，收到 K 老师发出的信的照片：

K：按您的方法，就是自制信封。

K：心里酸酸的。

我：有时候，教育艰难，先感动自己，然后，尽力而为但不抱任何希望。唯有如此，才能平心静气。这就是人生境界的修炼。

K：嗯！

2017 年 12 月 29 日下午三点半，K 老师再次在 QQ 上呼喊我。

K：于洁老师，孩子给我回信了。第一时间跟您分享。

女孩在 QQ 上对 K 老师写道：老师，你给我的信我第一时间看了，你发给我的消息我也看到了。我不知道回复什么。回家路上我也想了很多。老师，这里跟您说一声对不起！我想我幼稚了，也该慢慢成熟了。和×××（注：那个男孩的名字）的事我是真的没想到老师你会叫我妈妈过来。我妈妈也跟我讲了。其实我什么都懂，就是说不出来的感觉。谢谢老师这几个月来对我的关注。就像老师您说的我不记仇的，所以这次也不会（记您的仇）。谢谢老师您的信，我很感动，那么，新年快乐！2018 给您全新的我。

我：真好！我看了也很感动很开心。

K：感谢昆山于洁工作室做我的后盾，感谢您！新年快乐！

我：新年快乐！

附 K 老师写的关于女孩的记录：

迟来的道歉

作为一名中等职业教育的教师，你一定遇到过这样的学生，把任性当作个性，喜欢开口就说脏话，哪里不符合自己的心意就大发雷霆，对老师毫无尊敬之意。如果，这样的学生又恰好是女生，情况就更糟糕了。因为，她的朋友圈总会有很多乱七八糟的男生，你理不出她和谁更亲近，也不知道她看谁不顺眼的时候，这些男生会突然出现，做好约群架的姿态，更担心的是这些看上去完全不靠谱的男生什么时候会对她做出伤害的举动。而我，在今年新带的班级中就有这样一个让我头疼的女孩子，下面我简称她为小 N。

一、与小 N 的初相见

2017 年 8 月 27 日，我来到学校的第二天，早上 7 点半就已经站到一间未来 3 年和我息息相关的教室里，等待即将在我人生里印刻 3 年记忆的青少年们。8 点开始已经人来人往了，基本每个学生都有一名家长带领，需要家长核实学生入学信息并签字。这时候一个算不上漂亮的女孩子走过来问我，要填什么表格，说明的同时，我告诉她有一张表需要家长签字，她用很轻描淡写的语气和我说：我自己来的。我抬头多看了两眼，第一次注意了这个叫小 N 的女孩。军训第一天，晚自习和住宿生在教室里。我想，我应该开始和他们尽快熟悉起来。于是，我用了一句很老套的开场白：同学们，你们住宿生一定是离家比较远的……刚说一句，教室里响起一句："我不是，我是不想看见他们才住宿的。"沿着声音看去，正是小 N。

二、上课后状况频发

军训结束，步入正常上课。体育委员来说，小 N 眼保健操不做，叫她做，她就骂他。班长来说，小 N 上课前不交手机。任课老师说，小 N 上课睡觉，不做习题，态度恶劣。寝室同学说，小 N 不爱做宿舍卫生，每天起得比别人都晚，别人做好的卫生会被她破坏。最严重的还不是这些。上课第二周周五，班级门口聚集很多人，后经了解，是小 N 和高年级学生发生冲突，找人围堵人家班级造成的。一个普通的中午，一场群架差点发生。

三、与小 N 的正面交锋

问题频繁出现，我首先要做的是试着和她正面接触看看。眼保健操不做的时候，我去班级看她在睡觉。我把她叫醒，告诉她要做眼保健操，她不耐烦地说："烦不烦？"然后继续睡觉。上课前去教室检查手机上交情况，班长督促，她说："用他妈你管？"我过去，看她不断地发信息，我说："要上课了，手机要上交。"她依然不耐烦地说："发完信息着。"差点打群架的事情，我找她了解情况，她说的重点不是事件的发生原因和经过，而是，反复说："不是没打起来吗？你会给我什么处分？"可以说，我和小 N 的正面交锋中我频频败下阵来。你们会想，这个老师当得太窝囊。其实，我只是在花时间观察，观察她的个性，观察用什么样的方式，对她才是有用的。

四、寻求帮助

开学一段时间，针对小 N 出现的问题，我开始考虑和她的家长接触一下，我拨通了小 N 妈妈的电话。我把她在学校的表现简单说明，并告诉她妈妈，我打电话的目的不是告状，而是和她想一下怎么一起引导孩子。结果，她妈妈情绪很不好，和我说："你让她退学，我就想叫她出去打工，自己养活自己，不想看见她"等等言辞激烈的话语。挂上电话我知道和她妈妈合作教育孩子的可能性已经没有了。接着，我想到了我们系的学工主任，因为小 N 参加了系学生会，我和系主任说明了小 N 的情况，他说："她在学生会是好事，我平时可以多留意一下她的言行。"这条路，看来是一条保证。

五、寻找突破点

每个人都有情感上的软肋，小 N 算是一个在家庭中找不到太多温情的孩子，往往这样的孩子更在意别人对她的看法。那我就从她身边的人入手。首先，我不经意地找和她同寝室的班级里的另一个女孩，了解她的情况，并且告诉她，小 N 不是坏孩子，就是情绪的表达有问题，还有些不好的习惯。我对不喜欢她的任课老师也这样说，并且告诉任课老师，她很聪明，也多少能听进去老师的教育。我在开班会的时候选一些怎么和人交往的主题班会。我们班的女生宿舍是由我们班两个女生和另外一个班的两名女生组成的，寝室卫生出现问题，另外一个班的老师要求分开住。宿舍的另外三个女生都来办公室求情不要分开住，并保证她们会好好做卫生，就她没来。经了解，问题主要出在她身上，我叫她到办公室，她很不情愿，在我再三呼叫下很不情愿的来了。这次，我没有和她客气，严厉地批评了她的个人主义情绪，还有借机教育她平时的言行。

六、适当的夸奖比批评更有效

光看到一个人身上的缺点永远不会让人进步，让人愿意改变的往往是别人对她优点的认可。在观察小 N 将近两个月后，我找到了她身上的一些优点，比如：她不记仇，虽然说她的时候她很不耐烦，可是之后看她对我的态度，我发现她并没有记恨我。所以，我在班级里当着大家的面表扬她。她某节课表现的相对正常，我就马上说：某某老师又表扬你了，说你很聪明，你要坚持。渐渐的，我发现她看大家的眼神不那么凌厉了。

七、转折点出现

运动会开始了，小 N 报名参加了项目，运动员入场时我选择她参加入场仪式。我很开心地拍了照片发到家长群，没想到这张照片却引来了风波。第二天一早我收到了小 N 妈妈的信息，她用质问的口气问我为什么她女儿头发散着我没监管。我跟她解释：学校只规定不能染发和化妆，没有规定不可以散发。她妈妈还是不依不饶。我很生气地回她，"你的女儿你不知道吗？别说学校没要求的，有要求的能遵守就不错了。"等我在运动场上再看到小 N 的时候，她很激动地对我说：

"你跟我妈到底说什么了？我妈一早打电话就骂我？"她很激动地爆发了。我静下心来，想想，我对她妈妈的情绪不该牵扯一个无辜的孩子，我的语言是有不妥的地方。等到她情绪稳定后，我和她真诚地说："我和你妈妈的话，是和她说的气话，不过说重了。但是，不管我和你妈妈说什么，都不影响我对你的看法，我只需要对你负责，我只要你3年里好好的，顺利毕业，我不希望3年中你做什么冲动的决定失去这个学习的机会。"小N沉默了。

八、迟到的道歉

一天课间去教室，小N说："老师，我脸部晒伤，要去寝室休息。"我说："你先去校医室看看。"她回来后和我说，校医室没有晒伤药，我说："那你去药店开点药吧！我要和你妈妈说一下。"她马上说："不行，千万不能和我妈妈说，她不会问原因就会骂我。"我看看她的脸，权衡一下，叫了班级里另外一个女生在中午休息时陪她去药店，并且要求随时告诉我行踪。一个小时后，我收到了她的短信。她为她之前的行为向我道歉。

九、小N的改变

小N慢慢在改变了，任课老师和班干部的告状少了，她脸上的笑容多了，嘴里的脏话少了。她在一点点改变，但是也并不是没有缺点和坏习惯了。最近，她好像谈恋爱了。我的下一步工作是让她正确地看待这个年龄的爱情，学会保护自己。

老师的工作是一项能改变人的工作，真正能让人改变不光是这样、那样的方法，而是"爱"。是对这份工作的热爱，是对学生的喜爱。一个人一生能遇到一个能给他好影响的老师是很幸运的事情，我遇到过，我希望我是下一个。

孩子，愿你尝到学习的甜滋味

总有些学生让我们苦恼，对吗？成绩差，心思不在读书上；易惹事，精力常在玩耍上。初一进来摸底考试，小良同学是班级倒数第三。开学没几天，我耳朵里装满了大家对他的不满：自己不想学，还影响别人。而我的语文，教学这么多年，他算是破了我的纪录，第一次有学生 130 分的卷子考了 36 分，试卷上的作文他一个字都没写，全年级倒数第一。

人高马大，下课的时候竟像个幼儿园小孩匍匐在地上，和个子小的同学玩耍时一言不合他竟然抱起人家就往地上一摔，人家头上立即鼓起了一个包。

你若是去批评他，他也不说话，只是斜着眼看你，那种神情，让你看了心里只想叹气。

他的父母告诉我小良低年级时还好，可是从五六年级开始，叛逆得厉害，就是不想读书了，老师家长说话都听不进去。现在到了中学，上课不好好听，学习成绩就更加糟糕了。

我一心只想让他不要影响别人，一心只想让他提高一点点成绩，至少语文能考个及格。我想尽了各种办法，鼓励加批评，可总觉得拳头打进棉花团里，苍白又无力。

初一上学期的第三个月，他从楼梯上跑下来时一脚踏空，头的一侧摔碰在地上，虽然没有出血，也没有鼓包，却觉得头痛。而之后在医院的经历让我感觉坐了一次过山车，每次想起都觉得惊心动魄。

那一刻，我一心只想让他平安健康，别的一切，都可以慢慢来。

那个夜晚，我写下了一封长信，把小良摔伤后发生的事情慢慢地告诉了他，把他的父母、爷爷还有我这个老师的心情慢慢地告诉了他。

孩子：

这次你下楼梯时一脚踩空，真是吓人。现在的你虽还在医院挂水，却已是有惊无险了。有些事情我想告诉你，如果我不说，你可能就不知道详细的情况了。

周五下午第三节课思品课下课不久，同学们来喊我，说你在楼梯上摔倒了，我奔上楼去的时候，你已经在自己座位上坐着，思品老师在问你疼不疼。我看你身上没有伤口，就问你摔痛身上哪个部位了，你指着右耳上方的颅骨处，我摸了一下没有包鼓起来，头发根部也没有红肿，问你痛不痛，你说痛的，我就有点紧张起来。你这么大个子，不要说楼梯上，就算站在平地上摔下去，也会比别人摔得重，看你有点木愣愣的样子，不会有脑震荡吧？

我于是拨通了你妈妈的电话，她在外地，又拨你爷爷电话，要他带你去医院拍个片子，以防万一。脑袋这东西，最说不清楚，就算没摔开流血，也要拍片子看看里面是否受伤。

扶你下楼梯时，你告诉我是在三楼到二楼转角处踏空了摔的，我稍微安心了一些，难怪没有伤口，因为是摔在平台上了。我在电话里关照你爷爷一定要拍个片子，你的爷爷在电话里有叹气的声音，我懂他的心情，孙子真是让人不省心啊，前些日子把同学的头撞了去医院拍片，现在又把自己的头摔了去医院拍片。

我把第四节辅导课上完后，赶紧给你爷爷打电话，他说片子还没出来，在等。他说你没有呕吐，不大会是脑震荡，说话思路也清晰，就是还有点头晕，你爷爷告诉我你妈妈也赶到医院了。我略微定了一下心，关照片子出来后把情况告诉我。

孩子，上面这些事你也许还知道一些大概，下面的事你是不知道的了，那真是惊心动魄的一个夜晚。

我下班回家，看看时间，你的片子该出来了，于是发消息问你妈妈，她打电话给我的时候，明显地带着哭音："从片子看，医生说不大好，是XXXX损伤，我也不懂是啥意思，有个医生说脑子都摔烂了！现在开始6个小时内要挂水观察，不能吃东西，水也不能喝，6小时内是危险期，不行就要开刀！如果6小时后还好，还要观察30个小时，要住院十几天。"

我脑袋里"嗡"了一声，天呐，这么严重！这让你妈妈这个女人如何承受，我于是在电话里对你妈妈说："我马上到医院里来。"你妈妈说："不要来，孩子自己还不知道情况，以为没什么事，老师要是来了，他会觉得是不是摔得严重了，会害怕。"我想想也对，但终究担心，于是还是赶到了医院，给你妈妈发了短信，没有惊动你，我和你父母在你病房外的护士站那里说话，你的爷爷在病房里陪你。

孩子，你的妈妈见了我，立刻就湿润了眼眶，泪水在打转。我同为母亲，理解她此刻的焦虑与无助，于是搂住她肩膀安慰她，你的父亲虽是大男人，此刻也是悲伤焦灼又无奈，他担心昆山的医院到底对你的病症能否有准确的治疗，又不能一路颠簸把你送到上海的医院。他说哪怕摔折胳膊和腿也好啊，就是不要摔到头。现在什么也不能做，只能死等6个小时后晚上11点左右的第二张片子出来看看情况，不行就要开刀了。

孩子，在病房里的你，完全不知道那时候我们三个大人的沉重心情，唯有祈祷老天让你平安无事。

你的父母告诉我，虽然你人高马大，却一直是医院的常客，每逢换季就要咽喉发炎，挂水吸氧是常有的事，父母操碎了心；从小学五六年级时，你又开始叛逆，换了个人似的，上课不听，成绩下滑，父母说什么你也听不进去，更是让他们伤心不已。

孩子，我今天给你写这封信时，真是各种心情。你的父母有多爱你，我这个外人看得如此清晰，他们都是愿意用他们自己的命换你的命的人啊！医生那句不负责任的话，说你脑子都摔烂了，丝毫不顾及你母亲的感受，她听了真觉得天都要崩塌了！

从医院回家，我无法入睡，记挂着你第二张片子出来的时间，晚上 10：30 我发消息询问你的妈妈，在 22：51 收到她的回信："片子出来了，病灶区没有扩大，医生说比第一张还要好一些。我终于松口气了，谢谢老师关心！真的很感谢！"

孩子，那一瞬真是太好了，我可以想象出你的父母和爷爷如释重负的样子，你的母亲因为高兴而流泪的样子。而这些，都是瞒着你的，因为你还是个孩子，你还承受不起这样的精神压力。

今天我在南京六合区讲课，还是记挂着你是否更好一些。中午12：07 收到你妈妈的短信："做了核磁共振，一个小小的出血点，问题不大，下楼梯或者蹲下去站起来时头还有疼，还需要挂几天水，还要再住几天医院。"

孩子，直到这一刻，我才终于松了口气。我一个外人尚且觉得如此悬心与害怕，更何况你的父母。现在，你能理解上次你摔了 T 同学的头后，他的父母、你的父母的心情了吗？

生命如此脆弱，一定要小心，再小心啊。

老人说：孩子生一次病就懂事一次，摔一跤就长大一些。我多么希望经历这一次事件之后，你能懂得生命的珍贵，懂得父母亲人对你的深爱，懂得老师对你的期待。

这些天你好好休息，不要多用脑。等出院后，你来上学，暂时不要参加体育活动，正好利用那些时间到各科老师那里补一下课，早点跟上大部队。

同学们也很记挂你，希望你早日好起来，回到集体中来。

期待一个焕然一新的你，回到我们的身边。

祝你早日恢复健康，

沉稳懂事，好学向上。

热爱生命，体贴父母。

爱你的于老师

2016 年 11 月 27 日夜

出院后，他来上学了，医生关照不能跑跳，不然还会头痛。他安静地坐在教室里，或者到老师们的办公室里补课。经历了这件事情，大家都有点后怕吧，都觉得只要他脑袋没事生命健康就好了。而他的父母，也尽力在工作的忙碌中抽出时间陪伴他。他的英语很差，每次默写都是无法过关，甚至都是零分。于是他的父母每天在家里给他先默一遍，可是，第二天他在学校里默写依然是十几分二十几分。我真替他的父母难过。

各门功课都差，想要齐头并进谈何容易。不如先重点突破一门吧。我这样想着，和他交流了一下，他自己选了数学，感觉小学里相对而言数学还算是自己几门功课里分数高一些的。我同意了他的选择，带他到教数学的王老师那里说了一下。王老师是个极其认真负责的人，每节数学课都让这个身高一米七的大个子端了凳子坐到教室前面老师眼皮子底下，盯着他的听课效率。

语文和英语，暂时先不和他多计较了。我让他做了我的班主任工作联络员，让他每节课下课来我办公室问问我有什么要传达或者帮忙的。这样做的目的他是不知道的。其实啊，我这个语文老师和数学老师还有英语老师在一个办公室里，课间他来找我，英语老师和数学老师就可以轻而易举

地逮到他去重默啦或者订正个题目啦。（我是不是很狡猾）

数学上他慢慢开始有了点进步，每个星期一次的小练习卷上，不及格的次数减少了，七十几分居多了，偶尔出来个八十几分，让我和他都很高兴。

慢慢地，半年多过去了。初一下半学期开学后，3月30日，真是一个值得纪念的日子，他的数学考了93分。我为他高兴了一整天。我知道，一个孩子一旦尝到了一点点学习的甜滋味，那就像是一辆车被车钥匙插入后一转，发动机起动了！

我于是写下了第二封信。

孩子：

今天真的是很惊喜的一天，值得纪念。

写这封信的心情，和上次给你写第一封信的心情完全不一样。上次的心情很是沉重，这次却充满喜悦。

祝贺你，数学考了93分！

记得今天中午我在查看大家的数学成绩，按着名单越往下看心里就越担心，因为每次最后的几个学号成绩总不如人意，不过前几周玉生给了我很大的惊喜，而这一次，是你！真好，我为了高兴了一整天。

说实话，从2016年9月初一以来，我真是很为你烦恼，主要的烦恼是任课老师们都来向我告你的状，基本都是缺作业啦，重默啦，不及格啦，听课不认真了啦，而我作为你的语文老师和班主任，语文同样面临着你的懒散问题。整个初一上半期，感觉你就像一架没有组装起来的机器，零部件丢了一地，哪里谈得上运转起来？心里真是叹气又叹气。

这个学期，你的父母一直在努力陪伴你，前两个星期，你在家里默英语，可是在学校默的时候却依然低分，我的心情很难过。我很担心你和你的父母努力了却收获太慢太少以后，会失去信心，会慢慢放弃。

所以这次你在数学上有了质的飞跃，有了重大突破，会给我带来巨大的喜悦，我想今天你和你父母的心情都会很好吧，我真替你父母开心！

今天，我请你吃了个金橘，是不是很甜？你终于在学习上尝到了一些甜蜜，有了自信心，这实在是太好！上个学期，我最难过的就是看到你不努力带来令人叹气的成绩，然后你就更没精打采了。这样的恶性循环若是持续三年，那真是会逼疯了你的爹娘的。

现在这样真好！努力了，有进步了，心情好了，学习有动力了，那就会有更大的进步，会进入一种良性循环，整个人的精神面貌就完全不一样了。孩子，我还想谢谢你一直在为班级扛水，你辛苦了！

最近天气忽冷忽热，我听到你的鼻子一直呼噜呼噜的，想来是鼻炎犯了，你注意保暖。听你父母说你小时候身体一直不好，最近看你长跑不错，希望你长身体时能变得非常健康。再次祝贺你数学上的进步！你要好好感谢数学老师王老师一直抓着你没有放弃你。永远期待你学得自信，学得快乐！

爱你的于老师

2017. 3. 30

信写完后，我把链接发给了这个孩子的母亲，很快收到了回复：

于老师，刚看了你写给我儿子的第二封信，第一时间又转发给他爸爸看了。我们都很高兴。昨天晚上我下班回家，一进家门儿子就告诉我："妈妈，我跟你说哦，今天三个老师都表扬我了！英语老师表扬我默写进步了，数学王老师也表扬了我，于老师表扬我还给我吃了一个大金橘呢！"我说："儿子，你真棒！"就这样我们聊了很久，还聊到了关于"黑马"的问题。真的很感谢老师对他不懈的帮助和鼓励。相信他这次尝到小甜头之后会更加有信心，不断往好的方面发展成为一匹真正的黑马。

后记 1：

如何让小良继续努力而不是昙花一现，如何让他保持昂扬的学习士气而不是一时心血来潮呢？我和数学王老师唱了一出双簧。

我拉了他去找数学王老师，推荐他做数学课代表（已经有两个数学课代表了），希望王老师同意，让他帮着王老师收发数学作业或者往教室电脑上拷课件。我和他都期待着王老师一口答应，可是王老师很踌躇地说："只考了一次 90 几分，不能服众，再说英语和语文都不行，需要花时间，不敢太占用他时间，因为课代表事情很多的，还要做小老师辅导别的同学。所以现在不能立即答应，还要看一段时间。"

我和小良没有说话，默默地离开了。

一个多月过去了，小良在期中考试中写了作文，语文及格了；英语虽然还是不及格，但是自己想要学了。

我和他再次去找了王老师，我再次推荐他做数学课代表。王老师很爽快地答应了。

后记 2：

现在他读初二了，是个勤劳能干的数学课代表，这个月数学两次周练习，他一次满分，一次 97 分，是三个数学课代表里最厉害的分数了。满分的时候我请他吃糖，97 分的时候，我买了锅贴，请他热乎乎地吃。

孩子，学习上成功的甜滋味你要尝一尝，努力后的香味你要闻一闻，享一享。

　　而他的进步，触动了班级里另外几个原本和他属于一类情况的学生，他们也开始认真起来了。

后记 3：

　　教育是慢的艺术，急不得。把孩子的健康安全放在第一位，把教师的真实心情告诉他，抓住机会、心平气和、想方设法，会看到蜗牛爬上山巅的时候。

那些很努力，成绩却平平的孩子，我一般这样和他们聊

总有些孩子看上去很努力的样子，成绩却总是落在班级中下游。

对他们，鼓励过了，进步了一点点，也只能是一点点，不太可能有太大的飞跃；有时候进步了一点点，很快又退回去了。

不得不承认，读书成绩好是需要多种条件的，不是每个人都能心想事成的，勤能补拙有道理，但是现在真要做到头悬梁锥刺股的，极少。

我甚至想过，在古代，考功名，只考一门功课吧，现在呢？感觉现在读书比从前复杂多了，难度大多了。文科理科，样样不能偏科，不然总分就不如人意。

可是总有大量的学生，无法做到两手硬的，有些功课和有些学生就是八字不合，努力了也没大起色。

看着那些愁眉苦脸的学生，我常常伸开我的五指，大拇指、食指、中指、无名指、小拇指，长短不一。我常常看天地间大树、小树、灌木、花草，俯仰生姿。

我对自己说：天生万物，各尽其才；天生个人，人尽所用。尽力而为就好。

他们，除了读书，还有其他路可以走。

他们，将来会有属于自己的人生路。

而我，要做的，是不抛弃，不放弃，尽力鼓励，直到我无能为力。

这样，学生不会因为成绩不如人意而觉得不受老师待见，不会因为成绩差而感受不到老师的真心真意。

这样，我才能问心无愧。

春天，一切充满希望
——写给小志的信

小志：

今天你是值日班长，你让我感慨万千。

早上我进班级的时候，就依照老习惯，在教室里走一圈，看看有没有值日生和值日班长遗漏的死角。结果发现教室里干干净净的，讲台亮得可以照得出人影来。

我一看黑板上的名单，哦，今天是你做值日班长。

眼保健操的时候，我看见你又拿了扫帚在搜寻小的垃圾。当你背对着我，从同学们脚下清扫出细小的尘土，一边扫一边向后退，我的心中充满了感动。

有个名人说过：专注的人是最美丽的。是的，当你那小小的个子，认真的样子，出现在我的视线里的时候，我真的觉得那一刻的你都笼罩在一种光辉里了。

我没有惊动你，其他的同学都在做眼保健操，课还没有开始。

我走到走廊里，外面的阳光真好，底楼的花圃里有一棵叫不出名字的树长到了我们二楼的阳台边上，我可以清楚地看到光秃秃的枝条上一个个冒出来的叶芽儿。

是的，春天了，万物都开始生长。一切都充满了希望。

是的，小志，我在你身上也看到了希望。

我一直记得初一的你，遇到考试就生病，小脸上满是愁云。

对于初中的学习，你一直很是吃力，有的时候，看你一声不响地做着功课，似乎很认真的样子，问你是否都听懂了，你也是连连点头，但是眼睛里却是一片茫然，我真的不知道该对你说什么。

我一直很想打开一个缺口，帮助你把各科成绩提高起来，可是，真的好难。

你上课也不说话，作业也不抄袭，是个很安静的男孩子。但是学习的成绩却是不如人意。常常觉得你是一锅怎么也烧不开的温水。

每次看到你安静的样子，我都很想帮帮你，可是总是无从入手。于是，我都苦恼起来了。

初二的时候，添加了物理，你学得更加吃力了，成了男孩子里物理学得最差的一个。我想了很多的办法，请老师和同学来帮助你，但是效果甚微。他们教你的时候，你总是频频点头，但是眼神还是茫然的，茫然得我的心都疼痛起来了。

我突然发觉进入初二以后，每逢考试，你不再生病了，脸上也不再苍白一片。是你已经慢慢适应了吗，还是你已经麻木了？

你的个子还没有拔节，你看上去还像个老老实实安安静静的小孩子，你不大说话，你很少有笑容，每次和你交流，你都是点头又点头，我甚至都觉得我自己苍白无力起来。

孩子，我是多么多么想帮助你，让我走进你的心里，让我了解你。我知道，你一定有你的苦恼，你一定有你小小的肩膀难以承受的苦恼。我不愿意你的初中三年是这样的毫无起色，这样的平静，这样的失落。

直到那一次，我布置了一篇作文《心中，那一缕阳光》。我看到了你的文字：

"时间在指缝间慢慢地流逝，岁月在脚底下悄悄地滑过，不知不觉中，从一个懵懂的小孩变成了一个初二的学生。

到了初二，作业和烦恼成倍地增长，幸福和快乐却在成倍地减少。

初二，总会为一点小事惹起万斛闲愁。上晚自习时，听到楼下传来小学生兴奋的叫喊声，思绪总是会被打断，一股莫名的惆怅在心中潜滋暗长，但是，我没有说，因为已经初二了。星期五放学的时候，总是会暗暗的叹息'哎，大后天又要上学了'。但是，周一到周五上学，周六周日休息，这对一个学生来说，是天经地义的。日子似乎总是在重复的上演。难得，有一点新奇的事，会改变一下这重复的历史。

到了初二，'两极分化'显得格外突出，好的越来越好，差的越来越差。会捧着一张刚过90大关的卷子手舞足蹈，甚至兴奋的几夜难眠，但是却不会为一张七八十分的卷子难过，甚至有点习以为常了。

每次总是满怀信心地去迎接考试，但是迎来的却总是失望，而且希望越大，失望越大，几次下来，便不报希望，对学习也冷淡了。心中的那一缕阳光在渐渐的泯灭，经过岁月的蹉跎，那一缕阳光已经消失殆尽，心中无边的黑暗、寂静，没有生机。

但是，妈妈却一直不放弃，总是在我失败的时候鼓励我、支持我，但是每次给妈妈带来的只能是失望，我总是非常愧疚。虽然是这样，妈妈却一直默默地支持我，给我继续走下去的勇气，并且对我说'只要笑一笑，没有什么过不了'。

真的非常感动，虽然现在我不知道该怎么笑，甚至不敢笑，但是我相信总有一天我会笑出来的。

妈妈的鼓励与支持，就好比黑暗中的火焰，把我从黑暗的深渊中拉出来，为我指引前面的道路。黑暗中的火焰，炽热无比，带来了冬日里的温暖。心中的那一缕阳光，又回来了，从晦暗的阴云中艰难的滤出，虽然只有一丝，却照亮了阴暗的大地。

那一缕阳光的名字，叫'只要笑一笑，没有什么过不了'，它是妈妈给我的，谁都拿不走。"

我感慨着你小小的心灵竟然独自承担着失败的重荷，尽管如此，你却还在努力地坚持，你真的长大了。是啊，人生路上，有些事情是我们必须要做的，而且必须要做好的，不管一开始有多么不顺利，有多么失败，但是成功总是在坚持者的面前微笑起来。你是多么坚强的一个少年人！我都佩服起你来了！

我给你的文字打了满分，不仅仅是你的真情流露，文采斐然，更有对你这少年人的一份敬意，我为你的坚强喝彩！

小志，你终于长大了，春天来了，相信你学习上的春天也一定会到来，不一定脱颖而出，只要有点进步就很好。我们有缘相聚三年，在这三年里，于老师不会放过任何一个机会，我一定会尽我最大的努力，来鼓励你，鼓励每一个同学，让每一棵树都冒出嫩绿的芽儿，在春天的阳光下微笑着成长。

相信我，小志，我能做到。我也相信你，小志，你也能做得更好！

一直关注你的于老师

2008 年 3 月 26 日

后记：

小志后来考上了南京大学。

期中考试前，班主任可以和学生这样聊

快要期中考试了，老师们除了关注成绩落后的学生外，当然也希望尖子生那头多多益善。

几乎每一届学生中，老师们都会遇到一些反应很快、似乎很聪明但是考试成绩却总是无法名列前茅的学生，老师们总会替他们惋惜。我这一届学生中也有那么几个，小浩和小建就是其中很典型的两个。

在初一刚接班的时候，几乎所有的任课老师都向我这个班主任反映，小浩和小建这两个男孩子很聪明，课堂上一听就会，反应能力比其他同学快了一截。所有的老师都对他们两个寄予厚望。但是一两个星期后，几乎所有的老师都发现了他们相同的问题：当他们听到比较有兴趣的知识点时很认真、听到新课时很认真，但是保持的时间很短暂，他们有大量的时间是自以为懂了，然后就不再认真听讲。老师们都有点担忧。后来考试了，整个初一，这两个学生始终成绩平平，中游而已。尤其是数学，看上去他们一听就懂，但是作业和试卷上却错误率很高，错的基本是填空题和选择题，和他们在课堂上的迅速反应完全不成正比。老师们很失望，他们自己也很苦恼，家长也很苦恼。

初二开始的物理学习上，同样出现了数学上相似的问题，在全班平均分差不多 90 分的时候，小建只能考到 80 多分，他懊丧不已。家长在家校联系单上也表达了迷茫的感觉。

　　我于是写下这样一封信，交给两位同学的家长，让他们看了以后再给孩子看。因为，有些问题，需要家长和孩子一起有所认识，然后有所改变、有所行动。

　　小浩、小建：

　　　　我想了很久，决定给你们两个写一封信。

　　　　你们两个都是我和其他任课老师很看好的学生，我们班级 44 个学生，我们所谓的看好，就是觉得你们应该是至少能够进入班级前 1/4 的人，甚至应该是进入前 1/8 的人。但是，非常遗憾，一年过去了，初二也已经进行了第一次月考了，你们非但一如既往地进不了前 1/4，甚至都在 1/2 左右徘徊。

　　　　我们为什么会看好你们两个？因为感觉你们似乎挺聪明的，认真听讲的时候反应还是挺快的。注意，前提是认真听讲的时候。可是，很遗憾，你们不认真听讲的时候几乎占了 80% 以上的时间。这个数字是各门功课的老师反映出来的。

　　　　小建的不认真听讲，表现为走神、和别人讲话或者眉来眼去，或者是不停不歇地擤鼻涕，发出很大的声音（但是下课的时候却完全没有，鼻子还是很正常的）。

　　　　小浩的不认真听讲表现为低头，等老师在黑板上讲了好一阵了才抬起头来，或者表现为心不在焉的样子。

　　　　在我们的教书过程中，我们知道有一类学生在校的表现是来看个热闹的。就像买了票看戏，觉得哪里挺好看的就喝彩一声，让人知道他的存在，其他时间感觉不大好看时就埋头吃瓜子或者和别人聊天。看完了戏也就完了，不会再去想什么了，更不会去想一想自己得到了哪些收获。

　　　　这样的学生在学校里读书，很类似于这种来看热闹戏的人。上课的时候老师讲到比较热闹的地方他就会出现，大家都能感觉到"哇，他的反应真快"，可是，那些需要静静听讲，需要注重细节，需要认真笔记认真理解咀嚼的地方，他们是根本不在听的，他们沉浸在自己的世界里。于是这节课他们的收获是不多的，如果上课提问到一些老师讲过的知识点，他们也是非常茫然的。

这样的学生往往是在一开学的时候就因为思维反应快而让老师们马上记住了他们，让老师们充满期待，然后在作业收上来的时候觉得有点失望，等到考试的时候更加令人失望。到最后，班级里没有人把他们当成强有力的对手。因为时间一长，大家都知道了"他们是没有花头的，就是上课偶尔发言时引人注目一下而已"。

一针见血地说，这样的学生缺乏了一个优秀生身上最典型的品质：注意力集中。只有注意力集中的人才会踏实、静心、沉稳。课堂上的内容无论有趣热闹还是需要静静思考默默观看老师的演示，他们都会很认真。

缺乏注意力集中这个优秀品质，可能是和小时候老人带大的有关，老人喜欢一边让孩子看电视一边喂饭；可能孩子小时候过早接触电视电脑手机；可能小时候没有接受过静心做事情的训练，比如安安静静看看图画书、安安静静搭积木……

正因为缺乏了这样的品质，所以小浩和小建才会无法名列前茅。虽然每次考试前你们也踌躇满志想要一鸣惊人，虽然考得不好你们也会苦闷一阵，但也只是一两天而已，很快地你们又恢复了老样子。

更一针见血地说，是小浩和小建完全没有搞懂为什么而读书。有趣就听听，没劲的就不好好听，你们还像个孩子，还像个来看戏的人，是来凑个热闹的。

这样的读书方式，在小学里还不是特别糟糕，毕竟小学课程少内容少，一个知识点老师会一次次重复复习。但是到了中学，这样读书的方式很快会原形毕露，初中课程多，知识点多，考试多，考试前老师复习得少，主要靠平时学生的听课效果。于是，小浩和小建就出问题了，而家长和学生本人也会很苦恼，不明白到底是怎么了，怎么自己就被别人甩了一大截了。

那么我们来看看班级里那些甩开你们的人还有那些后来居上的人是怎么读书的吧。

荣佳立志：我要考第一，我要为初三中考做准备。

瀚铎立志：我要成为一个尖子生，不想永远做个中等生。

佳灵立志：我不是昆山户口，没有获得分配名额的资格，我要拼命努力，我要争取考上高中提前班。因为提前班录取不看是不是昆山户口。

……

那么，一个真正的优秀生应该是这样的：有明确的奋斗目标，而不是一阵一阵的心血来潮；有持之以恒的精神，而不是三天打鱼两天晒网。简而言之，是有目标有行动。

有一句话很老套，但是送给你们两个特别契合实际。成功是1%的天才＋99%的汗水。

仅靠上课时那么一点点不太认真的听讲，再靠那么一点点自身的灵气，外加考试前那么一点点临时抱佛脚，顶多也就是班级二流的水平。那些上课认真听讲的人，会轻而易举地把你们甩到后面去。

初二是个分水岭，有些学生会渐渐变得沉稳而踏实，成为一个成熟懂事的少年人，有些学生依然懵懂茫然，像个小学生一样一天一天老样子过下去，一直到初三中考结束后才如梦初醒。

从一个旁观者的角度来看你们两个，要成为一个尖子生，只需要每一堂课都认真听讲，不再心浮气躁，就可以了。但是这么多年，你们习惯成自然，上课听讲效率低已经是老习惯了，要改变难上加难，老师也不可能在上课时一直提醒你们，所以你们要成为一个尖子生是有一定难度的，除非你们真的决定要排除万难做个尖子生。

只有心想才能事成，只有行动才能成功。

我将拭目以待。

期待着你们两个的于老师

2017. 10. 16

后记：

信写好了，我印了两份，悄悄给了小浩和小建。对于一封信能够带给学生怎样的触动，或是会有怎样令人惊喜的反馈，我不抱很大的希望。毕竟，教育艰难，从无一击制胜的奇迹，这一点我在这么多年给学生写信的过程中，始终保持着冷静。书信只是教育过程中的一种方式，我的写信动机就是试试这一种方法。有的学生收到信后会给我写回信，有的还会分享给家长看，有的会有行动上的改变，当然也有无动于衷的，这一切都很正常。

晚上，收到了小建母亲的手机短信：

"于老师下午好！仔细反复阅读了您给孩子的信，没有华丽的词藻但却句句到位。自己作为一名小学老师，可是在自己孩子的教育问题上却存在许多误区，有点溺爱有点不严格，取得一点成绩就开始放松，好像没有好好总结过。严是爱松是害，希望亡羊补牢为时不晚！遇到您这样的老师是孩子和我们家长最大的幸福！"

很好，看来小建是给母亲看了信，家长看了有触动了，那么，家校之间能够形成合力，那是这一封信的额外收获了。

小建同学在收到信后的当天，听课上出现了巨大的改变，原来听课时经常表现出一种"我都会了"的心不在焉，现在能够全程全神贯注；原来只要默写词语一定七错八错，现在能够全对了。像这样的孩子头脑确实是比较聪明的，但是往往小聪明害死人，在需要脚踏实地学习的地方往往表现出眼高手低的状态，导致知识点的学习不扎实，小漏洞很多，在试卷上就非常容易在填空选择等小题目上失分，导致整个试卷分数不高。而家长往往以为是自己的孩子比较粗心，没有意识到孩子缺乏的是一种注意力集中的优秀品质。所以这样的书信表面上是委托家长交给孩子，实际上是写给家长看的，只有家长意识到这个问题了，才能引起重视，才能引起孩子的重视，有所改变。

而小浩同学改变不是很大，依然有些漫不经心，因为他与家长的关系不是很融洽，听不大进家长的话，总是嫌家长啰嗦。但是我不着急，因为小建已经有进步，在这一周的数学练习中，考到了 97 分，这是他梦寐以求的高分，也是他第一次出现这样的高分。一旦小建远远超越了小浩，成为尖子生，那么小浩就会真正意识到自己的问题。

之所以采用书信这样的方式与小浩和小建同时交流，一方面是因为他们两个有相似的问题，另一方面也可以让他们互相竞争，看谁的改变比较大。书信可以把问题谈得比较透彻，也不会出现一只耳朵进一只耳朵出的状况，还可以让家长看到。另外，像小浩和小建这种因为听课注意力不集中又眼高手低的情况，班级里还有一些学生多多少少也存在，可以把这封书信在全班读一下，也可以起到有则改之无则加勉的提醒。

最近教诸葛亮的《诫子书》，讲到诸葛亮给自己的兄长写信，谈到对自己儿子的一些担忧，说儿子早慧未必是好事，怕他因为聪明而不刻苦。所以在《诫子书》中，诸葛亮反复强调了做人和求学都要注重一个"静"，切忌"躁"，我注意到小浩和小建都听得很认真，若有所思的样子。

我想，过些天再补充课外文言文《伤仲永》，多管齐下，让小浩和小建有更多思考。

永远的师生，永远的母女

中午我坐在教室里看班，这一年，真的好辛苦。这两年我是如何走过来的，个中滋味，难以言表。作为第 3 任班主任，我只能用如履薄冰来形容。这个半路接的班级，还有 4 天即将参加中考。

就算如此，还是不敢有丝毫的懈怠，最近十多天来，我每天 3 封书信（每封六七百字）的速度给班级每个学生写信，因为要给学生做个字迹工整的榜样，我每个字都是一笔一画认真手写，40 多封信写下来，右手中指压笔的地方已经从肿痛到起泡到起茧，还有 10 封信没有动笔，本想着趁着端午节写完，结果因为小升初的资格验证审核，全体中层加班，而 11 号的时候，一场突如其来的高烧伴随着鼻炎大发作外加咳嗽，让我昏沉着睡了一整天。

天气闷热，坐在教室后门处，看着学生们自习，我能够敏锐地感觉到他们不同的情绪。有的心烦意乱，左顾右盼，已经没有心思学习；有的昏昏欲睡，心不在焉，最后几天也不愿意再装模作样敷衍老师；而绝大部分学生正在紧张有序地作业与复习……怎么让学生在最后的 4 天里能够再有所突破上一台阶呢？我默默地思考着。

宗远走进来，递给我一个小的包装袋，说是学校门卫让他带过来的。

我有点纳闷，打开袋子看，里面是一封信，一瓶红豆，还有很多小卡片。

在完全没有任何思想准备的情况下，我打开了信封里的信，是已经毕业了两年的"菠萝"写来的！

"有太多的话想说，却不知从何说起。你是懂的，我们是心意相通的'母女'，就让我这个女儿为你、为（4）班做一点事，尽一点小小的心意。"

泪花在我的眼眶里直打转，我在包装袋里取出一盒子小卡片，每一张卡片上都是写给我现在的班级里的一个学生的一段话，我阅读了几张后，瞬间泪奔。

"菠萝"是在博客上细细阅读了我写给学生们的信后，揣摩着每个学生是什么样的人，揣摩着我希望他们怎么样的心思，才一一写下对他们的叮嘱或是鼓励。这需要花费多少的时间与心思！"菠萝"与这些学弟学妹们从未谋面啊！

继攀：骐骥一跃，不能十步；驽马十驾，功在不舍。

"菠萝"在我写给继攀的信中看出来我的忧心忡忡，知道继攀最大的问题出在没有恒心，所以这样给继攀敲着警钟。

洵宇：从容恬淡地过好生命中的每一天！期待你的成功！

"菠萝"在我写给洵宇的信中看出洵宇最近因为临近中考情绪不安，时常生病请假，所以这样安慰与祝福他。

艳：微笑是缓解压力的最好办法，于老师和我都想看到一个自信的你。

"菠萝"看出艳是个有实力的女生，只是缺乏自信，成绩不理想，于是这样与我同气发声。

瑞欣：努力是你的名片，你是个真诚负责的课代表，上天不会辜负你的！相信我！更相信自己！

这样的话对瑞欣来说实在是及时雨，全班最努力的瑞欣，有时候付出和收获不成正比，难免有些苦恼，"菠萝"的鼓励与祝福会让瑞欣笑逐颜开的。

琪：于老师真的很爱你，为你买了两年早饭。这些都是我没有感受到的。以后除了父母，也不会有人像她一样对你好，所以，请别让她失望！

这样的话，我自己说会很矫情，"菠萝"替我说了。的确，我虽然把"菠萝"当女儿看待，却也从来没有在生活上给她半点照顾。

玉凤：我们都有一双好眼睛，扎马尾辫，愿你的未来一切安好！

要怎样认真仔细地去看我写的每一封信，才能有这样的留言！"菠萝"，你是对着电脑上的每一封信然后才这样准确无误地写下来的吗？

子琴：你有一颗细腻敏感的心，善于发现美的眼睛。你是于老师的知音，也是我的知音！

"因为你爱于老师，所以我也爱你。""菠萝"的爱憎如此分明。也许是凑巧，其实子琴和"菠萝"很相像，两个人都是瘦瘦小小的，却都和我很亲。

响："响"，像个战士一样，举起手中的枪，打胜这最后的一仗！

"菠萝"在我写给响的信中看出了我的焦虑与期待，响一直不响，真是让我着急。像个战士，说得多好！

……

我想象着"菠萝"如何在电脑前一一细读我给学生写的信的样子，再一一细读她写得每一张卡片，每一个字都是工工整整，她和我的字竟如此相似！以至于后来我把卡片拍下来传到博客的时候，很多人没有仔细阅读她写给我的信，误以为那些卡片是我写给学生的。等了解情况后，都感慨出声："你们的字何其相像！"

瓶子里有两百颗红豆，想给班里的同学们每人两颗，好事成双嘛！希望能为他们带来好运。

"菠萝"他们中考前，我送给他们每人一颗红豆，作为美好的祝福，她知道我的红豆剩下不多了，竟然替我准备好了红豆，来送给我的学生们。

"你送的红豆我们都还保留着，红豆终于实现它相思豆的意义了。"这是"菠萝"那届学生写给我的留言。

在五楼只有我一个人的安静的工作室里，我的泪水涌流不止。"菠萝"毕业的那一天，他们以为那么爱他们的我会和他们拥抱哭泣难舍难离，却想不到我只是淡淡地说了一句再见就去给没考上高中的一小部分学生辅导网上填报志愿了。他们站在走廊里迟迟不肯离去，我还走出去对他们挥手说"走吧走吧"。

等他们通过博客知晓我不愿意在离别时煽情而是采用狠心断奶的方式让他们快速进入高中节奏时，已经是很多天以后了。

我欠他们一个告别的仪式，他们却把思念化成了永久的纪念。而"菠萝"，如此用心良苦，如此呕心沥血，只是为了给我这个"母亲"助一臂之力！

"菠萝"毕业后，我和她一直没有见过面，想不到这样一个完全无设防的时间，她让我如此感动如此幸福！

"得生如此，夫复何求！"《初中生世界》杂志张主任如此感慨。

人们总是问我："你得了那么高的荣誉，为何还要一直坚持在一线做班主任？你没有职业倦怠感？"

我想，我已经不需要回答了。

亲爱的"菠萝"，我也送你一张小卡片吧，上面就写八个字：失之东隅，收之桑榆。

这是我们两个的秘密，为师、为娘的心意，你懂的。

对了，"菠萝"，告诉你一个事情，当我把你的这些拍成照片发送博客的时候，我的初中班主任看到后，即刻发信对我说：这下可好了，我要做外婆了！

我泪水还在脸上呢，实在憋不住，笑出声来了！

我不能拿你怎么样，我只能拿你当儿子

初二从前两任班主任手中接过这个班级的时候，任课老师们对我说："别的不说，只要有这个小胖在，这课就没法上了。闹腾！折腾！坐到哪里哪里不得安宁！你要去批评他，眼乌珠就瞪出来恨不得要吃了你！两百多斤，不停地吃零食，班级里同学看见他都戳心（厌恶）！"

"爹妈呢？不管吗？""离了。没人管他，和老人一起生活。"

我心里长叹一口气。算了，孩子可怜，就不去计较了。

第一次见面，我说："我儿子去读大学了，无法在我身边照顾我，你做我儿子吧。"

他吃惊地看着我，在我真诚的注视下，他有点难为情。说："那我帮你做点什么？"

"我的手骨折过，不能干重活，要是有什么重的东西，你要第一时间帮我一起拿；要做我的助手，教室和我办公室离得远，你课间多跑我办公室，问我有没有需要传达到班级的事情；我不在的时候，纪律归你管，你嗓门大，喊一声，任课老师们都能听见，就会跑来帮你忙；语文课预备铃声响起来的时候，你要走上讲台带领大家朗读和背诵，直到我走进教室为止……还有好多事情啦，见机行事就好了。哦，还有，现在我是你妈，你是我儿子，所以要是你做得不好的地方，我肯定是要骂你的。谁让你是我儿子呢？"

他抓耳挠腮，表情有点尴尬，也许出乎意料能够受到如此重用，也许担心无法完成这么多事情，过一会儿很一本正经地问我："那现在有什么事情要帮你传达吗？"

"有，帮我把小海叫来。"他拔腿就跑了。

小海是个很有责任心的学生，我关照他做我的联络员，每天至少要跑我办公室4次，每次都要带上小胖。

小胖一边管着纪律，一边自己不断地违反着纪律。很快，班干部们开始向我表达不满情绪，他们去管纪律的时候，小胖还会故意和他们顶撞，甚至还把女生气哭了，3个班长感觉无法开展工作了。

开学第一周的最后一天，我下发了民意调查表，让学生们把本周要表扬的和要批评的同学和原因写一写，这个调查表只有我一个人看，不需要署名，所以学生们很放得开，拿出笔就开始写了。几乎所有的学生都在批评栏写了小胖的名字，原因不约而同，都是违反纪律。

我一张一张翻看着，小胖和学生们都注意着我的脸色。看完最后一张，我说："小胖，你先放学回家吧，我和其他同学有些事情要说。"

小胖走后，我对学生们说："我知道，你们对我重用小胖有意见，是的，他管纪律，可是自己又不停地违反纪律。今天我很明白地告诉大家，我真的是要把小胖当我儿子看待的。他的家庭情况特殊，能坐在教室里已经很不错了，也许，我们要做他在这个世界上的亲人。不要嫌弃他，他的那些坏习惯也许到初三毕业都改不了，可是我们要相信他会慢慢改掉一些。请大家原谅我对他的偏心。"

"其实他已经有点改了。我们也感觉到的，他就是还是管不住自己。"学生们七嘴八舌地说。我欣慰地笑了。

这次谈话，我说了什么，小胖后来都知道了。

有一次他实在闹腾得不像话，被政治老师带到我面前，我一言不发盯着他看，转身出了办公室，留下他一个人愣愣地站在那里。

　　课间他和小海来我办公室，我装作没看到他的样子，他要帮我拿本子，我一转手交给了小海，看都没有看他一眼。

　　那天最后一节是我的语文辅导课，他灰头土脸站在我面前问我："今天课前朗读要读什么内容？"我没理他，只顾自己拿了书出了办公室，直奔教室上课。

　　"其实我已经改了很多了！"身后传来他的喊声。

　　政治老师在教室外冲我招手，说："你原谅他吧，在办公室里哭得伤心得不得了。"

　　这次之后，他对政治老师格外客气，因为是政治老师不计前嫌替他说情，我才重新开始没事人一样继续重用他。

　　反反复复，时好时坏。但是因为有了上一次"母子"之间的斗争，他收敛了很多暴戾之气，而我们母子之间渐渐有了一种默契。每当我写了一黑板的字时，他会上台来替我擦去，方便我继续下面的板书。后来，发展到替所有任课老师课上擦黑板。他对教室里的电脑和投影的管理，也极大地方便了任课老师们。许多老师对我说："他真的变了很多了。"

　　有一次我儿子大学里放假回来，到办公室里来找我，我把小胖找来，说你们哥俩聊聊吧。我回避。他们说了些什么，我没有问。只是看到小胖离开我办公室的时候很羞涩地看了我一眼。

　　两百多斤的他，中气特足，我于是着力培养了他的朗诵，只要有机会，就让他上台表演一下。小组朗诵的时候，他终于成了当仁不让的领导人。班级里的几次好声音朗诵比赛，他也有比较好的名次。我对他说："好好朗读，我一定会找机会让你在全校同学面前展示一次。"他听了张大嘴巴说："怎么可能？我成绩那么差。"

　　凡事皆有可能。离中考还有 10 天，国旗下讲话，初三要选一个学生代表发言，和校长商量下来，决定让他上。

　　2016 年 6 月 5 日夜晚，我从河南回家的路上，手机上收到了小胖在家里的朗读录音，听完后我就放下心来了。他的朗读被我训练了快两年了，加上他自己那么在乎，一次次地练习，我也就不再替他担心了。我对他说："但愿明天是个好天气，你能在国旗下讲话，而不是在广播室里讲。"

果然，6月6日是个好天气。他站在司令台边上候场的时候，对我说他的腿在发抖。我白了他一眼，想退缩？没门！给我上！

他走上司令台，下面的学生看见他肥胖的样子，都忍不住在那里笑。可是等他开始演讲的时候，下面变得安静无声，他的演讲真诚有感召力，音色非常好听。这么多次国旗下讲话，这是学生们听得最认真的一次。结束的时候，全场报以热烈的掌声。他赶紧从台上下来，躲到司令台后面的一排小树后面。

小胖同学的发言

敬爱的老师、全体同学们：大家好！

今天，距离中考还有 10 天！此时此刻，我的心里充满感慨。

记得刚刚开始读初一的时候，我也曾暗暗发誓要努力。可是没过多久，我在小学里累积起来的一些坏习惯又来了，上课讲话，影响老师的讲课；顶撞老师，把老师一片好心当成驴肝肺；垃圾食品零食吃得满天飞。而我的成绩，很快就落到了班级下游。

我变得自尊又自卑，叛逆期的时候，似乎满世界都在和我作对。我和大人说话总是言辞犀利，似乎这样就可以显得与众不同。

如今想想，真是觉得那时的自己可笑又可怜。因为家庭原因，我和老人一起生活，我觉得全世界都对不起我，于是我就和全世界作对。我把自己可怜的一点基础折腾得几乎没有了，好多的红灯跟着我，很多的叹息声跟着我。可是这样有什么好处呢？老师对我说："这世界最缺少的是努力，最不缺少的就是借口。如果你想努力，全世界都挡不住你！"

我就像一棵长歪了的小树，可是我的老师们，包容了我的自私与任性，他们为我修剪枯萎多余的枝叶；为我浇灌知识道理的甘露；为我除去蛀蚀树干的害虫；为我穿上抵御严寒的暖衣。他们不求回报，只是无私的奉献。他们静静地等待着我的懂事等待着我的成长。

回想从前，我对老师们是那样地不尊重，他们却以德报怨，一心只希望我能有个好前程。我不是他们的孩子，可是他们却像极了我的亲人。老师，我要谢谢你们！

还有我的同学们，我会永远记得军训基地烈日下的昂扬斗志，记得我们在班级小组朗诵比赛中的齐心协力。每次我走上讲台，带领大家背诵古诗文，你们总是全力以赴地配合。我曾经在课堂上干扰过你们，也曾经伤害过某些同学，可是我的心里是真心爱这个班级的，我也很珍惜我们在一起的三年时光。我要谢谢你们对我的包容，请你们期待我的努力！

初三，很快就要结束……（此处内容省略）

同学们，一起加油！

6月17日中考，9点考语文之前，他走上讲台，带领同学们大声背诵30篇古诗文，因为做了充分准备，他可以不看任何提示就一字不落地给30篇古诗文领背开头，营造了良好的考前复习气氛。

7月6日是网上填报志愿的最后一天，也是我和他们在一起的最后一天了。他离开学校后，我在办公室抽屉里看到了他留给我的一封信。

看完信的那一刻，我长长地叹了一口气。我知道，他身上还有很多积习难改，可是他终究是在慢慢变得懂事。

QQ上有他的留言：等开学的时候，让我帮你一起打扫你的教室。

我答复：明白，记住了。

小胖的故事讲完了。最近看到一个求助案例"你能拿他怎么样"，案例的作者在结尾无奈地写道："看到很多专家说遇到问题学生教师要帮助他发挥优点，帮助他建立信心，我们也看到了他对于劳动的态度还行，还算是不推辞，但仅靠这一点，如何帮助他改善糟糕的人际处理关系呢?"

我想说：发现学生的优点，帮助建立信心，是建立在一个基础上的，那就是真心真诚，没有这样的基础，一切的帮助都是浮光泡影，风一吹就破了。

很多老师说方法都用光了，一切教育手段都用过了，没办法了，宣告失败了。我想说：最聪明的办法就是最笨的办法。我真的不能拿你怎么样，我真的拿你当儿子看待了。

亲爱的孩子，你能拿我这样的老师怎么办?

立　情

　　台湾作家杨子在《红粉知己》一文中有一个耐人寻味的观点：人生以立言、立功、立德为荣，其实，立情才是生命的最高境界。能爱与被爱，生命就如花朵之开放，灿烂繁华，固不免终于凋谢消褪，也是不枉不朽了。

　　由此想到目前的教育现状：大量的教师在职业生涯中出现的偏差：以立言、立功为荣，以立德为最高境界与追求。很多教师把自己的工作是否成功立足在是否立言（发表文章或者出书）、立功（是否转化了个别差生或取得了比较好的升学率）、立德（是否有了自己一定的教育思想）。我认为，立情才是教师成长与班级管理的最高意境。

　　立言、立功、立德，这三者基本是从教师的个人发展出发的，如果一味追求，很容易带上较强的功利色彩。为了发表文章而写文章，为了出书而苦思冥想，一旦转化差生不能很快达到自己预定的目标就焦躁不安、心烦意乱，一旦考试成绩不够理想就把怒气撒到学生头上，稍有一点小小的成绩就迫不及待地说自己已经有了什么教育思想，如此种种，教师和学生甚至家长矛盾重重，教师本人会变得负累重重，添了职业的倦怠感，少了人生的幸福感。

　　而立情，是可以让教师、学生、家长都幸福的，并对教师和学生的终身发展具有长远意义。

　　所谓立情，就是建立情感。

"天地若无情，不生一切物。一切物无情，不能环相生。生生而不灭，由情不灭故。四大皆幻设，性情不虚假。有情疏者亲，无情亲者疏，无情与有情，相去不可量。"冯梦龙《情史》前叙中朗朗上口的这一部分道出了有情与无情的大相径庭。以下我从立情的时机、教师为学生立情、教师引导学生学会立情和美好的情感在教育中的综合作用等方面做一些分析阐述。

一、立情，从遇见学生的那一天开始

很多班主任新接手一个班级，总是急于树立严格的班规班纪。语气强硬，多用否定句式：不许……，或者居高临下地训诫：必须……，开学之初，纪律也许是好的，很严肃，很整齐划一，学生们看到了一个凛然不可侵犯的班主任，同时也感觉许多无形的绳索捆绑了自己，心情沉重，气氛压抑。接下来，我们会发现很多这样的班主任会在班级运行一段时间之后开始感觉镇不住学生了，班级里暗潮涌动，学生们的叛逆心理增强，师生之间的矛盾开始升级……

如果就此反思，应该想到，班规班纪的建立，不应该仅仅是班主任的一道道命令，它需要班主任和学生双方想法一致，达成共识，这样能为学生接受的班规班纪就需要通过立情来达成。

开学第一天，我印了语文的资料，让学生们自己到讲台前来领。

一下子哄上来好多人，手伸得很长，可是还算有规矩，不争不抢，等我一张张用指甲挑起来递到他们手里。

拿到资料的飞跑下去，开始做作业，没有拿到的，围在讲台边耐心地等。

我用左手把一张资料递给讲台边的一个学生，右手已经准备去挑起下一张了。

就在这时，左手里的资料被一双手稳稳地接住了，"谢谢老师！"

灯光似乎就在这一瞬间眨了一下眼睛，黑了一下又亮堂到极点。

我是那样随意地放资料在她手，她却是那样郑重有礼地接了，还说了"谢谢"！

细节，就在这一瞬间定格了。似乎所有的学生都吃惊地停了手中的活动。

我看着眼前的这个女孩子，有点黑，有点瘦，却用满眼的真诚接住了我的目光。

是她，小乔。突然就想起有个音乐老师说过的专业名词：强弱音。是的，声音轻柔，可掷地有声。

我对她微笑，点头，一切喜悦与赞赏油然而生。

学生是何等聪明的人，老师的一切细微表情都被他们洞察至极。

双手接过，"谢谢老师！"其余的学生都这样做了。

真好！不用一遍一遍地说教，不用一遍一遍地强调，此时无声更好！

谢谢你，小乔。你用最自然的方式教给我们用礼仪尊重别人的劳动。因为细小，所以被我们忽略，一旦发现，我们都被震撼。

就在这样的开学第一天，我们把一个小小的细节放大再放大，通过班级民意调查"我要表扬你""我要悄悄提醒你的不足之处""家校联系单"等，从正面建立起这样一些信号：

1．班主任对学生的情感。我很明确地给出了自己的信号：我很爱你们，我能够一直看到你们的优点，我在乎的不仅仅是你们的学习成绩，我更在乎的是你们的人品素养。

2．学生对老师的情感。学生们会真切地感受到班主任对他们的爱意，学生们会非常在乎班主任和任课老师对自己的看法。

3．学生之间的情感。一个班级就是一个小社会，社会就有公共关系。学生们会越来越明确损人利己或者损人不利己的事情不能做，做了好事会得到同学们的赞誉，树立自己在别人心目中的良好形象。

4．家长对班主任的情感。家长们会渐渐发现班主任关注着每一个学生的德智体全面发展，他们也会慢慢学着用班主任看待学生的方式去关注自己孩子的方方面面，家庭中家长和子女的一些矛盾可以得到缓解。

这几种情感的建立，融合起来，就是老师、学生、家长三方面对一个班集体的情感建立。这个班级就不再是班主任一个人的，也不再是一盘散沙堆积起来的。

道存术自生，在温馨情感涌动的水面行船，老师、学生、家长都是惬意的。

二、立情，在学生遇到困难的时候

苏轼说："何夜无月？何处无竹柏？但少闲人如吾两人者耳。"是啊，美在时时处处，情在处处时时。而当学生遇到困难的时候，正是我们立情的好时机。

一篇作文，我让你尽情倾诉

班里的女生小悦，父亲车祸罹难，没有留给心爱的女儿片言只语。我想起了小悦父亲曾经在"家校联系簿"上为女儿写过一段段充满爱心的留言，如果把这本联系簿送给小悦作纪念，将会让小悦感受到父亲的爱永远存在。当这本不寻常的"家校联系簿"送到小悦手中，小悦禁不住泪流满面……

我明白，仅有这个，还是不够的。我悄悄在书店翻阅很久，最后买下了一本《优秀作文选》，在书中的某一页折了一个角，在小悦生日那天，把书送给了她。

我说："小悦，你和我是同一天生日。我们都遭遇过人生很大的痛楚。可是，有个故事说，老天会在它最喜欢的那个苹果上深深咬上一口，让它疼痛与残缺。我们都是老天最喜欢的那个苹果啊。"

小悦接过了书，打开折着的那个角，那一页上，有一篇文章，小作者遭遇了和小悦一样的丧父之痛后如何坚强成长的真实故事。小悦完全明白了我的苦心。

在我特意为她而向全班布置的作文《十五岁，我多了一分……》中，她写下了这样的文字：

"我突然醒悟：现在，我就是家里的顶梁柱了！爷爷老了，需要我照顾；妈妈没有多少文化，这个家的将来就靠我了。我，一定要坚强起来！

因为，爸爸不在了……

这个不平常的十五岁啊，这一年，我多了一分坚强！"

一次家长会，我化解你的心事

一个沉迷于网络游戏的单亲家庭的男孩子对我倾诉说："老师，我有时候很孤独的，希望妈妈不在家，这样我可以尽情玩电脑，可是她真的一到周末就不在家去应酬或者打麻将，我又觉得很失落，觉得她不关心我。"

这样孤独的孩子，何止他一个呢？成长的过程中，孩子不应该是孤军奋战的，前行的路上，谁是精神领袖？谁是气馁时的动力骄傲时的冷水？当然是家长。

开一次家长会吧，主题就叫：同舟共济、相濡以沫。

我把这个孩子的作文《心事》读了一遍。家长们陷入了沉思。

"各位家长，在我们要求孩子努力要求孩子优秀的时候，我们要问问自己，我为孩子做了什么？我想告诉大家，孩子承受的压力确实很大，竞争很激烈，他需要你和他一起奋斗，他需要精神上的鼓励，需要你强有力的肯定和支持。他不需要你整天的唠唠叨叨，更不需要你物质上的超常给予，他们在意的是精神。真的，别把他们看得很俗，以为他们只想要名牌衣服、手机。他们这个年龄，口是心非，虽然嫌你唠叨，可是你真的只管自己应酬不管他的时候，他会很孤独。他们孤独，就会寻找虚拟的世界来填补空白。那时候，你们的心会离得很远。"

这次家长会，情感的建立效果如何呢？我在一个阳光灿烂的午后约了这个男孩子在操场上散步。

"她真的好多啦，这个五一节她一直在家里陪我，今天早上还是她送我到学校的。以前她一天打三场麻将呢。"他带着幸福的微笑说。

"有句话我一直想对你说，只是你读初一的时候觉得还不合适，现在你长大了，已经比我高很多了，我觉得可以和你说了。从血缘关系上来说，你妈，你，你外婆，你们家里就你一个男人。若是放在从前，你该出去打工赚钱，养活这两个女人。我一直希望你戒掉网瘾，你也希望你妈妈多陪陪你来帮你戒掉网瘾。其实你有没有想过，你有责任帮你妈妈戒掉麻将瘾。因为你是家里的唯一的男人，顶梁柱。"

他的神色一下子凝重起来。

"假如你读了个很好的高中，你妈就会觉得儿子很出息，希望你能读个好大学，她就会觉得自己肩头的责任重大，就会更多关心你，这样不知不觉中也许麻将瘾就要收敛一些。那样多好，一举两得，你也可以戒掉网瘾。收获亲情的同时也收获了学习成绩。"

"嗯！"他使劲点头。"你是个男人哦。"我对他挥挥拳头。

一堂语文课，我消除你的自卑

我在一篇周记中看到一个外地来求学的农民工女孩子因为普通话不标准受到同学嘲笑后怅然的心情。

是去批评那些嘲笑她不标准的普通话的孩子吗？是对她说你不要自卑要自信吗？是去纠正她的发音吗？这些方法都是治标不治本，不一定有实质性的作用。那么如何是好？

我搜寻到了一篇文章《他们》，讲外来务工人员子女自立自强，最终赢得别人尊重的故事，以美文赏析的形式出现在我的语文课上。

"大家讨论一下吧，说说这篇文章好在哪里？或者你特别喜欢哪些句子？你读完后的感想也都和大家交流一下。"

"我觉得他们很不容易，他们的父母在工地上忙碌，在菜场里卖菜，他们小小的年龄就要饱经生活的苦难。"

"他们在心理上是自卑的，生活上是困苦的，但是他们很有志气，你看这句话：'我们的学校很小，但我们的成绩不差；我们不和城里的孩子比爸爸。'我很敬佩他们。"

"他们小小的年龄离乡背井，夜深的时候思念家乡，我看了觉得心里酸酸的。"

"他们需要引起整个社会的关爱，从物质上到精神上。"

"说得好！那要是有人嘲笑你普通话夹生呢？"我笑道。

"没关系，看一个人做人和学习怎么样，又不是看你普通话标准不标准的。"他们七嘴八舌地说。

我注意到她微笑起来。我也注意到有几个平日喜欢笑她发音的学生低下了头。

"今天大家说得非常好。我感觉在一个社会环境里，人的心态是很重要的。任何时候不要自卑，要多想想自己做得好的方面。我特别要表扬我们班级的6位外地户口的同学，他们有的从小学开始，有的是幼儿园开始就在我们这里读书了。他们的父母都不容易，离开家乡来到我们这里创业，立稳了脚跟，买了这里的房子。如今能够把自己的子女送到我们这个硬件设施一流的学校来读书，这些父母非常了不起！而我们这6位同学，更是了不起！他们每一个人都在做人和学习上不甘落后，成绩优秀，品德良好，他们克服了来到异地他乡的一切不习惯，融入了我们这座城市，融入了我们这个班级，我敬佩他们。同学们呢？"我问道。

"我们也敬佩他们！"学生们齐声说，并且鼓起掌来。

她激动得脸涨得通红，父母都在福建，独自一人在这里求学的另一个女孩子落下泪来。

琅琅读书声响了起来，带着真诚，带着敬佩，学生们的朗读让我为之动容。

"……他们，终将会成为我们。"是的，我们。

"老师，这是您特意为我而上的一节课，我知道。我会自信的。您放心。"她给我写下了这样一行字。

当电视台来采访，需要一个农民工子女在镜头前说话的时候，我问她是否愿意。"可以啊，这正好是一次锻炼我自信心的机会呀。"她微笑着说。我满心欢喜。

一张字条化解你的尴尬

复习阶段二人结对子或者三人结对子的效果是最好的，既可以讨论，又可以防止一个人看着看着走神。

结对子是自愿组合，我想着一个班级那么多学生，性格各异，难免有很有个性的学生或者很孤僻的学生存在，我虽然希望他们在这样的结对子活动中稍微改变一点脾性，能够融入活跃的氛围，但也不会勉强他们一定要和别人结对子。为了避免他们在热闹的人群中孤单一个人显得尴尬，所以，我在布置结对子的时候还带了一句："如果有同学觉得我自己一个人复习效果最好，也可以的。怎么能够达到最好效果的，就怎么来。一个人，两个人，三个人，都可以。"

最近新接手的这一届，就一个女生是一个人复习的。我明显看出来，别人不选择她。

这个女生成绩不错，还曾经获得过本市考场作文的最高分。从作文来看，她相对其他学生而言，更老成持重一些，平时不大说话，很少看到她在课间与其他同学说说笑笑。她脸上基本是面无表情的样子。

因为新接手不久，我对她为何会被孤立的原因不了解，但是我又不想去问其他同学说："你们怎么不和她玩呀？"我还是想不动声色。

她一个人复习得很认真，弓着背沉默地坐着，姿态有些僵硬而尴尬。相对周围那些一起读一起背、讨论热烈的学生而言，她是完全不一样的。

我不知道这样她的心里会不会很不好受。也许她是习惯了，不在意的，可是从我的角度来看，她应该是有些无奈而孤独的。

我担心着她会有这样的感觉，但是我又不能去询问她。我也不可能对她说："我和你结对子吧。"这样的话，更加显眼了，更何况，也许她真的是喜欢一个人静静复习的，毕竟她一直是这样的。

看着其他同学开心的样子，我的心里总有些不安。我在意着每个学生的感受，希望每个学生都在一个舒畅的心情下学习。

想一想，怎么办？

是任由她这样还是我介入，这是个问题。这个女孩子的这种孤独的状态已经保持了很久。我若是贸然闯入她的内心世界，会不会打破她一直以来的平衡状态？我要是稍有不得体，也许会有不良效果产生。

可是，这个女孩子还有长长的未来要度过，如果她的性格就是孤僻的，不善于融入群体的，那我也要让她孤独得理直气壮，孤独得心情舒畅，而不是这样地压抑地佝偻着背。这样的她，更让人觉得怪怪的。

我不去打破她的孤独，但我要她快乐。

这样想着，我已经在教室里兜了几个圈子了。

回到讲台前，趁着学生们复习得全神贯注不注意我，我悄悄在一张白纸上写了一行话，折起来捏在手心里，然后继续在教室里兜圈子，到几个结对子的同学那里了解一下复习进度，询问有无疑惑，然后自然而然走到她的座位边，移出手心里的纸条，摊开在她面前。我移动了她桌子左上角的一堆书本，完全挡住边上学生的视线，以免他们看到那张字条，然后走开。

站在教室的后面角落里，我悄悄地关注着她。

她取下眼镜，用手指按在眼睛上，来回移动了几次。流泪？

我紧张地看看她周边的学生，还好，没人注意。

她戴上眼镜，继续开始复习。

不再驼着背，很明显地，她的身体是放松状态了，我盯着她看的时候，没有再感觉到那种压抑了。

快下课的时候，我让所有学生回归原位，进行集体提问，看看他们的复习效果。学生们响亮地回答着，我注意着每个学生的状态，一瞬间，我看到她笑眯眯地看着我，和其他同学一起回答着问题。

我的心一下子踏实了！

那张摊在她面前的字条上写着这样的话："狐狸们喜欢成群结队，老虎却总是独来独往。不要觉得孤独，只要心是充实的，天地就是宽广的。我欣赏你。（藏好哦，别让其他同学看到）"

要是其他同学看到我把他们比作小狐狸，一定要打死我了。

第二天一大早进教室上语文早读课，我再次看到了她灿烂的笑脸。

这样真好。亲爱的女孩，愿你长长的人生路上，每次孤独的时候，都能想起那张字条，都能孤独得理直气壮、舒适自然。

立情，无时不有，无处不在。班级生活的点点滴滴，都因我们的用情而显得温暖温馨，"高尚的人性"，就是这样一点一点汇集成的；班级"道德社区"的大厦，就是这样一砖一瓦用心搭建的。

三、立情，让学生知道老师也需要你们来心疼

一封书信诉真情

有些心情，你不说出来别人就没感觉。比如很多人会认为教师的工作很省力，不就是上上课批批作业吗？还有寒暑假，多舒服呀。记得我自己读小学的时候，有一次去上厕所，看见一个老师也蹲着，不由得吃惊：原来老师也要上厕所的呀。

不了解，就容易不理解。那么如何让学生知道老师的心情呢？中考前，学生疲累，老师心累，焦虑之下，彼此心情容易不好，师生之间容易出现矛盾。我找了一个机会给全班学生写了一封信。

我的学生们：

　　似乎历来师生之间就像猫和老鼠的关系，天敌一般，学生见了老师就要躲开，被老师批评了心里就恨恨的，作业多了就要骂老师，甚至还有的学生就算被老师表扬鼓励了也是以小人之心揣测老师的动机……若是这样，我们真的更是想哭了。

　　我们哪里是猫和老鼠的关系！我们明明是一条绳上的蚂蚱！这根绳子的名字叫作合作与真诚。

　　我是多么庆幸能遇到你们，你们对我很体贴，待我像家人。照理说我该知足了，可是我如此贪婪，我还有一句话想向你们倾诉：我要你们更多理解老师的不容易，我要你们更透彻地明白，老师也需要你们来心疼。

　　还记得2015年清明节我带"最美（4）班人"外出踏青吗？24个人，你们一路玩得那么开心，在你们看来组织这样一次活动该有多么简单啊，世界那么大，我想去看看，一场说走就走的旅行。

　　你们哪里知道我承受着多么巨大的压力。安全问题大如天，春游和秋游早就被各个初中学校取消了，一则是因为学校不允许收钱组织旅游，二则万一出了安全问题谁都吃不了兜着走。前些年就有个学校外出春游回来的路上出了车祸死了好几个学生，这个时候，家长肯定是找学校算账，哪里会知道学校好心办坏事的委屈！我还记得有个优秀班主任带学生外出，一个女生摔了一跤，也就是起了个小包包，女生不愿意去看医生，这个老师不放心，一路陪着她玩，看看她真的没事情，也就放心了，哪里知道这个女生回家后一睡不起离开人世，家长找这个老师算账，让这个老师在地上跪了足足两个小时！在这样的情况下，谁还敢组织学生外出春游！

　　可是我还是组织你们出去玩了，先和你们家长联系，一个个写了"同意孩子跟于老师出去玩"的单子，又让家长一个个送你们到车站与我会合，因为不能收钱，我就想了用公交卡的法子，到了小镇吃馄饨和排骨也是我掏钱请客，你们回家后要一个个和我报平安我才放心。为了确保万无一失，我的儿子一路打头阵，眼观六路耳听八方，就是帮着我护你们一天周全。

我是怀着怎样一颗惴惴不安的心组织了这样一次春游！回到家里我都觉得自己老了一岁！

这些，我从来没有向你们倾诉，我不能把这样沉重的压力告诉你们，以免你们玩得不开心。而我，组织这样一次旅游，就是为了奖励第一批最美（4）班人，奖励的方式之所以选择外出旅游，就是因为觉得你们一直宅在家里，应该出来和大自然亲密接触，读万卷书，还要行万里路。

你们不知道我组织这样一次旅游，学校里的领导也和我一样揪着心，怕我好心办坏事，怕你们路上有危险，你们一个个平安到家了，领导们才舒了一口气。

我的学生们，我现在说出来的时候，还有点心有余悸与后怕，说完了，我心里好委屈，因为我这样的心路历程，在心里已经憋了整整一年。转眼又要春暖花开了，转眼第二批最美（4）班人又要评选出来了，你们期待着在鸟语花香里踏青，我却在暗自神伤。

我需要你们来心疼心疼。

其实这样你们一点也不知道的事情还有很多很多，我又无法一次次在你们面前矫情。比如任课老师想要占用你们一点时间，就来和我商量，我当然要答应，我又担心你们对任课老师有意见，于是总是我来通知你们，这样，你们的怨气第一时间就出在我的身上了。你们哪里知道我的委屈？

你们又哪里知道任课老师的委屈！

期末复习的时候，任课老师们用各种方法来一遍遍炒熟知识点，那些接受能力强自认为已经都懂了会了的同学就开始埋怨老师，说都最后几天了，还在做试卷，还在讲评，就不会给点时间让我们自主复习吗？

任课老师们好委屈。尖子生们说的当然有道理，可是你们哪里知道这个班级55个人，也就只有三分之一不到的学生是真懂了会了的，还有三分之二的学生基础还不牢固，题目稍微一变就不知所措，更有些同学假如给他们时间自主复习，他们根本摸不着头脑。这样的大班额上课，各种层次参差不齐，老师讲课又要照顾尖子生，又要顾及中等生，还要照顾后进生，备一堂课不知道有多难！学生们只看到老师轻轻松松来上课了，哪里知道之前备课的左右为难焦头烂额！我的语文还好，至少大家都是中国人，可是你们想想，英语、数理化，那些任课老师有多难！

要是这样还被尖子生们抱怨老师啰嗦，一遍遍炒冷饭，我真是替他们委屈死了！

他们需要你们来心疼心疼。

我们是老师，根据学生不同的情况，总要有表扬和批评，为你欢喜为你忧是老师们的心理常态。其实，你们又不是我们的孩子，读书的好与坏和我们毫不相干，等你们毕业了，我们又开始下一届轮回。唉，偏偏我们是傻瓜，明知道批评了你们会被你们抱怨，还是义无反顾地向你们进尽忠言。忠言逆耳啊，可是良药苦口利于病，要让我们看到了你们的不好却装作不知道，臣妾做不到啊！

人有个最大的劣根性，就是对你九个好你不一定感激，但是对你一个不好你就怀恨在心。

我们是大人，大人有大量，你们背后说我们的坏话，我们怎么能和你们计较？可是我们心里好委屈。

我们需要你们来理解，我们需要你们来心疼。

一转眼，寒假就要过去了，新学期即将到来，新学期很短，六月中旬你们就要参加中考，短短的一百多天，对你们，对老师，都是一场艰巨的战斗。在这场战斗里，老师们会拼尽全力，对你们依然是有表扬有批评，也许因为替你们着急，还会把话说得重些，也许一不小心伤了你们的玻璃心。请你们理解，请你们谅解。

我们是一条绳上的蚂蚱，应该用合作与真诚，一起蹦跶过春天与夏天，期待秋日满满的收获。到那时，远望你们离去的背影，我们将得体又怅然地退出你们的人生。

付出了那么多，可却只是你们长长人生路上的一个匆匆过客，也许只在某个细雨落花的午后被你们淡淡想起，又轻轻遗忘，想到这里，好委屈，好委屈，好委屈。

我的学生们，我们也需要你们来心疼！

一次委屈我让学生来安慰

有爱心的班主任抓住各种契机，在学习生活的各个细节，在和学生相处的随时随处立情，描绘了班级生活精美而充满温情的画卷。而学生也在教师的引导与感染下，在班级良好氛围的熏陶下，提高了情商，学会了关心他人、关注社会。立情，不是班主任的专利，我们的学生，一样可以做到。

那天，食堂的工作人员以为是我班级的学生多次倒掉蔬菜多次索要荤菜严重违反了就餐规则，当着教师餐厅很多老师的面指责我管理不力。等发现弄错了班级后，才很抱歉地向我表示歉意。

"今天我被冤枉了，心里很委屈。"我苦着脸对全班学生说，"你们要想办法来安慰我。"

学生们一下子愕然：老师被谁冤枉了？老师竟然要我们安慰她？

我把情况详细说了一遍，最后强调说："我最难过的是我想去澄清时，只剩了 3 个老师。其他老师都只知道是我们班干了坏事，我们班级名誉受损了。"

"4 人小组，讨论，怎么来安慰我？讨论好了 4 个人一起上来和我说。"教室里嗡嗡一片。

"老师，老师……"他们微笑着，急切地表达着他们对我的宽慰，连平日里内向的孩子也挤在我的身边，补充着同组同学的发言。

"老师，清者自清，您别介意啊。"

"老师，您别介意了，您应该庆幸不是我们班级同学干的。假如您一再去和其他老师澄清不是我们班而是 X 班干的，X 班班主任会觉得您斤斤计较，这样会影响您和同事的良好关系。"

"老师，您应该感到欣慰，您看我们都急着来安慰您，可见您在我们心中的地位，您应该高兴啊。"

"老师，您看我们大家心多齐啊，我们会好好表现，让所有老师看到我们的优异成绩的。"

"老师，您看！"昱文把历史书摊在我面前，"天将降大任于斯人也，必先苦其心志……老师，您是要做大事的人，这点小委屈何足挂齿！"

"老师……"

在这个寒冷的秋夜，我的心暖融融的。

孩子们，总有一天，你们会明白老师的良苦用心。

有时候，我们不得不承受委屈，而且无法广而告之为自己澄清。当我们委屈的时候，我们可以向身边信任的人倾诉，来释放心中的郁闷，当他们来安慰我们时，要心怀感激，感激上天赐予我们这样好的朋友，让我们心感安慰。

有时候，也许我们会犯错，当我们被别人指出错误的时候，不要碍于面子而为自己强词夺理，甚至与对方发生冲突。在这个时候，要勇于面对事实，以良好的态度取得对方的谅解，使事态向好的方向发展，大事化小，小事化无。

谢谢你们，孩子们，老师心怀感恩，感恩与你们在一起的每一寸光阴。当岁月老去，这一段光阴拂去尘埃，依然可以感受到当时的温情。

四、立情，让班级小社会充满爱

教师帮助学生立情，学生学会立情，家长懂得立情，当我们在教育中"处处用情"，教育，该给所有参与其中的人带来怎样的温暖和幸福。

"每周风云人物"，有你，有我，有他

学生们的情商高不高，需要班主任的引导，每周风云人物的评选，就是培养学生情商的一个好方法。让学生注重在班级这个小社会中公共关系的建立，让学生多看到别人身上的优点，而不仅仅关注自己个人，让学生学会赞美别人，让学生学会对那些为大家做出贡献做出牺牲的老师、同学、家长表达感恩，诸如此类，学生立情的过程，将为他今后的一生奠定基础。

在评选风云人物的时候，侧重德智体美劳等各方面，注重为班级为他人服务方面，注重个人品格修养方面，注重创新精神方面。

这个评选，不必定下太多的条条框框，完全可以根据班级的情况因地制宜、随机应变。

4人小组先提名候选人，说出提名的理由，在黑板上写下候选人的姓名和推荐理由。这个过程，本身就有了强有力的表彰色彩；在候选人的基础上再评选出一到两个风云人物，其余被推荐到的就获得提名奖；班级里一共6个大组，那就轮流写颁奖词，期末评选出最佳颁奖词；数码照相机我来准备，班级里有个一直考个位数的孩子，教会他拍照，那么，风云人物和提名奖人物的摄影就交给他了；海报制作就教给会电脑小报制作的两个学生轮流来做；我呢，用我办公室的彩色打印机一式三份打印，一份贴班级墙上展览，一份赠送风云人物留作纪念，一份留作班级档案。我的博客上也上传了海报，供全体家长了解观看。黑白版的海报印在家校联系单

上，供不看电脑的家长了解观看。

第一周风云人物：小芸

颁奖词：准确的字音，熟练的语调，新学期，你的主动学习惊讶了我们。曾经的你，多么地默默无闻。经过一个寒假的反思，你经历了蜕变，成如今勤奋的模样。你的自信感染了我们每一个人，让我们也积极背诵一篇篇古文。你用你的行动，向我们展示了在初中最后 100 多天里应该拥有的学习态度。

小芸，女孩子，爸爸一个家，妈妈一个家，又各自有了新孩子。她说自己是个多余人，和老人一起住。她总是低着头，偶尔会做出一些怪异的举动，比如不走校门，翻墙出去，比如凌晨在街上逛，比如"掉"到河里去了，被民警送回家……她的成绩总是没有起色，她的文章阴暗晦涩。获评风云人物后，她仿佛蛾蛹蜕变成蝴蝶，"老师……老师……"她像条小尾巴一样追在任课老师们的身后，问着各科题目，她的成绩跃居班级上游，她的脸上有了快乐的笑容。

风云人物的评选从学生——家长——老师，涵盖了一个班级的方方面面，不变的是它的共性："我们是一个家。爱是我们共同的品质。"凸显的是它的个性："用我自己的方式爱这个班级，尽我最大的努力爱这个班级。"

这样培养出来的学生有责任心，有感恩之心，将来走上社会也会与人为善，善于看到别人的优点，人际关系会很和谐。

人物素描，用欣赏的眼光看待自己的同伴

《因为有你，我很幸福》这样的班级人物素描，是我带班一直坚持做的事情。同学相处三年，是一种缘分，用欣赏、感恩的眼光看待自己朝夕相处的同伴，记录下缘分里的点点滴滴，是融洽生生关系的好办法。

你看，字里行间，自有情感流动。

"还记得相识第一天，我们互相推选宿舍长吗？我们之间为期一年的不停息的斗争，似乎在那一刻就已开始。那一年，我们都锋芒毕露，刚进入初中，全然不懂得收敛。犹以我们这两只大刺猬为最，浑身带刺，争强好胜，固执。说来惭愧，作为正副宿舍长的你我居然将宿舍活活分成了两派。一面是爱好自由的你，一面是做事一板一眼的我，可叹宿舍里就7个人，每每都是你占上风。宿舍也因为你我而烽烟四起，火药味浓重。"

"'你不仅浪费了我们宝贵的时间，而且破坏了我们宿舍美好的感情！'你还记得这句话吗？这是我们吵得最凶的那一晚，你送给我的一句话。我知道你没有恶意，而且这句话也如你的预期一般，在当时深深刺痛了我，我好像还有好几天都没怎么搭理你。如今想来，有一个人能当面指出你的不足，谁又能说这不是一种幸福？"

"我无法自拔地爱上了这个班级。我深刻地了解到我们班的高手如云，我们班的刻苦努力，我们班的乐于助人、细致入微。我不会忘记每次出教室总是最后一个留下来关灯的王郁楠；也不会忘记总能将粉笔盒排的像炮弹一样整齐的'郑哥'；更不会忘记那些在运动会上奋勇拼搏、为班争光的运动员们。"

"我会记得拔河比赛上，我们全班众志成城、团结一心取得胜利的努力，和胜利后每个人脸上的喜悦；我也会记得，唱歌比赛上，每个同学不畏羞涩、放声歌唱的自信；我更不会忘记，每每遇到挫折，大家毫不低头，依旧乐观，昂扬向上的拼搏精神。"

"能够身在这个班，我感到无比的自豪与幸福，是你让我学会了坚强，是你教会了我要自信，是你告诉我要充满勇气，试着放手一搏。因为有你们，我很幸福。"

"记得两个星期前，一个晚上，在宿舍中我头有点痛，不舒服就先睡了，耀龙便开玩笑地说：'你这个人啊！天天身上多会出些小毛病，今天头痛，明天脖子痛，后天呢？又脚痛了。'我知道他在和我开玩笑，便没怎么理会，就睡了。结果，第二天回宿舍的路上，脖子还真的突然痛起来了，他便对我说：'你瞧我昨晚怎么说的？'似乎在嘲笑我。不过他还是很耐心地和我说话，有说有笑的，分散我的注意力。"

"记得有一次，我考砸了，考得一塌糊涂，心情也特不好，他便安慰我：'别伤心了，现在伤心有什么用，下次再努力啊！反正不是中考，你还有时间，有机会呢！'"

"人生有这一知己，足矣！耀龙没有你，我该怎么办？谁在我伤心时来安慰我；谁在我翘尾巴时，把我尾巴扯下来；谁在我失败时，给予我力量。虽然有时你的话很刻薄，但也并不是没道理。所以因为有你，我很幸福。"

青春岁月里，虽然万千思绪，即使愁眉不展，却因为有你，我依然幸福着。

因为你，我亲爱的班级。

"'班管'立诚，因为有你，班级总是一尘不染。看着你每天在班级中劳动巡视的背影，一丝敬意不由涌上心头，班级里崇尚各司其职，你是我们的领导者。初三开学的一个月来，你展现了比往日更多的责任心，现在走读的你，每天总是早早来到，督促我们做值日，有时会有值日生迟到，你总是嘴上抱怨着，但也是第一个替补上阵的，因为你，班级一个月来已经连续 4 次拿到流动红旗，为班级，为我们争足了光。"

"'搬水工'家鑫，你是个忠厚老实的好人，虽然你的成绩总差强人意，可你却默默无闻地为班级奉献着，班级里没有纯水时，同学们只要一句'家鑫，没水啦！'，你就会立刻在最短时间内搬来纯水，同学们排着长队接水，你却总是流着汗在一旁傻傻地笑。"

"'班教'旭辰，你是我们班最忙的，你是我们的小老师，每天数理化总会有一些难到'坑爹'的题目，同学们总会被这些题目'折磨'得头昏脑涨，可是你，总能另辟思路，解决难题，日复一日，同学们已经特别依赖你，'有难题，找黄哥'这变成了我们的习惯。你也总是非常有耐心，一个两个三个，个个教好，一次两次三次，次次明了，你凭一己之力帮助同学开阔了思路，帮助同学们提高了数理化成绩。"

"幸福是什么，有人说'幸福就是猫吃鱼，狗吃肉，奥特曼打败小怪兽'，这句话把幸福诠释得很好，在我们班，每天早上一进班级，不会看到满地垃圾，座位错乱不堪，看到的是一片明亮，这就是幸福，口渴时，会有人提供水源，困于难题时，会有人来点拨你，教导你，幸福的事很小，内心若愉悦、安详，这样的幸福，已够满足。"

原本枯燥苦涩的初三，因为有你，我亲爱的班级，我的心不会灰颜色，因为有你们，可爱的大家，我依然幸福着。

……

有人说，一个真正优秀的班主任，每带一个班级就好像谈一场恋爱。而一场真正的恋爱，对自己的灵魂也是一场彻底的涤荡，从此懂得理解、信任、宽容别人，对生活有了很多新的健康的积极的认识，还因为对所爱的人的高贵灵魂的敬仰和人品贵重的爱慕，也想把自己的灵魂拔到一个新的高度。会和身边的亲人朋友更好地和睦相处，即使是不爱的人，也想好好善待，从而让自己的内心保持在安宁淡然的状态，不会那么急功近利焦躁虚荣，长存一颗感恩的心，好好爱生活，好好爱自己。

我们每一个老师，和学生相处的时间其实并不长，三年两年，但是，如果老师和学生家长都建立了情感，那么，师生之间的情谊是可以长长久久的，而学生在立情的训练和培养中，学会了了解自身情绪、管理情绪、自我激励、识别他人情绪、处理人际关系，那么，这样的影响就是终生的。

教师本人，在与学生建立情感的过程中，也在不断提高自身情商，不断完善个人修养，不断感悟着会爱和被爱的幸福。

由此可见，立情，是教师成长与班级管理的最高意境。

立情，让师生的教育生活变得完整而幸福。

后 记
我的淡定从容是怎么形成的

很多老师问我："于老师，你的从容淡定的气质是如何形成的？"我心里立即就蹦出了一个答案："是我的阿婆深刻地影响了我。"

她就是天上的那朵云，看似柔弱，却无人可以摧垮。

在与学生打交道的过程中，我越来越发现，阿婆在我的气质中注入的这种能量，使我在班主任工作中拥有了独特的工作气质。

我的学生敬畏我又喜欢我想要亲近我，就像我敬畏我的阿婆又发自内心地喜欢她想要亲近她。

我写下《她是天空那朵云》，回忆我的阿婆与我生活的一些细节，这篇文章也是我带每一届学生都给学生们读的，我把阿婆说给我听的话说给我的学生们听：

她是天空那朵云

27 年来，她一直在我身边。

每当遇到难事，苦事，痛事，我总会在心里悄悄喊一声：阿婆，帮我！

也是怪事，这样一喊，那份沉重似乎就减轻了许多，于是定定心，去做该做的事情。

最难受的时候，我折一枝她最喜欢的樱桃花，去她坟上。阿婆，帮帮我！我坐在围栏上，与她的墓碑默默相对，心里这样一气儿地喊着，眼泪扑簌簌地落下来。

"再怎么样，也要闻闻花香的。"听见她在我耳边说。

我看向那枝樱桃花，折断的枝条上还有新鲜的折痕，褐色的树皮、青色的枝干，已有花瓣散落在墓穴上，想起从前每年春天，和她一起端个小板凳到竹园里采摘蔷薇花瓣的情景。

她总能把粗糙的生活过得那样精致细腻。

竹园里是她种的白蔷薇，开花的时候，像个雪色的帐篷一样，几乎看不到枝条和绿叶。细细地采摘没有瑕疵的花瓣，洗净，晾干，拌上盐与糖，缀上一小撮秋日里晒干的金桂，再丢一颗青梅，装进玻璃瓶，蒙上薄膜，用一根橡皮筋扎紧，耐心等上半个月，便成了香气扑鼻的蔷薇蜜饯。

"吃点花，心里就香了。"她总是这样对我说。

"一个人的时候，心里也不会寂寞的，因为可以做很多事情。"她说这句话的时候，我的面前已经排满了她用纸折叠的猪狗猴小桌子小凳子小篮子，她安安静静地一丝不苟地折叠着，自然有一种神奇的定力，让我也能定定然地靠在松软的枕头上，一步一步地学着。

这个时候，窗外是小伙伴们叽叽喳喳的嬉笑声，还有调皮的会在门缝里探头探脑悄悄喊我的名字。她也听见，只是不做声，等孩子们呼啸一般渐行渐远时，她才淡淡说一句："等身体好了，你就可以出去走走了。"

我能出去走走的时间不多，一年里也就只有风和日丽的午后或是秋高气爽的傍晚，体弱折磨着我，让我在应该欢蹦乱跳的年龄不得不整日辗转病榻。

为了让我雀跃的心安静下来，她想了很多的办法。折纸、绣花、手工缝制布娃娃、编织围巾……似乎她与生俱来就为我准备好了那么多的才艺，能够来填补我大段大段无法外出行走的时光。她甚至无师自通地学会了用麦秸秆编织精巧的小篮子。

更多的时候，是她织着我的毛衣，我抱着一堆非洲人头发一样蜷曲的旧毛线，找出个头绪来绕一个绒线团。这是极其考验一个人耐心的活，有时候理了很久还是一团乱，我会悄悄瞥她一眼，快速地用小剪刀剪断，快速地接上线头，再重新开始整理。她也没注意一样，只是专心地一针一针地编织。

有一次她织好了一件乳黄色的毛衣，给我试穿的时候，微笑着说："很好看，大小也正好，就是里面到处是拼接的线头。"

我有点心虚，怕她拆穿我的把戏，而她也只是笑笑，并不再多说什么。

这件乳黄色的毛衣，拆了织，织了拆，很多次，很多年，直到她去世那一年，她还在上面绣了一朵樱桃花。

她因为坐骨神经突然瘫痪的那一年，我五岁。在她的床前，她指点我炒青菜、炖蛋、做饭。有一次急着想去掰个玉米焐在饭里，炖蛋的时候我忘记了在调好的蛋里放水，结果炖出来了干硬的一块东西。尝一口，咸得不行。她没有任何指责，而是轻言细语地说："你可以弄个新花样出来了。"

她指点着我把这块干干的黄黄的东西切成薄薄的一片一片，放入大碗中，冲入开水，缀几片碧绿的蒜叶，放一点点荤油，香气扑鼻的一碗蛋皮汤让我笑逐颜开。

"有时候，坏事可以变成好事呢。不用着急的。"她靠在床头，看我吃得香，就微笑着这样说。

我后来也故意这样炖蛋，想特意做个蛋皮汤的，却再也没有这样的好滋味。

"别刻意，顺其自然才好。"她还是微笑着说。

大小的医院都治不了她的瘫痪，她竟没有丝毫的慌张与焦躁，定定地说："那就找郎中试试好了。"

于是有郎中来给她针灸，她微笑着和郎中交流，真实地向郎中描述每一天针灸后的感觉，终于有一天，她的大腿有了感觉，大家都欢欣不已，郎中也倍受鼓舞，更加卖力，只是如论他如何努力，也没有更大的进展了。

郎中很懊丧地告辞，说自己只有这样的本事了，但是看到她微笑的面容，郎中走到了门口还是回转身，说："要不，你们找××× 吧。"郎中说这个话的时候，很艰难，也很尴尬。

"如果我好了，你功劳最大。你能够推荐你的同行，需要很大的气度。谢谢你。"她的真诚让郎中似乎松了一口气，要了纸，写下了××× 的地址。

×××果然厉害，半个月的针灸，她的小腿也有了感觉，很快地就下地行走自如，没有任何的后遗症。

邻居们议论着这样的奇迹，惊叹着她的定力，她淡淡地说："急也是这样，不急也是这样，那就不急。"

那个时候，我的严重的软骨病已经让医生们伤透了脑筋，几乎没有了长个子的希望。三天两头的脚踝脱臼，更是让我苦不堪言。那个替我脚踝复位的白头发老头要把脚踝骨用力拍上去的时候，她总是摘了藤上的锦黎珠递给我，说："来，剥开来，看里面的瓤红了没有？"她总是和那个白发老头配合得如此默契，我一分心，顾不着哭疼，脚踝就拍上去了。

她掩饰了内心的焦虑，只是在我的每个衣服兜里装上钙片，吃到我恶心，就给我一分钱去买甘草李饼。

吃了多少年的钙片，我自己也不知道了。只是有一天，突然发现自己的裤子不能穿了，惊奇地告诉她的时候，她是落了泪的。那天，她把父亲穿坏的裤子都搜拢了来，在灯下裁裁剪剪，改了给我做新裤子。

"你会不停地长个子了。要多准备几条裤子了。"她第一次如此不沉稳，一边做裤子，一边反复地唠叨这句话。

我果然就长啊长啊，长成了现在的高度。从前了解我的人，现在看到我，都做同一个动作，用手比画着一个很低的高度，用不可思议的声音说："那时候，你真的是一点点小，想不到啊……"

一路和她走来，总觉得她的身上有一种神奇的力量，似乎可以化解一切艰难苦痛。她穿自己手工缝制的对襟衣裳，清淡的颜色，与一头白发相称得极其清爽；她种下各类瓜果蔬菜，院子里总是五彩缤纷，热热闹闹的生命唱着季节的歌；阳光很好的日子，她带我挖荠菜挑马兰，把蒲公英的种子吹到很远的地方；她把家里收拾得干干净净，我有时会想，也许给她一间牛棚，她也能让它开满鲜花……

长大后，才明白，这种神奇的力量，叫做从容与淡然。唯有经历过人生极大悲喜的人，才会拥有这样的心境。

她对从前的荣华富贵三缄其口，对生活的艰辛苦痛从无怨言，她把满满的温暖的心化成阳光，笼罩住我，让我的童年与少女时代从无半点风雨的侵袭。

她的宁静、淡然、坚持、热爱生活，深刻地影响着我对待生活的态度。

花开花落，岁月轮回，看庭前，一个"闲"字，尽是洒脱；云卷云舒，万物变幻，随天外，一个"漫"字，尽显豁达。我想，她就是天上的那朵云，看似柔弱，却无人可以摧垮，看似远去，却一直在我眼前。

她爱的樱桃花，我年年摘折，放在坟前；从前除夕夜她总是摔碎我的吃饭小碗，念一声"岁岁平安"，再微笑着递上新的一副精致碗筷，如今我也这样自己做着，愿自己每一年都是全新如刚刚出生；空闲时，拿过一张纸片，我还能折叠那些小桌子小凳子小篮子，把深深的思念嵌进一横一竖的折痕里；我时常在周末走进旷野田间，深深呼吸大自然的气息，只因她告诉我人要踩着地气，才是真正的生活。

她已逝去27年，我也经历过抽丝剥茧的岁月，学会了她的微笑，在偶尔沉重的时候，学会把自己变成天空里的一朵云，散散地飘一会儿，再回到真实的生活中，再开始新一段征程。

我抱着一个小小的希望：希望每一个读完我这本书的老师，能够在书最后的这篇文章里，明白我这本书最想说的一句话：教育的态度就是生活的态度。

若您看到这句话，抬头看看天空那朵云，会心微笑，那么，你和我，就是彼此心意相通的人了。

人的气质里，一定藏着过去的东西，量变到质变，日积月累慢慢形成。那么，我的气质来自于我的祖母 19 年对我的熏陶。

而这种淡定从容的气质，很适合做教师，尤其是做班主任。

我想，我的祖母是如何熏陶我的，我就如何去熏陶我的学生们。